OBJECTIF **Fonction Publique**

Collection dirigée par Philippe-Jean QUILLIEN

Toutes catégories

Les collectivités territoriales en 70 fiches

4e édition

Philippe-Jean QUILLIEN

Docteur de l'institut d'études politiques de Paris
Formateur au Centre national de la fonction publique territoriale (CNFPT)
Chargé de cours à l'université de Versailles-Saint-Quentin-en-Yvelines

ellipses

ISBN 9782340-010505

32, rue Bargue 75740 Paris cedex 15

www.editions-ellipses.fr

INTRODUCTION

La « matière invisible » des concours territoriaux

Les **épreuves écrites et orales** des concours administratifs territoriaux montrent une grande diversité, en fonction notamment des filières et des catégories. Si certaines renvoient à des programmes mentionnant les collectivités territoriales, beaucoup possèdent des intitulés généraux : note de synthèse, rapport, entretien avec le jury…

Mais, quelle que soit la définition officielle des épreuves, les sujets sont en général élaborés par des cadres territoriaux et par des formateurs du Centre national de la fonction publique territoriale (CNFPT). C'est ainsi que les sujets de note ou de rapport concernent toujours des thèmes liés à l'activité des collectivités territoriales.

Les **correcteurs** des épreuves écrites et les **examinateurs** des épreuves orales sont, eux aussi, issus du monde territorial. Lors d'un entretien, l'élu local, le directeur général des services, le responsable des ressources humaines s'attachent à mesurer la motivation ou l'aptitude du candidat au moyen de questions sur l'organisation et le fonctionnement des collectivités territoriales, leurs compétences, leurs finances, leurs agents. Au demeurant, la connaissance de l'environnement professionnel constitue souvent un des critères imposés par les règlements des concours.

Toutes ces questions sur les collectivités territoriales constituent « la matière invisible » des concours de la fonction publique territoriale.

Cette matière doit être connue de tous les candidats, quelle que soit la filière ou la catégorie du concours préparé.

L'école de la démocratie

Cet ouvrage peut intéresser bien d'**autres lecteurs** : candidats aux concours de la fonction publique étatique ou hospitalière, étudiants en droit, agents non titulaires des collectivités territoriales, élus locaux ou tout simplement citoyens désireux de mieux connaître et comprendre la démocratie locale.

Les collectivités territoriales et leurs groupements constituent en effet des personnes publiques de premier plan dans la vie de la nation comme dans celle des habitants.

L'**importance financière** des administrations publiques locales ne cesse de croître. Avec près de 234 milliards d'euros en 2013, elles effectuent 21 % de la dépense publique et réalisent 59 % de l'investissement public.

Fin 2012, les collectivités territoriales et leurs établissements publics emploient 1,86 million d'agents de droit public. Leurs effectifs qui ont progressé en 10 ans de 31,5 %, représentent 35 % de l'emploi public. Grâce à leurs nombreux emplois aidés soumis au droit privé tels que les contrats d'accompagnement dans l'emploi et, depuis 2012, les emplois d'avenir, les collectivités territoriales jouent également un rôle irremplaçable en tant qu'employeur social.

En raison des compétences transférées par l'État depuis 1982 comme des choix politiques librement effectués par les assemblées locales, les collectivités territoriales assurent de **nombreux services publics de proximité** : aide et action sociales, politiques culturelle et sportive, création et fonctionnement des établissements scolaires, eau, assainissement, ordures ménagères, voirie...

Malgré l'augmentation de la défiance envers les dirigeants politiques, les élus locaux demeurent les hommes politiques les plus appréciés des Français. Selon le dernier Baromètre de la **confiance politique** du CEVIPOF (janvier 2015), 66 % des personnes interrogées font confiance au maire de leur commune, 51 % à leur conseiller général et 49 % à leurs conseillers régionaux. En revanche, ils ne sont que 42 % à faire confiance à leur député et 23 % au président de la République.

S'ils apprécient leurs élus locaux, les Français les connaissent mal. Souvent la commune est réduite à la personne du maire. Or la compréhension de l'organisation et du fonctionnement des collectivités territoriales constitue une **exigence citoyenne** qu'ils sont nombreux à ressentir.

Sur fond de crise civique, les habitants aspirent à participer à la vie locale, comme en témoignent le foisonnement et la diversité de leurs initiatives en matière d'action ou de protestation. En effet, l'exercice de la liberté et le goût de la responsabilité ne peuvent recevoir un contenu concret et devenir une pratique quotidienne qu'à l'échelon local, notamment communal. C'est pourquoi, concluait Alexis de Tocqueville dans *De la démocratie en Amérique* (1835-1840), sans participation à la vie locale, une nation « n'a pas l'esprit de la liberté ».

De la clarté et de la rigueur avant toute chose

L'ensemble des connaissances requises pour un concours territorial est ordonné autour de **quatorze chapitres** correspondant chacun à quatorze pages.

Chaque thème commence par une **présentation synthétique** de trois pages qui s'achève par :

- une rubrique **Pour en savoir plus** proposant une référence bibliographique pour approfondir les connaissances et une adresse de site Internet particulièrement utile pour les illustrer ou les actualiser ;
- les titres des **cinq fiches** relatives au thème.

Chaque fiche comprend deux pages dont le plan est apparent, la langue claire et la vocation pédagogique.

Cinq **dates**, cinq **chiffres** à retenir ou/et des **analyses** à méditer concluent l'étude de chaque thème.

Par ailleurs, un **Zoom** éclaire l'Acte III de la décentralisation.

Les **abréviations** et les **sigles** sont en principe proscrits, sauf dans les références. Quand leur emploi est utile ou nécessaire à l'étude d'un thème, ils sont explicités dans les textes correspondants, à l'exception de ceux définis dans le tableau ci-dessous.

Enfin, la culture territoriale comprend aussi la maîtrise de nombreux termes spécialisés. C'est pourquoi l'ouvrage s'achève par un **Lexique territorial**.

Liste des abréviations utilisées

al.: alinéa

art.: article

c.: contre

C: Constitution du 4 octobre 1958 (exemple: art. 72 C)

CAA: cour administrative d'appel

Cons. const.: Conseil constitutionnel

- **DC**: Déclaration de conformité
- **QPC**: Question prioritaire de constitutionnalité

CE: Conseil d'État

CE ass.: assemblée du contentieux du Conseil d'État

CE sect.: section du contentieux du Conseil d'État

C. élect.: Code électoral

CGCT: Code général des collectivités territoriales

DDHC: Déclaration des droits de l'homme et du citoyen

EPCI: établissement public de coopération intercommunale

par ex.: par exemple

suiv.: suivant(s)

TA: tribunal administratif

CHAPITRE 1
LA DÉCENTRALISATION TERRITORIALE

La **décentralisation** consiste à remettre d'importantes compétences décisionnelles à des institutions distinctes de l'État, dotées de la personnalité morale et bénéficiant d'une autonomie de gestion.

Il existe deux formes de décentralisation. La décentralisation **technique ou fonctionnelle** donne naissance à des établissements publics régis par le principe de spécialité et donc compétents pour gérer un ou plusieurs services publics spécifiques (par ex. École nationale d'administration ou universités).

La décentralisation **territoriale** profite à des collectivités territoriales qui, traditionnellement, étaient dotées d'une compétence générale dans le cadre d'un territoire déterminé (clause de compétence générale). Depuis la loi constitutionnelle n° 2003-276 du 28 mars 2003 relative à l'organisation décentralisée de la République, l'expression « collectivités territoriales » doit être préférée à celle de « collectivités locales » qui auparavant pouvait également s'employer.

> De nature législative, la **clause de compétence générale** des départements et des régions a été supprimée par la loi n° 2010-1563 du 16 décembre 2010, rétablie par la loi n° 2014-58 du 27 janvier 2014 et de nouveau supprimée par celle du 7 août 2015. Contrairement à la commune qui conserve sa compétence générale, les collectivités départementales et régionales ont donc désormais des compétences spécialisées.

L'article 72 C distingue **cinq catégories** de collectivités territoriales :

- 36 744 communes (dont 215 en outre-mer) ;
- 98 départements (dont 2 d'outre-mer) ;
- 14 régions (dont 2 d'outre-mer) ;
- 3 collectivités à statut particulier (Paris, ville-département ; la Corse depuis la loi n° 91-428 du 13 mai 1991 ; la métropole de Lyon depuis le 1er janvier 2015) ;
- 5 collectivités d'outre-mer (Polynésie française, Saint-Pierre-et-Miquelon, Wallis-et-Futuna et, depuis la loi organique n° 2007-223 du 21 février 2007, l'île de Saint-Barthélemy et la partie française de l'île de Saint-Martin).

Enfin, toute **autre collectivité territoriale** est créée par la loi (fusion en deux collectivités uniques des départements et des régions d'outre-mer de Martinique et de Guyane depuis les élections de décembre 2015). Depuis mars 2011, Mayotte est également une collectivité unique exerçant les compétences d'un département et d'une région d'outre-mer.

Par ailleurs, la qualification de collectivité territoriale de la République doit être écartée pour les Terres australes et antarctiques françaises (**TAAF**), dépourvues de population permanente, et pour la **Nouvelle-Calédonie**, qui est un pays d'outre-mer auquel le titre XIII de la Constitution est spécifiquement consacré.

Dès 1958, l'article 72 C consacre le **principe de libre administration des collectivités territoriales** auquel le Conseil constitutionnel, dans sa décision 79-104 DC du 23 mai 1979, Territoire de Nouvelle-Calédonie, reconnaît expressément une valeur constitutionnelle.

En raison du caractère elliptique des dispositions constitutionnelles, le contenu de ce principe a été principalement défini par la **jurisprudence constitutionnelle**. En premier lieu, toute collectivité territoriale doit être administrée par un conseil élu au suffrage universel direct ou indirect, selon l'exigence explicite de l'article 72 al. 3 C, et « doté d'attributions effectives » (Cons. const., 8 et 23 août 1985, 85-196 DC, Évolution de la Nouvelle-Calédonie).

En deuxième lieu, la collectivité librement administrée doit disposer de moyens humains et financiers lui permettant d'être autonome, notamment par rapport à l'État. Le Conseil constitutionnel a toutefois atténué la portée pratique du principe de libre administration en insistant sur la nécessité de le concilier avec d'autres principes constitutionnels tels que l'indivisibilité de la République et les prérogatives de l'État qui en résultent.

En revanche, avant 2003, la Constitution ignorait la **notion de décentralisation**. Désormais, si son article 1er proclame que la France a une organisation décentralisée, il n'en propose aucune définition.

On appelle « **lois de décentralisation** » la loi n° 82-213 du 2 mars 1982 sur les droits et libertés des communes, des départements et des régions ainsi que la quarantaine de lois nécessaires à sa mise en œuvre et promulguées entre 1982 et 1986. Ces réformes constituent ce que, depuis 2003, on appelle improprement l'**Acte I** de la décentralisation.

Depuis la loi n° 96-142 du 21 février 1996 (pour les lois) et le décret n° 2000-318 du 7 avril 2000 (pour les règlements), le **Code général des collectivités territoriales (CGCT)** rassemble les textes applicables à l'ensemble des collectivités territoriales et à leurs groupements en matière institutionnelle et financière. Il comprend sept parties : dispositions générales – commune – département – région – coopération locale – collectivités d'outre-mer – autres collectivités régies par l'article 73 C.

À partir de 2000, de nombreux élus, au Sénat notamment, prennent conscience que les principes fixés par la Constitution empêchent une réforme ambitieuse et profonde de la décentralisation territoriale. L'**Acte II** de la décentralisation désigne la loi constitutionnelle du 28 mars 2003 relative à l'organisation décentralisée de la République, qui modifie profondément le cadre constitutionnel de l'organisation et de l'action des collectivités territoriales, ainsi que l'ensemble des lois organiques ou ordinaires imposées, impliquées ou autorisées par les nouvelles règles constitutionnelles.

Dans le cadre de la **réforme des collectivités territoriales** préparée par le rapport du comité Balladur, la loi du 16 décembre 2010 vise à renouveler en profondeur l'architecture institutionnelle locale. Relativement consensuel, le premier de ses volets consiste à consolider, rationaliser et démocratiser le bloc communes-intercommunalités. En revanche, la constitution d'un bloc départements-régions par la mise en place en 2014 d'un nouvel élu, le conseiller territorial, siégeant au conseil général et régional, et la spécialisation des compétences départementales et régionales sont alors contestées par l'opposition qui promet une abrogation en cas de victoire électorale en 2012.

Conformément à un engagement de F. Hollande, la loi n° 2013-403 du 17 mai 2013 abroge la réforme du conseiller territorial et reporte en 2015 les élections des conseillers départementaux et régionaux. Après de nombreuses et parfois spectaculaires revirements et renoncements, l'**Acte III de la décentralisation** comprend finalement trois volets (voir le Zoom page 20).

POUR EN SAVOIR PLUS

- Pierre SADRAN, *La République territoriale. Une singularité française en question*, La Documentation française, 2015, 360 pages.
- *www.collectivites-locales.gouv.fr* : portail de l'État proposant un point d'accès unique et simplifié à l'ensemble des informations relatives aux collectivités territoriales (abonnez-vous à la *Lettre d'information*).

LISTE DES FICHES

Fiche 1

L'histoire de la décentralisation territoriale

A. Deux collectivités anciennes

1. Sous l'Ancien Régime comme après la Révolution, la France constitue un État de **tradition centralisatrice**.

Pour rationaliser le découpage administratif, les Constituants créent le département et la municipalité qui est rebaptisée commune par la Convention. La **loi du 14 décembre 1789** applique le statut juridique de la municipalité aux 44 000 communautés de base, notamment aux paroisses. En revanche, le département est une circonscription administrative fabriquée de toutes pièces en application de la **loi du 22 décembre 1789**. Selon une méthode géométrique corrigée par des considérations historiques et géographiques, 83 départements sont créés au début de 1790.

Même s'ils prennent leurs décisions au nom de l'État, les organes de la municipalité et du département, qui sont élus par les citoyens actifs, possèdent en réalité une grande autonomie. Mais cette expérience de « déconcentration élective » ne dure guère. Dès 1793, la Convention reprend en mains l'administration territoriale en envoyant dans les départements des représentants en mission qui lui sont soumis. C'est la naissance du **centralisme jacobin**.

Avec la **loi du 28 pluviôse an VIII** (17 février 1800), Napoléon Bonaparte influence durablement l'organisation administrative française. Il consacre trois niveaux principaux d'administration territoriale : les communes, dont le nombre est réduit autoritairement à 38 000, les arrondissements et les départements. À chaque niveau, on trouve un agent de l'État nommé par le pouvoir central : le maire, le sous-préfet et le préfet. Cet agent doit consulter des conseils de notables, également nommés : le conseil municipal, le conseil d'arrondissement, le conseil général ainsi que le conseil de préfecture.

2. Les débuts sans doute modestes de la décentralisation se produisent sous la **monarchie de Juillet**. La loi du 21 mars 1831 sur l'organisation communale et celle du 22 juin 1833 sur l'organisation départementale consacrent l'élection des conseillers municipaux et généraux. Quant aux lois relatives aux attributions des conseils municipaux (18 juillet 1837) et généraux (10 mai 1838), elles procèdent à un élargissement de leurs compétences. De plus, elles reconnaissent la personnalité juridique de la commune et, implicitement, du département.

Le département et la commune modernes voient véritablement le jour au **début de la IIIe République** avec la loi sur les conseils généraux du 10 août 1871 et la grande loi municipale du 5 avril 1884 qui, pendant un siècle, constituent les chartes de ces deux catégories de collectivités territoriales. De portée plus limitée, la loi du 28 mars 1882 instaure l'élection de tous les maires par les conseils municipaux.

Malgré une liberté accrue d'organisation et une extension des compétences, les communes et les départements restent soumis à la tutelle administrative, financière et technique de l'État. De plus, c'est le préfet qui continue d'assurer la préparation et l'exécution des délibérations du conseil général, dont le président a un rôle essentiellement honorifique.

B. Une collectivité récente

1. Lors de la **Première Guerre mondiale**, les autorités gouvernementales prennent conscience de l'inadaptation du département aux exigences de l'économie moderne et de la nécessité d'une circonscription plus vaste. En 1917, le ministre du commerce Clémentel favorise la création de groupements économiques régionaux au sein desquels les chambres de commerce et d'industrie sont incitées à se réunir.

La **Seconde Guerre mondiale** redonne un caractère impératif au besoin de la région administrative. Le gouvernement de Vichy crée ainsi des préfets régionaux chargés du ravitaillement des populations et du maintien de l'ordre. Entre 1944 et 1946, ils sont remplacés par des commissaires régionaux de la République compétents en matière d'économie et de police.

2. Mais l'institutionnalisation de la région résulte de la planification et de l'interventionnisme économique de l'État dans les **années 1950** : création des programmes d'action régionale et des régions de programme en 1955-1956, des circonscriptions d'action régionale (CAR) en 1959-1960, des préfets de région et des commissions de développement économique régional (CODER) en 1964.

La région n'est encore qu'une circonscription administrative de l'État. Dans le projet de loi soumis au référendum du 27 avril 1969, le général de Gaulle propose sans succès d'ériger les régions en collectivités territoriales. De façon plus modeste, la **loi n° 72-619 du 5 juillet 1972** leur donne la personnalité juridique sous la forme de l'établissement public régional. Soumis au principe de spécialité, les 22 EPR sont compétents en ce qui concerne les investissements nécessaires au développement économique et social. Leur organe délibérant est composé des députés et des sénateurs de la région ainsi que de représentants des collectivités territoriales. Conformément au modèle départemental, le pouvoir exécutif appartient au préfet de région.

Fiche 2

La définition de la décentralisation territoriale

A. Le principe de libre administration

1. Dans son titre consacré aux collectivités territoriales, la Constitution du 4 octobre 1958 ignorait curieusement la notion de décentralisation. Du moins son **article 72** consacrait-il le principe de libre administration des collectivités territoriales. Dans sa décision 79-104 DC du 23 mai 1979, Territoire de Nouvelle-Calédonie, le Conseil constitutionnel lui reconnaît expressément une valeur constitutionnelle. Il en impose donc le respect au législateur qui est seul compétent pour déterminer les principes fondamentaux de la libre administration des collectivités territoriales, de leurs compétences et de leurs ressources ainsi que pour fixer les règles concernant le régime électoral des assemblées locales et, depuis la loi constitutionnelle n° 2008-724 du 23 juillet 2008, les conditions d'exercice des mandats électoraux et des fonctions électives des membres de ces assemblées (art. 34 C).

En raison du caractère elliptique des dispositions constitutionnelles, le contenu du principe de libre administration a été principalement défini par la **jurisprudence du Conseil constitutionnel**. En premier lieu, toute collectivité territoriale doit être administrée par un conseil élu au suffrage universel direct ou indirect, selon l'exigence explicite de l'article 72 al. 3 C, et « doté d'attributions effectives » (Cons. const., 8 et 23 août 1985, 85-196 DC, Évolution de la Nouvelle-Calédonie). En revanche, la libre administration n'impose pas l'élection de l'organe exécutif.

En deuxième lieu, la collectivité librement administrée doit disposer de moyens humains et financiers lui permettant d'être autonome, notamment par rapport à l'État (Cons. const., 24 juillet 1991, 91-298 DC, Loi DDOEF).

2. Le Conseil constitutionnel a toutefois atténué la **portée pratique** du principe de libre administration. D'une part, il a insisté sur la nécessité de le concilier avec d'autres principes à valeur constitutionnelle tels que le principe d'indivisibilité de la République et les prérogatives de l'État qui en résultent (Cons. const., 25 février 1982, 82-137 DC, Loi de décentralisation).

D'autre part, il n'a pas jugé inconstitutionnelles les nombreuses atteintes apportées par le législateur à l'autonomie des collectivités territoriales, notamment les différentes lois de finances procédant à un véritable démantèlement de la fiscalité locale (voir par ex. Cons. const., 29 décembre 1998, 98-405 DC, Loi de finances pour 1999 : constitutionnalité de la suppression progressive de la part salariale de la taxe professionnelle). De même, dans sa décision relative à la loi de finances pour 2010, il considère que le principe constitutionnel d'autonomie financière n'implique pas le bénéfice d'une autonomie fiscale (Cons. const., 29 décembre 2009, 2009-599 DC).

C'est pourquoi la **loi constitutionnelle n° 2003-276 du 28 mars 2003** relative à l'organisation décentralisée de la République réforme et étoffe le cadre constitutionnel applicable aux collectivités territoriales. De manière symbolique, le principe selon lequel l'organisation de la France est décentralisée figure désormais dans l'article 1er de la Constitution qui ne propose toutefois aucune définition de la décentralisation.

B. Les quatre critères de la décentralisation territoriale

1. En premier lieu, les collectivités territoriales ont une **personnalité juridique** distincte de l'État : elles possèdent des moyens matériels (biens), humains (agents), juridiques (pouvoir réglementaire) et financiers (budget) propres ; elles agissent en leur nom dans la vie juridique, en engageant leur responsabilité.

2. En deuxième lieu, elles sont administrées par des **conseils élus**, comme l'impose le 3e alinéa de l'article 72 C. Cette élection apparaît en effet comme le meilleur garant de leur indépendance et constitue une exigence de la démocratie.

3. En troisième lieu, les collectivités territoriales sont compétentes pour les **affaires locales**, c'est-à-dire pour des affaires qui, en raison de leur nature ou de leur dimension, sont plus efficacement traitées par des autorités locales. La constitutionnalisation en 2003 du principe de subsidiarité (art. 72 al. 2 C) conforte la reconnaissance d'intérêts locaux par de nombreux textes législatifs (par ex. CGCT, art. L.2121-29 relatif à la clause de compétence générale des communes).

4. Les autorités décentralisées disposent d'une **autonomie** par rapport au pouvoir étatique qui ne peut exercer sur elles un pouvoir hiérarchique. Toutefois, dans un État unitaire comme la France, les autorités étatiques ont l'obligation constitutionnelle d'exercer un contrôle administratif sur les collectivités territoriales dans les conditions définies par la loi (art. 72 al. 6 C). Le Conseil constitutionnel veille à ce que la libre administration ne se transforme pas en administration souveraine (Cons. const., 25 février 1982, 82-137 DC, Loi de décentralisation).

Fiche 3

L'Acte I de la décentralisation

A. Les réformes spécifiques à certaines collectivités territoriales

1. La loi du 2 mars **1982** pose le principe de la transformation de l'établissement public régional en collectivité territoriale. Toutefois, elle précise que les régions deviendront des collectivités territoriales lorsqu'elles disposeront d'une assemblée élue au suffrage universel direct. Le 16 mars **1986**, la première élection au suffrage universel direct – et à la représentation proportionnelle (loi n° 85-692 du 10 juillet 1985) – entraîne la transformation de l'établissement public régional en collectivité territoriale.

2. Avant 1982, l'exécutif des départements et des établissements publics régionaux appartenait aux préfets de département et de région, ce qui constituait une limite importante à leur autonomie. La loi du 2 mars 1982 confie l'exécutif à un **président** élu par le conseil général ou régional en son sein. Ainsi les régions et les départements se détachent-ils enfin complètement de l'État.

Contrairement au préfet, le **maire** continue de bénéficier du dédoublement fonctionnel : il est à la fois agent déconcentré de l'État et organe exécutif de la commune.

B. Les réformes communes à toutes les collectivités territoriales

1. La loi du 2 mars 1982 annonce une nouvelle répartition des compétences entre l'État et les collectivités territoriales, dont les principes sont définis par les lois n° 83-8 du 7 janvier et n° 83-663 du 22 juillet 1983. « Dans la mesure du possible », chaque collectivité doit recevoir « en totalité » – en **bloc** – les compétences relatives aux domaines transférés.

Sans doute, des lois ont procédé à ces transferts (voir Chapitre 10). En ce qui concerne les bâtiments d'enseignement, par exemple, la répartition des compétences paraît claire (création, construction, équipement, entretien et fonctionnement des écoles aux communes, des collèges aux départements et des lycées aux régions).

Par-delà la diversité des compétences attribuées, il est possible d'identifier les **vocations dominantes** des trois niveaux de la décentralisation territoriale :

- la maîtrise du sol (urbanisme) et la responsabilité des services ou équipements de proximité pour les communes ;
- les missions de solidarité (aide sociale légale) et de péréquation (aide aux communes) pour les départements ;
- le développement économique ainsi que la réflexion et l'impulsion en matière d'aménagement du territoire pour les régions.

Mais la loi du 7 janvier 1983 reconnaît également aux communes, aux départements et aux régions la **clause de competence générale**. De ce fait, ces collectivités ont la capacité juridique de s'intéresser à presque tous les aspects de la vie locale, même en dehors des blocs de compétences attribués par la loi.

Ainsi s'est mis en place un système généralisé de cofinancement que renforce à partir des années 1990 la multiplication des relations contractuelles dans l'administration territoriale (contrats de ville, contrats locaux de sécurité, projets éducatifs territoriaux, etc.).

La loi du 7 janvier 1983 pose le principe d'une **compensation** intégrale des charges transférées par l'État. Chaque collectivité devait recevoir les moyens nécessaires à l'exercice de ses nouvelles compétences.

En ce qui concerne les **moyens humains**, si le transfert des services a eu lieu pour les affaires sanitaires et sociales, il s'est montré difficile ou impossible pour les routes et les bâtiments d'enseignement. Dans le domaine des ressources humaines, la réforme la plus importante est sans conteste la création d'une fonction publique territoriale dont le statut résulte de la loi n° 84-53 du 26 janvier 1984.

En ce qui concerne les **moyens financiers**, la compensation a été assurée majoritairement par des transferts de fiscalité indirecte (par ex. droits de mutation pour les départements et carte grise pour les régions) ainsi que, pour le solde, par des dotations de l'État. Ces nouvelles ressources n'ont pas toujours permis de financer l'intégralité des dépenses correspondant aux compétences transférées.

2. La loi du 2 mars 1982 complétée par la loi n° 82-623 du 22 juillet 1982 supprime les tutelles administrative et financière de l'État sur les collectivités territoriales pour les remplacer par un double système de contrôle administratif et budgétaire.

Les contrôles se distinguent en principe des tutelles par **trois caractères principaux** :

- ils interviennent après, et non plus avant l'entrée en vigueur des actes des collectivités territoriales ;
- ils sont exclusivement justifiés par des considérations de légalité, et non pas d'opportunité ;
- au lieu d'agir seul, le préfet ne peut que saisir le juge administratif (contrôle administratif) ou décider après intervention de la chambre régionale des comptes (contrôle budgétaire). Pour symboliser cette réforme, on le rebaptise commissaire de la République jusqu'à ce que le décret n° 88-199 du 29 février 1988 rétablisse son nom initial.

Fiche 4

L'Acte II de la décentralisation

A. Les dispositions relatives à l'organisation des collectivités territoriales

1. La loi constitutionnelle du 28 mars 2003 ajoute à l'article 1er de la Constitution le principe selon lequel la France a une **organisation décentralisée**. Elle réécrit l'article 72 C qui passe de trois à six alinéas.

Le 1er alinéa actualise la présentation des collectivités territoriales de la République en distinguant **cinq catégories**. Comme c'était depuis 1958 le cas pour les communes et les départements, il consacre l'existence des régions ainsi que la possibilité, déjà admise par le Conseil constitutionnel, de créer par la loi, en métropole, une collectivité à statut particulier. De plus, la notion de territoire d'outre-mer est supprimée pour se fondre dans celle de collectivité d'outre-mer.

Le 3e alinéa reprend le principe de **libre administration** des collectivités territoriales par des conseils élus. La seule innovation de fond consiste à leur reconnaître un pouvoir réglementaire pour l'exercice de leurs compétences dans les conditions prévues par la loi.

Enfin, le 6e alinéa modernise la forme de l'ancien alinéa 3 en donnant au « représentant de l'État, représentant de chacun des membres du Gouvernement » la charge des intérêts nationaux, du **contrôle administratif** et du respect des lois dans les collectivités territoriales (voir Fiches 62 et suiv.).

2. Un nouvel article 72-1 C donne un cadre constitutionnel à la **démocratie participative locale**. Il reconnaît d'abord aux électeurs de chaque collectivité territoriale le « **droit de pétition** », c'est-à-dire la possibilité de « demander » l'inscription à l'ordre du jour du conseil d'une question relevant de sa compétence qui ne peut en réalité être, dans l'état actuel du droit, que l'organisation d'une consultation des électeurs.

Il ouvre ensuite aux organes des collectivités territoriales la possibilité, dans les conditions fixées par la loi organique n° 2003-705 du 1er août 2003, de soumettre à un **référendum** les projets de délibération ou d'acte relevant de leurs compétences. Contrairement à la consultation des électeurs sur les affaires de la collectivité, ce référendum vaut décision si la moitié au moins des électeurs inscrits participe au scrutin et si le projet réunit la majorité des suffrages exprimés (voir Fiches 39 et 40). Mais sa procédure est strictement encadrée et il fait l'objet d'un contrôle de légalité renforcé.

Enfin, il permet la **consultation** des électeurs d'une partie du territoire sur certaines questions qui, bien qu'appelant une décision du Parlement ou du Gouvernement, les intéressent spécialement (création ou réforme d'une collectivité territoriale à statut particulier et modification des limites de collectivités existantes).

B. Les dispositions relatives à l'action des collectivités territoriales

1. Le 2e alinéa de l'article 72 C donne désormais aux collectivités territoriales « vocation à prendre les décisions pour l'ensemble des compétences qui peuvent le mieux être mises en œuvre à leur échelon ». Sans employer le terme et avec beaucoup de circonspection, il vise donc à transposer dans la répartition des compétences entre l'État et les collectivités territoriales le **principe de subsidiarité** déjà consacré en droit communautaire et en matière de déconcentration (voir Fiche 66).

Par ailleurs, la révision de 2003 favorise le recours à l'expérimentation dans le transfert et l'exercice des compétences (art. 37-1 et 72 al. 4 C : voir Fiche 48).

Le 5e alinéa de l'article 72 C donne une valeur constitutionnelle à l'interdiction législative de toute tutelle d'une collectivité territoriale sur une autre (CGCT, art. L.1111-3). Mais il prévoit aussi que, pour l'exercice d'une compétence nécessitant le concours de plusieurs collectivités territoriales, la loi peut autoriser l'une d'entre elles à organiser leur action commune. Or cette procédure de collectivité « **chef de file** » présente un risque de tutelle.

Dans un certain désordre, différentes lois, notamment la loi n° 2004-809 du 13 août 2004 relative aux libertés et responsabilités locales (LRL), ont entrepris de mettre en œuvre ces principes en transférant de nouvelles compétences aux collectivités territoriales. Ces transferts profitent essentiellement au département (action sociale et routes) et à la région (développement économique et formation professionnelle).

2. Le nouvel article 72-2 C est consacré aux **ressources** des collectivités territoriales. La principale innovation est le principe selon lequel, pour chaque catégorie de collectivités, les ressources propres, notamment fiscales, doivent représenter « une part déterminante de l'ensemble de leurs ressources ». Fixées par la loi organique n° 2004-758 du 29 juillet 2004, les conditions de mise en œuvre de cette autonomie financière sont toutefois critiquées par les associations d'élus locaux.

Les autres alinéas se bornent à consacrer des principes déjà reconnus par la loi comme le pouvoir de fixer le taux et l'assiette des impôts perçus ou, en cas de transfert de compétences, l'obligation de transférer les ressources correspondantes.

Fiche 5

La réforme des collectivités territoriales

A. La constitution du bloc départements-régions

1. La loi n° 2010-1563 du 16 décembre 2010 visait à créer un bloc départements-régions en instituant un nouvel élu local, le **conseiller territorial**, qui devait remplacer en 2014 les conseillers généraux et régionaux. Élus au scrutin cantonal, ils auraient siégé dans l'assemblée de leur département comme de leur région.

L'objectif était de fédérer ces deux niveaux d'administration, tout en assurant aux territoires une représentation à l'échelon régional. De plus, le rapprochement organique des assemblées devait permettre de limiter les interventions concurrentes des départements et des régions.

L'idée même d'un couple départements-régions faisait pourtant l'objet de nombreuses interrogations. D'un point de vue historique, les départements sont plutôt tournés vers les communes et les intercommunalités. De plus, la réforme rapprochait deux niveaux de nature différente, l'un de proximité avec le département, et l'autre d'impulsion et de coordination avec la région.

2. Pour adapter la taille des départements et des régions aux enjeux actuels, la loi met en place **quatre procédures** souples reposant sur l'accord des assemblées intéressées et des électeurs :

- regroupement de régions limitrophes ;
- regroupement de départements limitrophes ;
- inclusion d'un département dans une autre région ;
- fusion d'une région et des départements qui la composent en une unique collectivité territoriale.

B. La consolidation du bloc communes-intercommunalités

1. Pour consolider ce bloc, les préfets sont chargés d'élaborer, au terme d'une large concertation, un **schéma départemental de coopération intercommunale** (SDCI) visant notamment à établir une couverture intégrale du territoire par des établissements publics de coopération intercommunale (EPCI) à fiscalité propre regroupant au moins 5 000 habitants, à supprimer les enclaves et discontinuités, à rationaliser les périmètres et à réduire le nombre de syndicats. De plus, jusqu'au 1er juin 2013, ils sont dotés de pouvoirs temporaires et contraignants pour mettre en œuvre ce schéma dont le Conseil constitutionnel a confirmé la constitutionnalité

(QPC 2013-303, 26 avril 2013 : « le législateur a pu, dans les buts d'intérêt général "d'achèvement et de rationalisation de la carte de l'intercommunalité", apporter ces limitations à la libre administration des communes »).

Composée d'élus locaux, la **commission départementale de la coopération intercommunale** (CDCI) peut toutefois imposer au préfet des modifications à la majorité des deux tiers de ses membres.

Enfin, la loi de réforme des collectivités territoriales prévoit que les délégués des communes dans les organes délibérants des EPCI à fiscalité propre seront élus au **suffrage universel direct** pour toutes les communes dont le conseil municipal est élu au scrutin de liste.

2. Afin de renforcer les grandes agglomérations françaises, la loi de 2010 propose, sauf pour la région Île-de-France, un nouveau cadre institutionnel : la **métropole**. En raison de sa taille (ensemble comprenant en principe plus de 500 000 habitants) comme de ses compétences, ce nouvel EPCI apparaît comme une « super-communauté urbaine ».

Par ailleurs, pour favoriser, à une échelle plus large, une coopération renforcée entre territoires urbains, sur la base du volontariat, la loi instaure un nouveau type de syndicat mixte : les **pôles métropolitains** (voir Chapitre 15).

C. La rationalisation des interventions territoriales

1. Le texte fixe le **principe de la spécialisation de l'action des départements et des régions** à compter du 1er janvier 2015. En contrepartie de la perte de la clause de compétence générale, dont les communes continuent de bénéficier, ces collectivités se voient reconnaître des compétences exclusives. Mais le législateur peut, à titre exceptionnel, aménager des compétences partagées entre les communes, les départements et les régions, comme le prévoit la loi du 16 décembre 2010 en matière de tourisme, de culture et de sport.

2. Dans le même souci de clarification des compétences, cette loi encadre les **financements croisés** avec beaucoup de circonspection et de dérogations.

Si la modernisation de l'intercommunalité se montre relativement consensuelle, l'institution d'un nouvel élu et la spécialisation des compétences départementales et régionales sont contestées par l'opposition qui promet une abrogation en cas de victoire électorale en 2012. De fait, la loi n° 2013-403 du 17 mai 2013 abroge la réforme du conseiller territorial tandis que le premier volet de l'**Acte III de la décentralisation** rétablit la clause de compétence générale des départements et des régions (voir Zoom).

Zoom sur…
L'Acte III de la décentralisation

La loi n° 2014-58 du 27 janvier 2014 relative à la modernisation de l'action publique territoriale et à l'affirmation des métropoles (MAPTAM) constitue le premier volet de cet Acte III. Ses principales dispositions visent à clarifier les compétences territoriales et à renforcer les structures intercommunales.

Les deux projets de loi délibérés en conseil des ministres le 18 juin 2014 représentent le deuxième et le troisième volet. La loi n° 2015-29 du 16 janvier 2015 a notamment pour objet de réduire le nombre des régions, tandis que la loi n° 2015-991 du 7 août 2015 portant nouvelle organisation territoriale de la République (NOTRE) s'attaque à la question du « maquis des compétences territoriales » d'une manière parfois contradictoire avec la loi MAPTAM.

1. La loi du 27 janvier 2014

La loi MAPTAM rétablit la **clause de compétence générale des départements et des régions** dont la loi du 16 décembre 2010 avait programmé la suppression pour spécialiser les compétences de ces deux catégories de collectivités.

Dans les domaines nécessitant le concours de plusieurs collectivités territoriales ou groupements de collectivités territoriales, la loi du 27 janvier 2014 définit le **rôle de chef de file** de chaque catégorie en faisant la part belle à la région.

La **région** est chargée d'organiser, en qualité de chef de file, les modalités de l'action commune des collectivités territoriales et de leurs établissements publics pour l'exercice des compétences relatives à l'aménagement et au développement durable du territoire ; à la protection de la biodiversité ; au climat, à la qualité de l'air et à l'énergie ; au développement économique ; au soutien de l'innovation ; à l'internationalisation des entreprises ; à l'intermodalité et à la complémentarité entre les modes de transports ; au soutien à l'enseignement supérieur et à la recherche.

Le rôle de chef de file du **département** concerne l'action sociale, le développement social et la contribution à la résorption de la précarité énergétique ; l'autonomie des personnes ; la solidarité des territoires.

Enfin, les **communes** ou les EPCI à fiscalité propre compétents organisent les modalités de l'action commune en matière de mobilité durable ; d'organisation des services publics de proximité ; d'aménagement de l'espace ; de développement local.

Dans un objectif d'adaptation aux réalités locales, la loi MAPTAM généralise les **mécanismes de délégation** qui, tous, sont mis en forme par une convention. Contrairement à ce qui se passe en cas de transfert, les compétences sont alors exercées au nom et pour le compte du délégant.

L'**État** peut ainsi déléguer à une collectivité territoriale ou à un EPCI à fiscalité propre qui en fait la demande l'exercice de certaines de ses compétences, à condition notamment que cela ne mette pas en cause des intérêts nationaux ou n'affecte pas les conditions essentielles d'exercice d'une liberté publique ou d'un droit constitutionnellement garanti. La loi énumère au demeurant des matières exclues du champ de la délégation (nationalité, droit pénal, justice, etc.).

La loi prévoit également que l'État peut confier aux régions tout ou partie de la gestion des programmes européens soit en qualité d'autorité de gestion, soit par délégation de gestion.

Dans chaque région, la **conférence territoriale de l'action publique** (CTAP) est chargée de favoriser un exercice concerté des compétences des collectivités territoriales, de leurs groupements et de leurs établissements publics. Sous la présidence du président de conseil régional, la CTAP comprend les présidents des conseils départementaux, les présidents des EPCI à fiscalité propre de plus de 30 000 habitants ayant leur siège dans la région, ainsi que des représentants élus des autres EPCI à fiscalité propre et des communes situés sur le territoire de chaque département. Le représentant de l'État peut participer aux séances.

La CTAP peut débattre et rendre des avis sur tous les sujets relatifs à l'exercice de compétences et à la conduite de politiques publiques nécessitant une coordination ou une délégation de compétences entre les collectivités territoriales et leurs groupements. Elle examine les projets de **convention territoriale d'exercice concerté d'une compétence** qui, pour une durée maximale de six ans, fixent les objectifs de rationalisation et les modalités de l'action commune pour chacune des compétences concernées : collectivités territoriales impliquées ; délégations de compétences entre collectivités territoriales et délégations de la région ou du département à un EPCI à fiscalité propre ; créations de services unifiés... Les stipulations de cette convention sont opposables aux seules collectivités territoriales et établissements publics signataires qui sont tenus de prendre les mesures nécessaires à sa mise en œuvre.

La loi MAPTAM donne le nom de **métropole** à des structures juridiques très différentes :

- elle réforme le statut des métropoles créé par la loi du 16 décembre 2010 et institue autoritairement neuf de ces métropoles de droit commun, en donnant à deux d'entre elles une dénomination particulière (« eurométropole de Strasbourg » et « métropole européenne de Lille ») ;
- elle crée au 1er janvier 2016 un EPCI à fiscalité propre à statut particulier dénommé « la métropole du Grand Paris » ;
- elle institue au 1er janvier 2015 une métropole de Lyon qui est une collectivité territoriale à statut particulier, au sens de l'article 72 de la Constitution, remplaçant la communauté urbaine de Lyon et, dans les limites territoriales reconnues à celle-ci, le département du Rhône ;
- enfin, elle met en place au 1er janvier 2016 la métropole d'Aix-Marseille-Provence qui apparaît comme une métropole de droit commun... soumise à des dispositions spécifiques !

La **métropole du Grand Paris** se distingue d'abord par son périmètre, puisqu'elle regroupe la commune de Paris, l'ensemble des communes des départements des Hauts-de-Seine, de la Seine-Saint-Denis et du Val-de-Marne (au nombre de 123), ainsi que des communes volontaires dans les départements voisins d'Île-de-France. Dans le cadre de son projet métropolitain, elle définit et met en œuvre des actions métropolitaines pour améliorer le cadre de vie de ses habitants, réduire les inégalités entre ses territoires et développer un modèle urbain, social et économique durable.

La MGM est administrée par un conseil et un président. La loi NOTRE visait à instituer une gouvernance resserrée avec une assemblée de 210 élus ainsi que de nouvelles modalités pour la répartition des sièges de conseiller métropolitain attribués à la commune de Paris. Dans sa décision 2015-717 DC du 6 août 2015, le Conseil constitutionnel censure ces modalités dites « anti-NKM » contraires au principe d'égalité devant le suffrage.

La métropole comprend aussi deux organes purement consultatifs :

- l'assemblée des maires regroupe l'ensemble des maires des communes situées dans la métropole ;
- le conseil de développement réunit les partenaires économiques, sociaux et culturels de la métropole.

La métropole du Grand Paris dispose de quatre grandes compétences, mais elle n'exercera les deux premières qu'à compter du 1er janvier 2017 : aménagement de l'espace métropolitain ; politique locale de l'habitat ; développement et aménagement économique, social et culturel ; protection et mise en valeur de l'environnement et politique du cadre de vie. Enfin, l'État peut lui transférer la propriété de grands équipements et infrastructures ou, dès lors qu'elle dispose d'un plan métropolitain de l'habitat et de l'hébergement exécutoire, lui déléguer des compétences en matière de logement.

Par ailleurs, la MGP est divisée en douze territoires dont le périmètre est fixé par décret en Conseil d'État. La loi NOTRE crée dans ces territoires des établissements publics territoriaux (EPT) d'un seul tenant, sans enclave et d'au moins 300 000 habitants. Ces nouvelles entités sont des EPCI sans fiscalité propre (sauf de 2016 à 2020 où ils percevront la cotisation foncière des entreprises) qui sont soumis aux dispositions applicables aux syndicats de communes. Dans chaque établissement public territorial, il est créé un conseil de territoire composé des délégués des communes incluses dans son périmètre et élisant en son sein un président et des vice-présidents. Cet établissement public territorial exerce notamment de plein droit, en lieu et place de ses communes membres, différentes compétences comme la politique de la ville, l'assainissement et l'eau, la gestion des déchets ménagers…

Collectivité territoriale à statut particulier, la **métropole de Lyon** est librement administrée par un conseil de la métropole élu au suffrage universel direct (mais la première élection n'interviendra qu'en 2020), un président élu en son sein et une commission permanente. Elle comprend également des conférences territoriales des maires, qui sont consultées lors de l'élaboration et la mise en œuvre des politiques de la métropole, ainsi qu'une instance de concertation entre la métropole et les communes dénommée « conférence métropolitaine » et chargée d'élaborer un pacte de cohérence métropolitain.

En plus des compétences d'une métropole, celle de Lyon exerce l'ensemble des compétences départementales ainsi que celle déléguées par la région (en matière de développement économique notamment) ou par l'État (en matière de logement) dans le cadre d'une convention.

Si la création de la métropole de Lyon résulte de l'initiative d'élus lyonnais, la substitution de la **métropole d'Aix-Marseille-Provence** aux six EPCI existants est décidée par l'État contre la volonté de la grande majorité des élus locaux. Soumise en principe aux mêmes règles que les autres métropoles, cette dernière présente toutefois quelques spécificités, notamment la division en territoires dotés d'un conseil et d'un président du conseil.

La loi MAPTAM transpose à la région francilienne la procédure d'**achèvement de l'intercommunalité** à fiscalité propre aménagée par la loi du 16 décembre 2010. Le préfet de région est chargé d'arrêter avant le 28 février 2015, au terme d'une large concertation avec les communes, les EPCI et la commission régionale de la coopération intercommunale (CRCI), un schéma régional de coopération intercommunale (SRCI) visant notamment à établir une couverture intégrale du territoire par des EPCI à fiscalité propre regroupant au moins 200 000 habitants. Les préfets de département ont ensuite jusqu'au 31 décembre 2015 pour mettre en œuvre le SRCI, notamment en prenant des arrêtés de création ou fusion d'EPCI.

Enfin, la loi MAPTAM assouplit le régime juridique des **pôles métropolitains** et ressuscite les pays, abrogés par la loi du 16 décembre 2010, sous la forme des **pôles d'équilibre territoriaux et ruraux** (voir Chapitre 15).

2. La loi du 16 janvier 2015

Cette loi relative à la délimitation des régions, aux élections régionales et départementales et modifiant le calendrier électoral vise à doter les régions françaises d'une taille adaptée aux enjeux économiques et de mobilité qui leur permettra d'exercer à la bonne échelle leurs compétences stratégiques, de rivaliser avec les collectivités comparables en Europe et de réaliser des gains d'efficience. En métropole, 12 régions se sont ainsi substituées, depuis le 1er janvier 2016, aux 21 régions précédentes, par l'addition de régions existantes sans modification des départements qui les composent (le projet de loi délibéré le 18 juin 2014 proposait 13 régions tandis que le Sénat en voulait 15).

Les limites des régions Bretagne, Centre (désormais dénommée Centre-Val de Loire), Île-de-France, Pays de la Loire et Provence-Alpes-Côte d'Azur ne sont pas modifiées. Notamment la loi du 16 janvier 2015 ne modifie pas les limites territoriales de la Bretagne, malgré les actions des partisans du rattachement de la Loire-Atlantique.

Lorsqu'une région est constituée par regroupement de plusieurs régions, son **nom provisoire** est constitué de la juxtaposition, dans l'ordre alphabétique, des noms des régions regroupées, à l'exception de la région constituée du regroupement de la Basse-Normandie et de la Haute-Normandie qui est dénommée Normandie. Et le chef-lieu provisoire d'une nouvelle région est fixé par décret pris avant le 31 décembre 2015, après avis du conseil municipal de la commune envisagée comme siège du chef-lieu et des conseils régionaux intéressés.

Les nouvelles régions sont donc dénommées :

- Alsace, Champagne-Ardenne et Lorraine ;
- Aquitaine, Limousin et Poitou-Charentes ;
- Auvergne et Rhône-Alpes ;
- Bourgogne et Franche-Comté ;
- Languedoc-Roussillon et Midi-Pyrénées ;
- Nord-Pas-de-Calais et Picardie ;
- Normandie.

Les **noms et les chefs-lieux définitifs** seront fixés par décret en Conseil d'État pris avant le 1er octobre 2016, après avis du conseil régional de la nouvelle région. Par dérogation, la loi du 16 janvier 2015 décide, en raison de l'hostilité de nombreux élus alsaciens au regroupement avec la Lorraine et Champagne-Ardenne, que Strasbourg est le chef-lieu de sa région.

Afin de permettre aux électeurs et aux candidats de prendre connaissance de la nouvelle carte régionale suffisamment en amont des élections, le **scrutin régional** est repoussé, pour l'ensemble des régions, y compris l'outre-mer, au mois de décembre 2015. En revanche, l'élection des conseillers départementaux a finalement eu lieu en mars 2015.

3. La loi du 7 août 2015

La loi NOTRE vise à simplifier et clarifier le rôle des collectivités territoriales et à faire des territoires les moteurs du redressement économique du pays, tout en renforçant les solidarités territoriales et humaines.

Face au constat de la trop grande complexité et du manque de lisibilité, pour les citoyens et les entreprises, de la décentralisation, elle commence par... supprimer la clause de compétence générale restituée aux **régions** par la loi MAPTAM ! Mais elle renforce leurs compétences légales au service du développement économique, de l'attractivité et du développement équilibré des territoires et, dans ces domaines, garantit l'exercice de leur pouvoir réglementaire.

Sur leur territoire, les régions sont les chefs de file en matière de développement économique et de mobilité (ce qui inclut les transports interurbains et scolaires auparavant gérés par les départements). Elles reçoivent une compétence exclusive en matière d'aides aux entreprises (à l'exception des aides à l'immobilier d'entreprises qui sont de la compétence du bloc communal). Elles adopteront des schémas prescriptifs qui garantiront la cohérence des actions territoriales menées pour le développement économique et l'aménagement du territoire : schéma régional de développement économique, d'innovation et d'internationalisation (SRDEII) et schéma régional d'aménagement, de développement durable et d'égalité des territoires (SRADDET) qui se substituera aux différents schémas régionaux existants dans ce domaine.

La réforme renforce parallèlement les **intercommunalités** à fiscalité propre afin que la nouvelle architecture territoriale repose sur un couple régions / intercommunalités. Les intercommunalités devront disposer d'une taille critique – 15 000 habitants au 1er janvier 2017 – organisée autour de bassins de vie. Des dérogations sont cependant prévues, notamment pour les territoires faiblement peuplés et les zones de montagne. Les intercommunalités seront ainsi en mesure de mieux mutualiser leurs actions, d'assurer de nouvelles compétences de proximité et d'offrir aux citoyens les services publics de qualité qu'ils attendent (voir Chapitre 7).

Les **départements** perdent également la clause de compétence générale. La loi NOTRE reconnaît leur compétence principale en matière de solidarité sociale et territoriale (notamment dans les zones rurales). Dans le domaine économique, ils ne peuvent plus apporter directement d'aides aux entreprises. En revanche, ils conservent la gestion des collèges et des 381 500 km de routes départementales que le projet de loi transférait aux régions. Leur « dévitalisation » programmée par le Gouvernement en vue de leur suppression à l'horizon 2020 n'a finalement pas eu lieu, en raison notamment de l'opposition des associations d'élus locaux et du Sénat.

En dépit de son objectif de clarification, la loi NOTRE enrichit le champ des **compétences partagées**. Aux domaines de la culture, du sport et du tourisme, dans lesquels elle favorise la création de guichets uniques, consacrés par la loi du 16 décembre 2010, elle ajoute la promotion des langues régionales et l'éducation populaire. Elle précise également que, dans leurs politiques en faveur de la jeunesse ou de lutte contre la fracture numérique, les différentes collectivités territoriales doivent agir de manière concertée ou cohérente.

Depuis le 10 février 2015, l'**instance de dialogue national des territoires** permet d'évoquer au plus haut niveau les sujets d'intérêt commun entre le Gouvernement et les collectivités territoriales et particulièrement la réforme territoriale en cours. La première réunion s'est tenue autour de trois thèmes : les normes, la réforme de la dotation globale de fonctionnement et le soutien à l'investissement local. Les finances locales ont été au cœur de la seconde réunion du 15 juillet 2015.

DES DATES À RETENIR

LOI DU 14 DÉCEMBRE 1789 : création des municipalités, ensuite appelées communes (au nombre de 44 000).

LOI DU 22 DÉCEMBRE 1789 : création des départements (au nombre de 83).

LOI DU 18 JUILLET 1837 : attribution de la personnalité juridique aux communes.

LOI DU 5 JUILLET 1972 : création de l'établissement public régional (EPR).

16 MARS 1986 : première élection au suffrage universel direct des conseils régionaux et transformation de l'établissement public régional en collectivité territoriale.

DES CHIFFRES À RETENIR

36 744 : nombre des communes (dont 215 en outre-mer).

98 : nombre des départements (dont 2 d'outre-mer). Depuis les élections de décembre 2015, les départements et les régions d'outre-mer de Martinique et de Guyane se sont transformés en deux collectivités uniques conformément à la volonté exprimée par leurs électeurs les 10 et 24 janvier 2010.

14 : nombre des régions (dont 2 d'outre-mer).

5 : nombre des collectivités d'outre-mer (Saint-Pierre-et-Miquelon, Wallis-et-Futuna, Polynésie française, Saint-Barthélemy et la partie française de Saint-Martin). Communes rattachées à la Guadeloupe, les deux dernières sont érigées en collectivités d'outre-mer par la loi organique du 21 février 2007, comme l'avaient nettement souhaité leurs électeurs consultés le 7 décembre 2003.

527 649 : nombre des conseillers municipaux (521 661), départementaux (4 108) et régionaux (1 880).

CHAPITRE 2
LE CONSEIL MUNICIPAL

Il existe 36 744 communes. Malgré des populations et des moyens très inégaux, toutes sont administrées selon le même modèle, par un corps municipal comprenant d'une part un organe délibérant, le conseil municipal, et d'autre part un organe exécutif, le maire. Toutefois, les trois villes les plus peuplées, Paris, Lyon, Marseille, sont en partie soumises à des règles particulières.

Les 521 661 conseillers municipaux sont élus pour six ans au suffrage universel direct. Selon la strate démographique de la commune, le **nombre** – toujours impair – des conseillers est compris entre 7 (moins de 100 habitants) et 69 (300 000 habitants et au-dessus).

Peuvent être conseillers municipaux les électeurs ou les citoyens contribuables de la commune, français ou ressortissants étrangers de l'Union européenne, qui ne sont concernés ni par une **inéligibilité** (absolue ou relative à la commune) ni par une **incompatibilité**.

Le **mode de scrutin** dépend de l'importance démographique de la commune. La loi du 17 mai 2013 appliquée lors des élections municipales de mars 2014 fait passer de 3 500 à 1 000 habitants le seuil d'application du mode de scrutin mixte. Dans les quelque 27 000 communes de moins de 1 000 habitants (représentant moins de 15 % de la population), le scrutin demeure majoritaire.

Les modalités du scrutin majoritaire laissent aux électeurs une grande liberté de choix (panachage autorisé par exemple). Le mode de scrutin mixte se montre plus contraignant : complètes et bloquées, les listes doivent alterner des candidats de chaque sexe. Mais il permet à la fois de dégager une majorité municipale, grâce à la prime majoritaire, et d'assurer la représentation proportionnelle des listes d'une certaine importance.

En plus du préfet dans les quinze jours suivant la réception du procès-verbal constatant l'élection au conseil municipal, tout électeur ou tout éligible peut, dans le délai de cinq jours à partir de l'élection, **contester** les opérations électorales devant le juge administratif (C. élect., art. L.248 et suiv.). En cas d'irrégularités faussant la sincérité du scrutin, le tribunal administratif en premier ressort et le Conseil d'État en appel peuvent décider d'annuler l'élection.

Même s'il n'est pas réélu comme conseiller municipal, le maire sortant doit convoquer le nouveau conseil, au plus tôt le vendredi et au plus tard le dimanche suivant le jour du scrutin à l'issue duquel le conseil a été élu au complet. Au début de cette séance, il fait l'appel des nouveaux élus et les déclare **installés** dans leurs fonctions. Puis le conseiller le plus âgé prend la présidence pour faire procéder à l'élection du nouveau maire.

Après l'élection des adjoints, le maire donne lecture de la **charte de l'élu local** instituée par la loi n° 2015-366 du 31 mars 2015. Ce texte dont il remet une copie aux conseillers municipaux résume les principes déontologiques qu'ils doivent respecter dans l'exercice de leur mandat (par ex. « impartialité, diligence, dignité, probité et intégrité »).

En cours de mandat, des conseillers peuvent décéder ou démissionner. Des sièges deviennent alors **vacants**.

Il existe deux sortes de démission. Les **démissions volontaires**, pour des raisons privées ou politiques, prennent la forme de documents écrits, datés et signés qui sont adressés au maire. Elles deviennent définitives dès leur réception par le maire qui doit en informer immédiatement le préfet (CGCT, art. L.2121-4).

Certaines inéligibilités et incompatibilités frappant un conseiller après son élection conduisent à une **démission d'office** prononcée par le préfet (C. élect., art. L.236 et L.239). Enfin, le tribunal administratif saisi par le maire déclare démissionnaire le conseiller refusant, sans excuse valable, de remplir une de ses fonctions légales, par exemple de présider un bureau de vote (CGCT, art. L.2121-5).

Dans les communes où le scrutin est majoritaire, des **élections complémentaires** sont organisées dans les trois mois suivant la dernière vacance lorsque manque le tiers de l'effectif (C. élect., art. L.258). Dans les autres communes, le conseiller démissionnaire ou décédé est remplacé par le premier candidat non élu de sa liste (C. élect., art. L.270). Lorsque le **remplacement** ne peut être effectué en raison de l'épuisement de la liste, il est procédé, non à des élections complémentaires mais au renouvellement de tout le conseil, dès lors que manque le tiers de l'effectif.

Dans toutes les communes, un renouvellement anticipé peut également résulter d'une **dissolution** du conseil par décret motivé pris en conseil des ministres (voir Fiche 61).

Le fonctionnement du conseil municipal est encadré par les lois et les règlements rassemblés dans le CGCT. Dans les communes de 3 500 habitants et plus, le conseil a l'obligation de préciser ces règles dans un **règlement intérieur** adopté dans les six mois suivant son installation (CGCT, art. L.2121-8).

Tous les règlements doivent définir les règles juridiques applicables dans au moins quatre domaines : régime des questions orales ; modalités d'organisation du débat d'orientation budgétaire ; consultation des projets de contrat et de marché de service public par les conseillers ; pluralisme de l'expression dans les bulletins d'information générale de la commune où un espace doit être réservé aux conseillers n'appartenant pas à la majorité municipale. Dans les communes de 50 000 habitants et plus, ils définissent aussi l'organisation et le fonctionnement de la mission d'information et d'évaluation. Pour le reste, leur contenu relève de la libre administration des collectivités territoriales.

En vertu de la clause de compétence générale, le conseil municipal possède, contrairement au maire, une **compétence de principe**. Mais la multiplication des décisions municipales et la tendance des majorités municipales à approuver les projets préparés par l'administration selon les instructions du maire contribuent souvent à faire de l'organe délibérant une simple chambre d'enregistrement et de l'organe exécutif le véritable « patron » de la commune.

Comme les autres communes, **Paris, Lyon et Marseille** possèdent un conseil municipal. Mais la loi n° 82-1169 du 31 décembre 1982 dite loi PLM a institué dans ces trois villes les plus peuplées de France un statut particulier afin de rapprocher l'administration municipale des habitants. La principale spécificité consiste dans la division en **arrondissements** administrés par un maire et un conseil d'arrondissement.

Depuis la loi n° 64-707 du 10 juillet 1964 portant organisation de la région parisienne, Paris est une « **ville-département** ». Son territoire correspond à la fois à une commune et à un département. Le conseil de Paris siège tantôt comme conseil municipal tantôt comme conseil départemental, et le maire de Paris est également l'organe exécutif du département. Paris appartient donc à la catégorie constitutionnelle des collectivités à statut particulier consacrée par la révision du 28 mars 2003.

POUR EN SAVOIR PLUS

- Philippe LACAÏLE, *L'Élu municipal. Fonctionnement du conseil municipal et droits de l'élu*, Berger-Levrault, coll. « Les indispensables », 2010, 239 pages.
- *www.amf.asso.fr* : sur ce site de l'Association des maires de France, voir notamment Dossiers et Actualité (abonnez-vous à *Maire-info*).

LISTE DES FICHES

Fiche 6

L'élection des conseillers municipaux

A. Les conditions préalables à l'élection

1. Sont en principe éligibles comme conseillers municipaux tous les **électeurs** inscrits sur la liste électorale de la commune, notamment parce qu'ils ont leur domicile réel dans la commune ou y habitent depuis six mois au moins, ainsi que les citoyens inscrits au rôle des **impôts** directs de la commune ou justifiant qu'ils devaient y être inscrits au 1er janvier de l'année de l'élection (C. élect., art. L.228).

D'après l'article 3 C, le droit de vote et *a fortiori* d'éligibilité est réservé aux « nationaux **français** majeurs des deux sexes, jouissant de leurs droits civils et politiques ».

Cependant, la loi organique n° 98-404 du 25 mai 1998 permet aux ressortissants étrangers de l'Union européenne ayant leur domicile réel ou résidant de manière continue en France d'être électeurs et éligibles dans le cadre des élections municipales (C. élect., art. LO.227-1 et suiv.). Pour exercer ces droits, ils doivent demander à être inscrits sur une liste électorale complémentaire.

2. La loi définit de nombreuses situations d'inéligibilité et d'incompatibilité étendues par la législation récente (C. élect., art. L.228 et suiv.).

L'**inéligibilité** interdit d'être valablement candidat à l'élection. On distingue deux catégories d'inéligibilité. Les inéligibilités **absolues** produisent leurs effets dans toutes les communes et pour toutes les élections. La personne concernée, que le juge pénal a interdite de droits civiques par exemple, ne peut être candidate nulle part.

Les inéligibilités **relatives** ne produisent leurs effets que dans certaines communes et pour certaines élections. Ainsi certains hauts fonctionnaires de l'État (préfets, magistrats, officiers...) ne peuvent devenir des élus locaux sur le territoire d'exercice de leurs fonctions.

L'**incompatibilité** n'interdit pas à la personne concernée de se présenter et d'être régulièrement élue. Mais, en cas d'élection, elle doit, soit renoncer aux mandats, fonctions ou activités incompatibles, soit démissionner de son mandat de conseiller municipal. La loi peut aussi décider du sens de la régularisation.

Depuis 1985, le législateur a institué des incompatibilités en vue de limiter le **cumul des mandats électoraux**. La loi n° 2000-295 du 5 avril 2000 a renforcé cette limitation. Désormais, une personne ne peut cumuler plus de deux des mandats locaux suivants : conseiller municipal, conseiller de Paris, conseiller départemental, conseiller régional et conseiller à l'Assemblée de Corse.

B. Le mode de scrutin

1. Dans les **communes de moins de 1 000 habitants**, les modalités du scrutin majoritaire à deux tours laissent aux électeurs une grande liberté de choix (C. élect., art. L.252 et suiv.). Par exemple, ils peuvent panacher les listes, c'est-à-dire barrer le nom d'un candidat sur une liste pour le remplacer par celui d'un candidat d'une autre liste, et déposer dans l'urne des listes comportant plus ou moins de noms que de conseillers à élire. Et les candidats peuvent se présenter de façon isolée ou groupée.

Sont déclarés élus au premier tour les candidats ayant réuni à la fois la majorité absolue (plus de la moitié) des suffrages exprimés et un nombre de suffrages égal au quart des électeurs inscrits. Au second tour de scrutin, la majorité relative suffit : sont élus les candidats ayant obtenu le plus grand nombre de suffrages. En cas d'égalité, le candidat le plus âgé est élu.

2. Le mode de scrutin arrêté par la loi n° 82-974 du 19 novembre 1982 pour les **communes de 1 000 habitants et plus** combine majorité et proportionnalité (C. élect., art. L.260 et suiv.). Les listes sont complètes (elles comprennent autant de noms que de sièges à pourvoir) et bloquées (l'électeur ne peut les modifier).

En vertu des lois n° 2000-493 du 6 juin 2000 et n° 2007-128 du 31 janvier 2007 relatives à la parité, les listes doivent alterner des candidats de chaque sexe. Ces **listes dites « chabadabada »** comportent donc, à une unité près, un nombre égal de femmes et d'hommes. Sinon, elles ne sont pas enregistrées.

La répartition des sièges se fait toujours en deux étapes. Si au **premier tour** une liste obtient la majorité absolue des suffrages exprimés, on commence par lui attribuer la moitié des sièges à pourvoir. Puis on répartit la seconde moitié des sièges à la représentation proportionnelle à la plus forte moyenne, c'est-à-dire au prorata des suffrages, entre toutes les listes ayant obtenu au moins 5 % des suffrages exprimés (y compris la liste majoritaire). Dans cette hypothèse, la liste majoritaire est assurée de recevoir au moins les trois quarts des sièges (la moitié, plus la moitié de la moitié).

À défaut de majorité absolue, seules les listes ayant obtenu au moins 10 % des suffrages exprimés peuvent participer au **second tour**. La moitié des sièges est alors attribuée à la liste arrivée en tête, l'autre moitié étant répartie à la représentation proportionnelle à la plus forte moyenne entre toutes les listes possédant au moins 5 % des suffrages exprimés.

Fiche 7

La préparation des séances

A. La convocation du conseil municipal

1. Le conseil municipal se réunit et délibère à la **mairie de la commune**. Il peut aussi se réunir et délibérer, à titre définitif, dans un autre lieu situé sur le territoire de la commune, dès lors que ce lieu ne contrevient pas au principe de neutralité, offre les conditions d'accessibilité et de sécurité nécessaires et permet d'assurer la publicité des séances (CGCT, art. L.2121-7).

Il doit se réunir **au moins une fois par trimestre**, même s'il n'a aucune affaire à délibérer. D'autres réunions peuvent se tenir à chaque fois que le maire le juge utile. Enfin, le maire a l'obligation de convoquer le conseil municipal dans un délai maximal de 30 jours quand une demande motivée émane, soit du nombre requis de conseillers municipaux (la majorité dans les communes de moins de 3 500 habitants, un tiers au moins dans les autres), soit du préfet (CGCT, art. L.2121-9).

2. Le maire est compétent pour convoquer le conseil municipal (CGCT, art. L.2121-10 et suiv.). La **convocation** écrite est adressée au domicile de chaque conseiller trois jours francs (communes de moins de 3 500 habitants) ou cinq jours francs (communes de 3 500 habitants et plus, sauf pour la séance d'installation du conseil qui, depuis la loi n° 2011-525 du 17 mai 2011, est soumise au délai de trois jours francs) au moins avant le jour de la réunion. La loi n° 2004-809 du 13 août 2004 précise que la convocation peut se faire « sous quelque forme que ce soit » pour autoriser le remplacement du courrier traditionnel par un mode dématérialisé (courrier électronique notamment).

> Un **jour franc** est un jour plein de 24 heures. Dans une petite commune, par exemple, pour qu'une séance puisse légalement se tenir le 15 mai, la convocation doit au plus tard être envoyée le 11 mai (les trois jours francs étant les 12, 13 et 14 mai).

Dans toutes les communes, le maire peut, en cas d'**urgence**, abréger le délai qui ne peut toutefois être inférieur à un jour franc. Dès l'ouverture de la séance, il a l'obligation de « rendre compte » de ses motifs au conseil municipal. Celui-ci se prononce sur l'urgence et peut décider le renvoi de la discussion à l'ordre du jour d'une séance ultérieure.

Outre certaines mentions (date, heure, lieu), la convocation doit indiquer les questions portées à l'**ordre du jour** qui seules pourront faire l'objet d'une délibération. Dans la pratique, les ordres du jour comportent souvent un point intitulé

« questions diverses » : ces affaires souvent mineures seront évoquées sans faire l'objet d'une décision. Dans les communes de 3 500 habitants et plus, une note explicative de synthèse informe les conseillers sur chaque affaire de l'ordre du jour.

Toute convocation irrégulière (par ex. inobservation des délais, ordre du jour absent, note explicative de synthèse insuffisante) entraîne l'illégalité des délibérations votées et, en cas de recours, leur **annulation** par le juge administratif (voir par ex. CE, 19 juin 1992, Commune de Mirebeau).

B. Les commissions municipales

1. Avant de passer en conseil, le dossier est en général examiné par une **commission municipale** (CGCT, art. L.2121-22). Il s'agit d'un groupe restreint de conseillers qui est constitué par le conseil municipal soit de façon permanente (commissions des finances, de la voirie, des affaires scolaires, etc.) soit pour un dossier spécifique (élaboration d'un plan local d'urbanisme ou organisation d'un festival par ex.).

Le nombre des membres est fixé par le conseil municipal. Dans les communes de plus de 1 000 habitants, la composition doit respecter le principe de la représentation proportionnelle pour permettre l'expression pluraliste des élus. Les commissions municipales sont présidées de droit par le maire qui peut déléguer cette fonction. Lors de leur première réunion, elles désignent un vice-président compétent pour les convoquer et les présider si leur président est absent ou empêché.

Les commissions municipales ont pour fonction d'étudier les questions qui seront soumises au conseil municipal et de donner des avis. En aucun cas, elles ne peuvent décider à la place de l'assemblée, toute « délégation » étant illégale (CE, 19 février 1975, Pignon).

> Les commissions municipales ne doivent pas être confondues avec les **commissions légales** dont l'existence, l'organisation et/ou les attributions sont définies par la loi ou le règlement : commission d'appel d'offres, commission de délégation de service public, commission administrative de révision des listes électorales, commission communale des impôts directs…

2. Depuis la loi n° 2002-276 du 27 février 2002 relative à la démocratie de proximité, dans les communes de 50 000 habitants et plus, le conseil municipal peut, lorsqu'un sixième de ses membres le demande, créer pour six mois maximum une **mission d'information et d'évaluation** composée à la représentation proportionnelle et chargée de recueillir des éléments d'information sur une question d'intérêt communal ou de procéder à l'évaluation d'un service public communal (CGCT, art. L.2121-22-1).

Fiche 8
La tenue des séances

A. Le déroulement des séances

1. Le **maire** (s'il est absent ou empêché, son remplaçant) préside le conseil municipal (CGCT, art. L.2121-14 et suiv.). Toutefois, lors des séances où le compte administratif est débattu, le conseil municipal élit obligatoirement un autre président. Quant au maire, s'il peut assister à la discussion, il doit se retirer au moment du vote.

Le président ouvre la **séance**, fait l'appel, constate le quorum, fait approuver le procès-verbal de la réunion précédente et désigner un ou plusieurs conseillers pour remplir les fonctions de secrétaire de séance, introduit les questions inscrites à l'ordre du jour, dirige les débats, met aux voix les délibérations, décompte les suffrages et, lorsque l'ordre du jour est épuisé, prononce la clôture de la séance.

Dans les communes de 3 500 habitants et plus, le **règlement intérieur**, qui doit être adopté dans les six mois suivant l'installation du conseil municipal, a pour objet de déterminer les modalités de fonctionnement de l'assemblée, par exemple les règles relatives à la discussion des textes ou à l'exercice du droit d'amendement des conseillers (CGCT, art. L.2121-8). Dans les autres communes, un règlement intérieur peut être établi si l'assemblée le juge opportun.

Pour assurer le bon ordre de la réunion et la sérénité des débats, le maire dispose d'un ensemble de pouvoirs, appelé **police de l'assemblée**, qui visent le public. Il peut ainsi interdire l'accès de la salle aux personnes ayant l'intention de perturber les travaux du conseil et faire expulser de l'auditoire ou arrêter un fauteur de troubles. En cas de crime ou de délit, il en dresse un procès-verbal dont le procureur de la République est immédiatement saisi.

2. Après avoir déclaré la séance ouverte, le maire fait l'appel des conseillers et s'assure que le **quorum** est réuni (CGCT, art. L.2121-17). Celui-ci se définit comme le nombre de membres devant être physiquement présents pour qu'une assemblée puisse valablement délibérer. Pour un conseil municipal, il s'agit de la majorité des membres en exercice.

Dans le calcul du quorum, les procurations ne sont pas prises en compte. En effet, un conseiller municipal empêché d'assister à une séance peut donner pouvoir écrit de voter en son nom à un collègue de son choix (celui-ci ne pouvant recevoir qu'une seule délégation de vote). Si le quorum n'est pas atteint, le conseil municipal est de nouveau convoqué à trois jours au moins d'intervalle. Il délibère alors valablement sans condition de quorum.

Le président doit s'assurer que le quorum est réuni à deux autres moments : à la reprise de la séance après une suspension, c'est-à-dire une courte interruption, et lors de la mise en discussion de chaque point de l'ordre du jour (CE ass., 11 décembre 1987, Élection du président du conseil régional de Haute-Normandie). En revanche, le quorum n'est pas nécessaire au moment du vote.

3. En principe, les séances sont **publiques** (CGCT, art. L.2121-18). Toute personne, même étrangère à la commune, peut assister aux délibérations du conseil municipal dans la limite des places disponibles. En aucun cas, elle ne peut participer aux débats, sous peine de rendre illégales les délibérations concernées.

Le CGCT prévoit cependant qu'à la demande de trois membres ou du maire, le conseil municipal peut décider, sans débat, à la majorité absolue des membres présents ou représentés, de siéger à **huis clos**.

À l'inverse, les séances peuvent être enregistrées et **retransmises**, en direct ou en différé, par tous moyens de communication audiovisuelle.

B. Les différents scrutins

Le conseil municipal peut recourir à trois types de scrutin (CGCT, art. L.2121-21).

1. Le scrutin **ordinaire** consiste à voter à main levée (ou par assis et debout, en cas de scrutin serré dans une assemblée nombreuse).

2. Le scrutin **public** se fait soit par appel nominal, chaque conseiller indiquant le sens de son vote, soit par bulletins nominatifs. Il a lieu sur la demande du quart des conseillers présents. Il a pour conséquence la mention sur le registre des délibérations du nom des votants et du sens de leur vote.

3. Enfin le scrutin **secret** peut être demandé par le tiers des conseillers présents. Le vote du président de séance cesse alors d'être prépondérant en cas de partage égal des suffrages : étant secret, il ne saurait départager les conseillers (CGCT, art. L.2121-20).

En principe, le secret est obligatoire pour toutes les désignations individuelles (élection du maire ou d'un adjoint par ex.), mais, si aucune disposition législative ou réglementaire ne le prévoit expressément, il peut être écarté par un conseil municipal unanime. De plus, en cas de candidature unique ou de liste unique pour des postes à pourvoir dans des commissions municipales ou des organismes extérieurs, les nominations prennent effet immédiatement, sans vote.

Fiche 9

Les attributions du conseil municipal

A. Une compétence générale

1. L'article L.2121-29 du CGCT fait de l'assemblée municipale l'organe essentiel de la commune : « le conseil municipal règle par ses délibérations les affaires de la commune. »

Contrairement au maire, qui est compétent lorsqu'un texte le prévoit, le conseil municipal possède une **compétence de principe ou de droit commun** : si aucun texte ne précise quelle autorité communale est compétente, il revient au conseil de prendre la décision. C'est la fonction interne de la clause de compétence générale (dans sa fonction externe, elle a pour effet d'habiliter les communes à prendre toute décision présentant un intérêt communal, même en l'absence d'un texte leur attribuant cette compétence, qu'il s'agisse par exemple de créer un service public ou d'attribuer une subvention : voir Fiche 46).

Toutefois, le conseil municipal peut autoriser le maire à exercer à sa place, par des décisions municipales, tout ou partie des 26 attributions limitativement énumérées par l'article L.2122-22 du CGCT, par exemple la fixation, dans les limites déterminées par le conseil municipal, des tarifs des services publics municipaux et les actions ou les défenses en justice au nom de la commune (voir Fiche 13). Cette délibération d'habilitation peut interdire au maire la subdélégation à un adjoint ou à un conseiller municipal autorisée par loi n° 2004-809 du 13 août 2004. Le conseil municipal, à qui le maire doit rendre compte de ses décisions, peut à tout moment mettre fin à sa délégation (CGCT, art. L.2122-23).

2. Le mot « délibération » possède **deux sens** : il désigne l'acte voté par une assemblée locale à la majorité absolue des suffrages exprimés, mais aussi les débats précédant cette adoption.

Selon l'article L.2121-29 du CGCT, un conseil municipal peut voter **trois catégories d'actes** :

- des délibérations au sens strict qui constituent des décisions modifiant l'état du droit (par ex. une délibération créant un emploi) ;
- des avis imposés par les textes (par ex. par l'article L.2112-4 du CGCT : procédure de modification des limites du territoire communal) ou demandés par d'autres personnes juridiques (une commune limitrophe sur son plan local d'urbanisme par ex.) ;
- des vœux sur tous les objets d'intérêt local, même s'ils ne relèvent pas de sa compétence (par ex. demande au préfet de fermer un dépôt de papiers usagés : CE sect., 29 décembre 1997, SARL Enlem).

B. Les principales attributions

1. Les nombreuses attributions du conseil municipal se rapportent, pour l'essentiel, à **trois pouvoirs** (CGCT, art. L.2121-30 et suiv.) :

- pouvoir de désignation ;
- pouvoir financier ;
- pouvoir de détermination des moyens humains, matériels et juridiques de la commune.

Aussitôt installé, le conseil municipal procède à l'élection du maire et des adjoints. S'il décide de constituer des commissions municipales, il en élit les membres. Il lui appartient également de **désigner** ses membres ou ses délégués pour siéger au sein d'organismes extérieurs, par exemple ses représentants dans les organes délibérants de syndicats intercommunaux, de syndicats mixtes ou d'établissements publics locaux d'enseignement (CGCT, art. L.2121-33).

Chaque année le conseil municipal examine et adopte le **budget**, ses recettes et ses dépenses de fonctionnement comme d'investissement. Si la commune compte 3 500 habitants et plus, il débat, dans les deux mois précédant l'examen du budget, d'un rapport présenté par le maire sur les orientations générales du budget, les engagements pluriannuels envisagés ainsi que sur la structure et la gestion de la dette (CGCT, art. L.2312-1). Dans les communes de plus de 10 000 habitants, ce rapport comporte, en outre, une présentation de la structure et de l'évolution des dépenses et des effectifs.

Le conseil municipal est seul compétent pour fixer, depuis la loi n° 80-10 du 10 janvier 1980, le taux des impôts communaux et pour décider du recours à l'emprunt.

Il lui appartient enfin de délibérer sur le **compte administratif** de l'exercice précédent. Établi par le maire, ce document présente les résultats de l'exécution du budget (voir Fiche 59).

Enfin, seul le conseil municipal peut créer et supprimer les **services publics**, dont il définit les règles générales d'organisation, ainsi que les emplois de la commune (CE sect., 6 janvier 1995, Ville de Paris).

Il statue sur les grandes décisions relatives au **patrimoine** de la collectivité, sur les achats et les ventes d'immeubles par exemple.

Il autorise le maire à agir en **justice** au nom de la commune (soit en demande, soit en défense).

2. Par ailleurs, le conseil municipal prend les décisions essentielles dans les **domaines de compétences de la commune** (voir Fiche 50). Par exemple, il adopte le plan local d'urbanisme (PLU) ou décide de créer une école maternelle ou élémentaire publique.

Fiche 10

Le statut de Paris, Lyon, Marseille

Comme les autres communes, Paris, Lyon et Marseille possèdent un conseil municipal, qui comprend respectivement 163, 73 et 101 membres, et un maire. Mais elles sont divisées en **arrondissements** (20 à Paris, 9 à Lyon et, à Marseille, 16 arrondissements regroupés 2 par 2 dans 8 secteurs) administrés par un maire et un conseil d'arrondissement.

A. Le conseil d'arrondissement

1. Le conseil d'arrondissement comprend **deux catégories** de membres élus au suffrage universel direct dans le cadre de l'arrondissement selon le mode de scrutin mixte applicable aux communes de 1 000 habitants et plus : les conseillers municipaux, correspondant aux candidats les mieux placés des différentes listes électorales ; un nombre double de conseillers d'arrondissement, correspondant aux candidats suivants sur les listes.

2. Contrairement au conseil municipal, dont l'article L.2511-2 du CGCT consacre la compétence de droit commun, le conseil d'arrondissement n'exerce que « certaines **attributions limitativement définies** » par les textes.

Certaines attributions, d'abord, n'emportent aucun pouvoir de décision. Sur toutes les affaires intéressant l'arrondissement, le conseil possède en effet le droit de s'**informer** et de s'exprimer. Selon l'article L.2511-12 du CGCT, il peut notamment adresser des questions écrites au maire de la commune ou des questions orales au conseil municipal, demander au conseil municipal de débattre d'une affaire, émettre des vœux.

Dans l'autre sens, avant leur examen par le conseil municipal, le conseil d'arrondissement est saisi pour **avis** des rapports de présentation et des projets de délibération concernant les affaires dont l'exécution est prévue, en tout ou partie, dans les limites de l'arrondissement (CGCT, art. L.2511-13).

Mais le CGCT attribue aussi au conseil d'arrondissement des **compétences décisionnelles**. D'abord, il délibère sur l'implantation et le programme d'aménagement des **équipements de proximité** qui se définissent comme les équipements à vocation éducative, sociale, culturelle, sportive et d'information de la vie locale (crèches, maisons de jeunes, gymnases, etc.) ne concernant pas l'ensemble des habitants de la commune ou les habitants de plusieurs arrondissements, ou n'ayant pas de vocation nationale (CGCT, art. L.2511-16 et suiv.). Toutefois, la réalisation de ces équipements est subordonnée à une décision du conseil municipal.

Puis le conseil d'arrondissement est chargé de gérer les équipements de proximité dont l'inventaire est dressé et modifié par des délibérations concordantes du conseil municipal et du conseil d'arrondissement. En cas de désaccord, il revient au conseil municipal de trancher.

Enfin, le conseil municipal peut déléguer au conseil d'arrondissement, avec son accord et pour la durée du mandat, la gestion de tout équipement ou service de la commune (CGCT, art. L.2511-17).

B. Le maire et les adjoints d'arrondissement

1. Le maire d'arrondissement est élu au sein du conseil d'arrondissement, parmi les membres du conseil municipal, au scrutin majoritaire à trois tours (CGCT, art. L.2511-25). Les fonctions de maire de la commune et de maire d'arrondissement sont incompatibles.

Le conseil d'arrondissement désigne également, parmi l'ensemble de ses membres, des **adjoints** (entre 4 et le nombre correspondant à 30 % de l'effectif légal de l'assemblée). L'un des adjoints au moins doit être conseiller municipal. Les adjoints peuvent recevoir des délégations de fonctions de la part du maire d'arrondissement ou, s'il est absent ou empêché, le suppléer.

2. En tant qu'agent de l'État, le maire d'arrondissement exerce les **attributions** normales d'un maire en matière d'état civil, d'affaires scolaires liées au respect de l'obligation scolaire et de recensement militaire (CGCT, art. L.2511-26). Il possède d'ailleurs, comme ses adjoints, la qualité d'officier d'état civil dans l'arrondissement. En revanche, il n'est pas officier de police judiciaire.

En tant qu'autorité décentralisée, il préside le conseil d'arrondissement dont il prépare et exécute les délibérations. Il engage, liquide et mandate les dépenses figurant à l'état spécial d'arrondissement (document annexé au budget de la commune et détaillant les recettes et les dépenses de fonctionnement de l'arrondissement).

C. Le comité d'initiative et de consultation d'arrondissement

1. Pour faire participer les **associations** à la vie locale, l'article L.2511-24 du CGCT institue dans chaque arrondissement un comité d'initiative et de consultation d'arrondissement. Ce comité réunit les représentants des associations situées ou actives dans l'arrondissement qui en font la demande.

2. Au cours d'une séance par trimestre au moins, ces représentants participent, « s'ils le sollicitent », aux débats du conseil d'arrondissement, avec voix consultative. Sur des sujets préalablement notifiés au maire de l'arrondissement, ils exposent les questions intéressant leur domaine d'activité dans l'arrondissement et peuvent faire des propositions. Le conseil d'arrondissement en délibère en leur présence.

DES DATES À RETENIR

LOI DU 14 DÉCEMBRE 1789 : constitution de 44 000 communes.

LOI DU 18 JUILLET 1837 : attribution de la personnalité juridique aux communes.

LOI DU 5 AVRIL 1884 : attribution de la clause de compétence générale aux communes.

LOI DU 10 JANVIER 1980 : fixation par les conseils municipaux du taux des impôts directs communaux.

23 ET 30 MARS 2014 : premier et second tour des dernières élections municipales (le taux d'abstention au second tour – 37,87 % – est le plus haut depuis 1983).

DES CHIFFRES À RETENIR

521 661 : nombre des conseillers municipaux élus en mars 2014, dont 307 463 dans les communes de moins de 1 000 habitants et 214 198 dans les communes de 1 000 habitants et plus.

278 000 : nombre de citoyens étrangers de l'Union européenne inscrits sur la liste électorale pour le scrutin municipal de 2014, soit 23 % des personnes remplissant les conditions pour voter en France.

34,8 % : proportion des femmes dans les conseils municipaux des communes de moins de 1 000 habitants après les élections de mars 2014.

48,1 % : proportion des femmes dans les conseils municipaux des communes de 1 000 habitants et plus après les élections de mars 2014.

228 EUROS : indemnité de fonction mensuelle maximum pour les conseillers municipaux des communes de 100 000 habitants au moins (depuis le 1er juillet 2010).

CHAPITRE 3

LE MAIRE ET LES ADJOINTS

Il existe dans chaque commune un maire et un ou plusieurs adjoints (appelés adjoints au maire ou maires-adjoints) élus parmi les membres du conseil municipal (CGCT, art. L.2122-1). Dans certaines communes, des postes d'adjoints de quartier ou d'adjoint spécial peuvent également être créés.

L'ensemble formé par le maire et les adjoints constitue la **municipalité**. Dans la presse, locale notamment, le terme « municipalité » est fréquemment employé comme un synonyme de majorité municipale ou même de conseil municipal. Cet usage est juridiquement incorrect. De façon également impropre, la réunion du maire et des adjoints est souvent appelée bureau municipal.

Le maire et les adjoints sont élus pour la même durée que le conseil municipal, c'est-à-dire en principe **six ans** (CGCT, art. L.2122-10).

Mais leur mandat peut prendre fin prématurément à la suite d'un décès ou d'une **démission** qui devient définitive à partir de son acceptation par le préfet de département ou, à défaut, un mois après un nouvel envoi de la démission par lettre recommandée (CGCT, art. L.2122-15).

Contrairement aux autorités étatiques nationales (voir Fiche 61), le conseil municipal ne peut **destituer** un maire ou un adjoint. Autrement dit, ces derniers ne sont pas politiquement responsables devant l'assemblée locale. Toutefois, depuis la loi n° 2004-809 du 13 août 2004 relative aux libertés et responsabilités locales, le conseil municipal doit se prononcer sur le maintien dans ses fonctions d'un adjoint auquel le maire a retiré sa délégation.

Si le maire est suspendu, révoqué, absent ou empêché d'exercer ses fonctions, par exemple pendant le temps d'une hospitalisation pour une opération grave, il est provisoirement remplacé par un adjoint dans l'ordre du tableau (1er adjoint, 2e adjoint, etc.) et, à défaut d'adjoint, par un conseiller municipal désigné par le conseil ou, à défaut, pris dans l'ordre du tableau. Cet élu exerce alors toutes les fonctions du maire, qu'elles soient étatiques ou communales. Il peut prendre toutes les décisions dont l'accomplissement s'impose normalement pendant la durée de l'absence ou de l'empêchement (CE, 1er octobre 1993, Bonnet). Ce mécanisme de la **suppléance** institué par l'article L.2122-17 du CGCT ne doit pas être confondu avec celui de la délégation.

Pour exercer efficacement leurs fonctions, le maire et les adjoints bénéficient d'un **statut** caractérisé par des crédits d'heures, des indemnités de fonction et des garanties de réinsertion s'ils cessent leur activité professionnelle pour se consacrer à leur mandat (voir Fiche 36).

Depuis 1982, les attributions du maire n'ont cessé de se renforcer, à tel point qu'il apparaît souvent comme le véritable « patron » de la commune. Contrairement au préfet, il continue en effet à bénéficier du **dédoublement fonctionnel**. Depuis 1800, le maire représente l'État dans la circonscription administrative communale. En tant qu'**agent déconcentré**, il est soumis au pouvoir ou contrôle hiérarchique soit du préfet soit du procureur de la République. Dans les deux cas, ses actes engagent la responsabilité, non de la commune, mais de l'État.

En tant qu'**autorité décentralisée**, le maire exerce au nom de la commune des attributions « exécutives » ou « exclusives ».

En tant qu'**organe exécutif** « chargé de l'administration » de la commune, il a l'obligation de préparer et d'exécuter toutes les décisions de l'assemblée, même s'il ne les approuve pas. Dans le cadre de son contrôle, le conseil municipal peut prescrire au maire des mesures d'exécution et juger ou blâmer celles qu'il a prises. À l'inverse, le conseil municipal peut déléguer au maire, généralement en début de mandat, le pouvoir d'exercer à sa place, en prenant des **décisions municipales**, tout ou partie des 26 attributions limitativement énumérées par l'article L.2122-22 du CGCT.

Le maire possède également des **attributions « exclusives » ou pouvoirs propres** excluant toute intervention du conseil municipal autre qu'un simple vœu.

D'abord, le maire est seul chargé de l'organisation interne des **services municipaux** et de la gestion des **agents communaux**. Toutefois, il doit respecter le cadre juridique et budgétaire décidé par le conseil municipal qui est seul compétent pour créer ou supprimer un service ou un emploi et pour définir les règles générales d'organisation des services existants.

Ensuite, le maire est seul chargé de l'exercice des pouvoirs de **police administrative** dans le cadre de la commune. Ainsi le juge annule-t-il pour incompétence une délibération du conseil municipal réglementant le stationnement des véhicules sur les voies publiques (CE, 24 janvier 1994, Commune de Vauxaillon).

De surcroît, en matière d'**urbanisme**, il délivre, au nom soit de la commune soit de l'État, les autorisations d'utilisation du sol telles que les permis de construire.

Dans les communes d'une certaine importance, le maire ne peut faire face seul à la multiplicité de ses attributions. C'est pourquoi le CGCT autorise des **délégations** de fonctions à des élus ou de signature à des agents.

Les lois et les règlements se bornent à reconnaître aux adjoints la qualité d'officier d'état civil et d'officier de police judiciaire, à les faire intervenir dans la présidence des bureaux de vote et dans le mécanisme de la suppléance, enfin et surtout à leur réserver un droit de priorité en matière de **délégation de fonctions**. Si les adjoints de quartier sont des adjoints à part entière, le CGCT délimite strictement les pouvoirs de l'adjoint spécial.

En revanche, les lois n'attribuent à la **municipalité** aucune compétence juridique propre. Toute décision qu'elle prendrait collégialement, à la place du maire par exemple, serait donc illégale et même inexistante. Toutefois, les réunions de municipalité jouent souvent un rôle important dans l'élaboration des décisions qui sont juridiquement prises par le maire ou par les adjoints.

Différents textes permettent également au maire de donner des **délégations de signature** à des agents communaux. Les délégations accordées aux agents d'autorité (CGCT, art. L.2122-19 : directeur général ou directeur général adjoint des services de mairie, directeur général ou directeur des services techniques et, depuis la loi n° 2009-526 du 12 mai 2009, responsables de services) portent sur des actes librement définis par le maire dans ses arrêtés. Celles qui sont reconnues aux autres agents concernent des actes limitativement énumérés par des textes réglementaires (notamment CGCT, art. R.2122-8 et suiv.).

POUR EN SAVOIR PLUS

- Direction générale des finances publiques et Direction générale des collectivités locales, *Guide du maire*, 2014, 676 pages (disponible sur *www.gouv.fr*).
- *www.amf.asso.fr* : sur ce site l'Association des maires de France (AMF), voir notamment Dossiers et Actualité (abonnez-vous à *Maire-info*).

LISTE DES FICHES

Fiche 11

L'élection du maire

A. Les conditions préalables à l'élection

1. Pour être maire (ou adjoint), un conseiller municipal doit ne pas être concerné par le régime des inéligibilités et des incompatibilités.

En principe, tout membre du conseil municipal peut se présenter à l'élection de maire (ou d'adjoint). La loi définit toutefois certaines **inéligibilités**. Ainsi, un ressortissant étranger de l'Union européenne élu comme conseiller municipal ne peut être élu maire (ou adjoint), ni en exercer même temporairement les fonctions (CGCT, art. LO.2122-4-1).

2. L'**incompatibilité** n'interdit pas au conseiller municipal de se présenter à l'élection et d'être régulièrement élu. Mais, en cas d'élection, il doit soit renoncer aux mandats, fonctions ou activités incompatibles, soit démissionner de ses fonctions de maire (ou d'adjoint). La loi peut aussi décider du sens de la régularisation.

Depuis 1985, le législateur a institué des incompatibilités en vue de limiter le **cumul des mandats électoraux** et des fonctions électives. La loi n° 2000-295 du 5 avril 2000 a renforcé cette limitation en rendant notamment les fonctions de maire incompatibles avec celles de président de conseil départemental ou régional (CGCT, art. L.2122-4). En revanche, aux termes de la loi organique n° 2000-294 du 5 avril 2000, un maire peut siéger soit à l'Assemblée nationale soit au Sénat.

> La **loi organique n° 2014-125 du 14 février 2014** interdit, à partir de 2017, le cumul d'une fonction exécutive locale comme celle de maire, maire d'arrondissement ou adjoint au maire avec un mandat de député ou de sénateur. Un parlementaire pourra toujours détenir un mandat de conseiller municipal, mais pas recevoir une délégation de fonctions (sauf si celles-ci sont étatiques).

De même, aucune disposition constitutionnelle n'interdit aux membres du Gouvernement d'exercer une fonction exécutive locale, même si le Premier ministre peut leur enjoindre de renoncer à une telle fonction (« jurisprudence Jospin » instituée entre 1997 et 2007 et réactivée en 2012).

B. Les modalités de l'élection

1. Pour procéder à l'élection du maire (et en principe des adjoints), le conseil municipal doit être réputé **complet** : tous les sièges doivent être pourvus (CGCT, art. L.2122-8). Sinon, il faut en principe commencer par pourvoir les sièges vacants en faisant appel aux suivants de liste dans les communes où le scrutin est mixte ou en organisant des élections complémentaires dans les autres (C. élect., art. L.258 et L.270). Peu importe ensuite si tous les conseillers municipaux ne participent pas à la séance de l'élection. Conformément à la règle de droit commun en matière de quorum, il suffit que la majorité d'entre eux soit physiquement présente au début de la séance.

2. Après un renouvellement intégral, c'est le maire sortant qui, même s'il n'a pas été réélu au conseil municipal, convoque les nouveaux conseillers, en fait l'appel et les déclare installés dans leurs fonctions. Le doyen d'âge, c'est-à-dire le conseiller le plus âgé, prend alors la présidence de la séance et fait procéder à l'**élection du maire**.

Dans toutes les communes, cette élection se fait à bulletins secrets et au scrutin majoritaire à trois tours (CGCT, art. L.2122-7). Pour être élu au premier ou au deuxième tour, un candidat doit obtenir la majorité absolue (plus de la moitié) des suffrages exprimés. Lors du troisième tour, la majorité relative suffit : le candidat qui obtient le plus grand nombre de suffrages devient maire. En cas d'égalité des suffrages, le candidat le plus âgé est déclaré élu. Dès qu'il est élu, le nouveau maire prend la présidence du conseil et organise l'élection des adjoints.

Tout conseiller municipal, tout électeur ou tout éligible de la commune peut **contester** les opérations électorales devant le tribunal administratif dans un délai de cinq jours. Quant au préfet, il dispose de quinze jours après la réception du procès-verbal de l'élection pour introduire un recours contentieux.

La loi n° 2013-907 du 11 octobre 2013 relative à la **transparence de la vie publique** remplace le contrôle de la situation patrimoniale issu de la loi n° 88-227 du 11 mars 1988 par l'obligation, pour les maires des communes de plus de 20 000 habitants et les adjoints des communes de plus de 100 000 habitants titulaires d'une délégation, de déposer au début et à la fin de leur mandat des déclarations de patrimoine et des déclarations d'intérêts contrôlées par la Haute Autorité de la transparence de la vie publique.

Fiche 12

Les attributions étatiques du maire

A. Les attributions exercées sous l'autorité du préfet

1. D'après l'article L.2122-27 du CGCT, le maire est chargé, sous l'autorité du préfet, de **trois attributions administratives essentielles** :

- publication et exécution des lois et règlements ;
- exécution des mesures de sûreté générale ;
- fonctions spéciales attribuées par les lois.

2. Parmi les **principales fonctions spéciales** attribuées par les lois, on peut retenir :

- la préparation (tenue des listes) et l'organisation des élections politiques nationales et locales ;
- la légalisation des signatures, c'est-à-dire la procédure par laquelle le maire authentifie la signature apposée à un acte par un de ses administrés ;
- la délivrance d'attestations et de certificats relatifs à la situation des administrés (par ex. attestation d'accueil pour les étrangers sollicitant un visa de court séjour) ;
- la certification des copies, qui est une procédure par laquelle le maire atteste de l'identité existant entre la copie et l'original d'un acte (le décret n° 2001-899 du 1er octobre 2001 supprime la certification conforme des copies de documents, à l'exception de celles destinées à des administrations étrangères).

Il faut noter que la loi n° 2002-276 du 27 février 2002 charge le maire de procéder aux opérations de recensement au nom de la commune, alors que cette attribution était communément considérée comme étatique (CGCT, art. L.2122-21).

Le maire doit prendre toutes les mesures locales nécessaires à ces missions. Dans le cadre de son **pouvoir hiérarchique**, le préfet peut lui adresser des instructions ou des injonctions et, en cas de carence, se substituer à lui (CGCT, art. L.2122-34).

Enfin, le maire est le **correspondant** dans la commune des administrations étatiques. Il peut avoir à leur égard une obligation d'information (ministère de la Défense, services fiscaux, INSEE par ex.). Sa participation à la délivrance de documents administratifs ne peut être imposée qu'en vertu d'une loi et ne saurait donc résulter d'un décret (CE, 5 janvier 2005, Commune de Versailles).

B. Les attributions exercées sous l'autorité du procureur de la République

D'après le CGCT, le maire et les adjoints sont officiers de police judiciaire (art. L.2122-31) et officiers d'état civil (art. L.2122-32).

1. En tant qu'officier de **police judiciaire**, le maire peut être amené à participer au fonctionnement de la justice. En droit, il est compétent pour recevoir des plaintes, constater des infractions, en rassembler les preuves et en rechercher les auteurs tant qu'une information n'est pas ouverte (Code de procédure pénale, art. 14).

Mais, faute de posséder les connaissances juridiques et techniques ainsi que les moyens matériels nécessaires, le maire n'exerce quasiment plus ces fonctions. Quant aux procureurs de la République, ils ont pour instruction de ne les solliciter que pour des missions de renseignements.

2. L'**état civil** constitue au contraire un service public essentiel. Au nom de l'État, le maire enregistre les événements qui modifient l'état ou la capacité des personnes. Il reçoit les déclarations de naissance, il célèbre les mariages, il dresse les actes de décès. Enfin, il délivre aux usagers les actes d'état civil correspondants.

Le projet de loi sur la justice du XXIe siècle délibéré le 31 juillet 2015 prévoit que le recueil et l'enregistrement des déclarations conjointes de **PACS**, aujourd'hui effectués au greffe du tribunal d'instance, seront transférés aux officiers d'état civil.

Dans l'exercice de ses attributions, le maire est tenu de respecter les **instructions du procureur de la République**. Le juge administratif valide ainsi la suspension d'un mois prononcée contre le maire de Bègles pour avoir célébré un mariage entre deux personnes de même sexe malgré l'opposition formée par le procureur de la République (TA Bordeaux, 9 juillet 2004, Noël Mamère c. Ministre de l'intérieur).

Officiers d'état civil eux aussi, les adjoints n'ont pas besoin de **délégation** pour exercer ces fonctions, contrairement aux conseillers municipaux.

Enfin, le maire peut déléguer à des agents titulaires de la commune la réception des déclarations (de naissance, de décès, de reconnaissance d'enfant...), la rédaction de tous actes relatifs à ces déclarations, ainsi que la transcription et la mention de tous actes ou jugements sur les registres de l'état civil (CGCT, art. R.2122-10). Leur délégation qui, depuis le décret n° 2007-773 du 10 mai 2007, peut comprendre l'audition commune ou les entretiens séparés préalables au mariage ou à sa transcription, ne saurait en aucun cas s'étendre à la célébration même du mariage qui demeure un monopole des élus.

Fiche 13

Les attributions communales du maire

A. Les attributions « exécutives » du maire

1. Sous le contrôle du conseil municipal, le maire « est seul chargé de l'administration » (CGCT, art. L.2122-18). En tant qu'organe exécutif de la commune, il a l'obligation de préparer et d'exécuter toutes les décisions de l'assemblée, même s'il ne les approuve pas.

Voici les **principales attributions** « exécutives » du maire mentionnées par l'article L.2122-21 du CGCT :

- il prépare, propose et exécute le budget (voir Fiches 57 et 59) ;
- il gère les biens et les revenus de la commune ;
- il dirige les travaux communaux ;
- il prépare, négocie et, après « autorisation » du conseil (« injonction » serait plus exact), signe les contrats ;
- il représente la commune en justice.

Il appartient également au maire d'assurer l'entrée en vigueur des délibérations en les transmettant au contrôle de légalité et en prenant les mesures de publicité imposées par la loi (voir Fiche 62).

Dans le cadre de son contrôle, le **conseil municipal** peut prescrire au maire des mesures d'exécution et juger ou blâmer celles qu'il a prises.

2. À l'inverse, le conseil municipal peut déléguer au maire, généralement en début de mandat, le pouvoir d'exercer à sa place tout ou partie des 26 attributions limitativement énumérées par l'article L.2122-22 du CGCT, telles que :

- la fixation, dans les limites déterminées par le conseil municipal, des tarifs des droits n'ayant pas un caractère fiscal (par exemple ceux des services publics municipaux) (2°) ;
- la préparation, la passation, l'exécution et le règlement des marchés et des accords-cadres ainsi que toute décision concernant leurs avenants, lorsque les crédits sont inscrits au budget (4°) ;
- l'aliénation de gré à gré de biens mobiliers jusqu'à 4 600 euros (10°) ;
- l'exercice des droits de préemption définis par le Code de l'urbanisme (15°) ;
- les actions ou les défenses en justice au nom de la commune (16°).

Le maire prend en principe personnellement les **décisions municipales** (apparentées à des délibérations et non à des arrêtés) et en rend compte au plus proche conseil municipal qui peut à tout moment mettre fin à la délégation (CGCT, art. L.2122-23).

La loi n° 2004-809 du 13 août 2004 autorise cependant la subdélégation du maire à un adjoint ou à un conseiller municipal en l'absence de disposition contraire de la délibération d'habilitation.

3. Enfin, en tant que **président** de l'assemblée délibérante, c'est le maire qui en principe convoque le conseil municipal, arrête l'ordre du jour, ouvre et clôt la séance, dirige les débats (voir Fiche 8).

B. Les attributions « exclusives » du maire

1. En premier lieu, le maire est seul chargé de l'organisation interne des **services municipaux** et de la gestion des **agents communaux**. Il détient une compétence exclusive pour nommer, avancer, promouvoir, sanctionner, bref pour prendre toutes les mesures individuelles relatives au personnel.

Toutefois, le maire doit respecter le cadre juridique et budgétaire décidé par le conseil municipal qui est seul compétent pour créer ou supprimer un service ou un emploi et pour définir les règles générales d'organisation des services existants. Par exemple, un maire ne peut recruter un agent si le conseil municipal n'a pas préalablement créé l'emploi correspondant.

2. En deuxième lieu, le maire est seul chargé de l'exercice des pouvoirs de **police administrative** dans le cadre de la commune (voir Fiche 14). Ainsi le juge annule-t-il pour incompétence une délibération du conseil municipal réglementant le stationnement des véhicules sur les voies publiques (CE, 24 janvier 1994, Commune de Vauxaillon).

Le maire occupe une place centrale dans les dispositifs territoriaux pour lutter contre l'insécurité et prévenir la délinquance (Code de la sécurité intérieure, art. L.132.1 et suiv.). Depuis la loi n° 2007-297 du 5 mars 2007, il anime sur le territoire de sa commune la politique de **prévention de la délinquance** et, sous réserve des pouvoirs de l'autorité judiciaire et dans le respect des compétences des autres intervenants, en coordonne la mise en œuvre. La loi n° 2011-267 du 14 mars 2011 précise qu'à cette fin, il peut convenir avec ses partenaires des modalités de mise en œuvre des actions.

Depuis le décret n° 2002-999 du 17 juillet 2002, le maire préside le conseil local de sécurité et de prévention de la délinquance (CLSPD) dont la loi de 2007 rend la création obligatoire dans les communes de plus de 10 000 habitants et dans les communes comprenant une zone urbaine sensible, sauf si elles appartiennent à un EPCI à fiscalité propre ayant institué un conseil intercommunal de sécurité et de prévention de la délinquance (Code de la sécurité intérieure, art. L.132-4).

3. De surcroît, dans les communes qui ont approuvé un plan local d'**urbanisme** (PLU), il délivre au nom de la commune les autorisations d'utilisation du sol telles que les permis de construire. Dans les autres communes, ces autorisations sont délivrées au nom de l'État par le maire ou dans certains cas par le préfet.

Fiche 14

Les pouvoirs de police du maire

A. La définition des pouvoirs de police

1. Les **polices spéciales** se rapportent, comme l'adjectif l'indique, à des aspects particuliers de l'ordre public (par ex. moralité) et/ou à certaines catégories d'administrés (étrangers par ex.), de situations (par ex. édifices menaçant ruine) ou d'activités (baignades par ex.). Elles résultent en principe de textes particuliers qui leur aménagent des règles spécifiques.

Le maire possède des pouvoirs de police spéciale exercés **au nom de l'État**. Par exemple, il délivre l'attestation d'accueil pour les étrangers sollicitant un visa de court séjour familial ou privé (Code de l'entrée et du séjour des étrangers et du droit d'asile, art. L.211-4).

Le CGCT lui attribue également des pouvoirs de police spéciale exercés **au nom de la commune** et portant sur des objets particuliers tels que la circulation et le stationnement, les baignades et les activités nautiques, les immeubles menaçant ruine et, depuis la loi n° 2011-525 du 17 mai 2011, la défense extérieure contre l'incendie (CGCT, art. L.2213-1 et suiv.).

2. En tant qu'autorité de **police administrative générale**, le maire est chargé de la police municipale et rurale. Conformément à l'article L.2212-2 du CGCT, l'ordre public municipal se concrétise par la trilogie consacrée par la loi du 5 avril 1884 :

– la sécurité publique comprend la prévention des accidents, calamités, pollutions (par ex. incendies ou inondations) et des dangers résultant des animaux errants ou des hommes aliénés ainsi que la police des voies publiques communales ;

– la tranquillité publique consiste à assurer le repos des habitants en prévenant les risques de désordres, qu'ils résultent de tapages nocturnes ou d'une manifestation sur la voie publique ;

– la salubrité publique regroupe les mesures relatives à l'hygiène des personnes, des animaux et des choses.

De manière plus récente, en validant l'interdiction par un maire d'un spectacle de « lancer de nain » dans une discothèque, le Conseil d'État admet que le **respect de la dignité de la personne humaine** constitue une quatrième composante de l'ordre public (CE ass., 27 octobre 1995, Commune de Morsang-sur-Orge). Il l'utilise de nouveau pour interdire un spectacle méconnaissant la dignité de la personne humaine (CE, 9 janvier 2014, Ministre de l'Intérieur c. M. Dieudonné).

Dans ces domaines, le maire a l'obligation de prendre toutes les mesures nécessaires. Les **mesures matérielles** peuvent consister à faire poser des barrières à l'occasion d'une manifestation ou distribuer des secours aux victimes d'une inondation. Le maire peut également prendre des **actes juridiques**, soit des règlements (arrêté réglementant la mendicité sur la voie publique par ex.), soit des décisions individuelles (par ex. arrêté interdisant à un orateur de tenir une réunion).

B. Les limites des pouvoirs de police

1. Dans les communes où la police est **étatisée**, le soin de réprimer les atteintes à la tranquillité publique, à l'exception des bruits de voisinage, incombe à l'État (CGCT, art. L.2214-4). Celui-ci a aussi la charge du bon ordre quand il se fait occasionnellement de grands rassemblements d'hommes. Le maire demeure compétent pour toutes les autres mesures relevant de la police municipale.

À **Paris**, l'autorité de droit commun est depuis 1800 le préfet de police qui peut agir au nom de la commune ou de l'État. Le maire est toutefois compétent en matière de salubrité sur la voie publique, de bruits de voisinage, de maintien du bon ordre dans les foires et marchés et de conservation du domaine public (CGCT, art. L.2512-13).

Enfin, les lois n° 2010-1563 du 16 décembre 2010 et n° 2014-58 du 27 janvier 2014 transfèrent au **président de l'EPCI à fiscalité propre** compétent en matière d'assainissement, de collecte des déchets ménagers, d'accueil des gens du voyage ou de voirie les pouvoirs de police correspondants. Mais elles reconnaissent aux maires concernés un droit d'opposition.

2. Conformément au principe de la **hiérarchie des normes**, le maire doit respecter les règlements nationaux et préfectoraux. Selon la jurisprudence relative au « concours des polices » (CE, 18 avril 1902, Commune de Néris-les-Bains), il peut toutefois aggraver (mais non assouplir) les mesures édictées au niveau supérieur, dès lors que cette aggravation est justifiée par des circonstances locales particulières.

L'article L.2215-1 du CGCT reconnaît au **préfet** un pouvoir propre et un pouvoir de substitution en matière de police. D'une part, il est seul compétent pour édicter les mesures dont le champ d'application excède le territoire d'une commune. D'autre part, en cas de carence des autorités municipales, il peut prendre, pour toutes les communes du département, plusieurs ou une seule d'entre elles, les mesures nécessaires. Lorsqu'une seule commune est en cause, ce pouvoir de substitution ne peut être exercé qu'après une mise en demeure du maire restée sans résultat.

Enfin, une mesure de police municipale peut faire l'objet d'un recours pour excès de pouvoir. Dans le cadre d'un contrôle maximum ou contrôle de proportionnalité, le **juge administratif** vérifie notamment que l'atteinte portée aux libertés est strictement proportionnée à la menace pesant sur l'ordre public (CE, Benjamin, 19 mai 1933).

Fiche 15

Les adjoints au maire

A. L'élection des adjoints

1. Dès qu'il est élu, le nouveau maire prend la présidence du conseil et organise l'**élection des adjoints**. Selon l'article L.2122-6 du CGCT, les agents salariés du maire ne peuvent être adjoints si cette activité salariée est directement liée à l'exercice du mandat de maire.

L'assemblée détermine d'abord leur **nombre** qui ne doit pas dépasser 30 % de l'effectif légal du conseil municipal. Un conseil municipal dont l'effectif légal est de 55 membres ne peut donc comprendre plus de 16 adjoints, le juge administratif annulant la délibération dépassant ce maximum fixé par la loi (CE, 24 avril 1985, Commune d'Aix-en-Provence).

Ensuite l'assemblée procède à l'élection des adjoints au maire. Dans les **communes de moins de 1 000 habitants**, elle désigne dans les mêmes conditions que le maire le 1er adjoint, le 2e adjoint, etc., l'ordre de désignation déterminant le rang dans le tableau du conseil municipal (CGCT, art. L.2122-7-1).

Dans les **communes de 1 000 habitants et plus**, les adjoints sont depuis 2007 élus au scrutin de liste majoritaire à trois tours, chaque liste respectant un principe de parité globale entre les hommes et les femmes (l'écart entre les candidats de chaque sexe ne peut être supérieur à un). Le rang dans le tableau du conseil municipal de ces adjoints élus en même temps résulte de l'ordre de présentation dans la liste (CGCT, art. L.2122-7-2).

2. Dans les communes de 20 000 habitants et plus possédant, à titre obligatoire ou facultatif, des conseils de quartier (voir Fiche 38), la loi n° 2002-276 du 27 février 2002 relative à la démocratie de proximité relève le plafond de 30 % en vue de créer des postes spécifiques d'**adjoints de quartier** qui sont chargés de s'occuper principalement d'un ou plusieurs quartiers (CGCT, art. L.2122-2-1 et L.2122-18-1). Leur nombre ne peut cependant excéder 10 % de l'effectif légal du conseil municipal.

Pour assurer la continuité de l'action de l'État sur l'ensemble du territoire, une délibération motivée du conseil municipal peut créer un ou plusieurs postes d'**adjoint spécial** lorsqu'un obstacle quelconque, ou l'éloignement, rend difficiles, dangereuses ou momentanément impossibles les communications entre le chef-lieu et une fraction de commune (CGCT, art. L.2122-3).

B. Les attributions des adjoints

1. Les lois et les règlements se bornent à reconnaître aux **adjoints** la qualité d'officier d'état civil et d'officier de police judiciaire, à les faire intervenir dans la présidence des bureaux de vote (C. élect., art. R.43) et dans le mécanisme de la suppléance, enfin et surtout à leur réserver un droit de priorité en matière de délégation de fonctions.

Si les **adjoints de quartier** sont des adjoints à part entière, l'article L.2122-33 du CGCT délimite strictement les pouvoirs de l'**adjoint spécial** : il remplit les fonctions d'officier d'état civil et peut être chargé de l'exécution des lois et règlements de police dans la partie de commune pour laquelle il a été désigné. Cet article précise qu'il n'exerce pas d'autres attributions.

En revanche, les lois n'attribuent à la **municipalité** aucune compétence juridique propre. Toute décision qu'elle prendrait collégialement, à la place du maire par exemple, serait donc illégale et même inexistante (CE, 9 novembre 1983, Saerens). Toutefois, les réunions de municipalité jouent souvent un rôle important dans l'élaboration des décisions qui sont juridiquement prises par le maire ou par les adjoints.

2. L'article L.2122-18 du CGCT permet au maire de déléguer une partie de ses fonctions, en assurant aux adjoints un droit de priorité. Un simple conseiller municipal ne peut recevoir une **délégation de fonctions** qu'en cas d'absence ou d'empêchement de tous les adjoints ou, depuis la loi du 27 février 2002, dès lors que ceux-ci sont tous titulaires d'une délégation.

En ce qui concerne les adjoints, le maire n'est pas tenu par l'ordre du tableau (par exemple, il peut déléguer des fonctions à tous les adjoints autres que le 1er adjoint). Concrètement, il prend et publie un arrêté de délégation qui définit précisément les fonctions transférées.

Le maire peut continuer d'intervenir dans le domaine délégué à l'adjoint qui agit sous sa surveillance et sa responsabilité. À tout moment, il peut lui **retirer** sa délégation. En cas de recours contentieux, le juge administratif s'assurera que les motifs du maire concernent la bonne marche de l'administration communale.

> Ainsi le Conseil d'État admet-il qu'un désaccord politique, s'il est exprimé publiquement par l'adjoint ou s'il porte sur un point important de la gestion communale, par exemple le budget, justifie le retrait de délégation (CE, 1er octobre 1993, Bonnet).

DES DATES À RETENIR

LOI DU 14 DÉCEMBRE 1789 : institution d'un maire élu par les citoyens comme organe exécutif de la commune.

LOI DU 28 PLUVIÔSE AN VIII (17 FÉVRIER 1800) : maires « fonctionnaires » nommés par les autorités étatiques.

LOI DU 28 MARS 1882 : élection de tous les maires par les conseils municipaux.

LOI DU 31 DÉCEMBRE 1975 : institution d'un maire à Paris.

MARS 1977 : élection de Jacques Chirac comme premier maire de Paris (réélu en 1983 et en 1989).

DES CHIFFRES À RETENIR

66 % : pourcentage des personnes interrogées déclarant faire confiance au maire de leur commune selon le Baromètre de la confiance politique du CEVIPOF (janvier 2015).

16,1 % : pourcentage des femmes maires dans l'ensemble des communes.

140 HEURES : montant du crédit d'heures trimestriel dont peut bénéficier le maire d'une commune de 10 000 habitants et plus (105 heures dans les plus petites communes).

646 EUROS : indemnité de fonctions mensuelle maximum pour les maires des communes de moins de 500 habitants (depuis le 1er juillet 2010).

5 512 EUROS : indemnité de fonctions mensuelle maximum pour les maires des communes de 100 000 habitants et plus (depuis le 1er juillet 2010).

CHAPITRE 4

LES ÉTABLISSEMENTS PUBLICS COMMUNAUX

Un **établissement public communal** est un organisme public doté de la personnalité morale et de l'autonomie financière, mais rattaché à une commune qui le subventionne et qui contrôle partiellement son organisation et ses activités.

Certains établissements publics communaux, comme le centre communal d'action sociale (CCAS) et, malgré l'aménagement apporté par la loi n° 2001-624 du 17 juillet 2001, la caisse des écoles, sont imposés par la **loi**. D'autres comme les offices publics de l'habitat (OPH) résultent d'une **volonté** du conseil municipal.

Ces établissements publics communaux peuvent être **administratifs** (EPA), comme le CCAS, ou **industriels et commerciaux** (ÉPIC), les OPH par exemple. Les premiers sont principalement soumis aux règles de la comptabilité et du droit publics, les seconds à celles de la comptabilité et du droit privés.

Consacrés par la loi n° 86-17 du 6 janvier 1986, les **CCAS** ont remplacé les bureaux d'aide sociale qui, depuis le décret du 29 novembre 1953, regroupaient les bureaux d'assistance imposés par la loi du 15 juillet 1883 (aide sociale obligatoire) et les bureaux de bienfaisance institués par la loi du 7 frimaire an V (aide sociale facultative). Ils sont actuellement régis par des dispositions législatives et réglementaires du Code de l'action sociale et des familles (CASF).

Le législateur de 1986 a imposé la création de plein droit de cet établissement public administratif dans toutes les communes. Par ailleurs, plusieurs communes peuvent se grouper dans un établissement public de coopération intercommunale afin de créer un centre intercommunal d'action sociale (**CIAS**) compétent pour mettre en œuvre tout ou partie de leurs attributions dans ce domaine (voir Chapitre 7). La création d'un **CIAS** n'entraîne pas nécessairement la disparition des CCAS qui demeurent compétents pour les attributions non transférées au niveau intercommunal.

> En 2013, le nombre des CCAS-CIAS s'élève seulement à 27 220, car de nombreuses petites communes en sont dépourvues. C'est pourquoi la **loi NOTRE n° 2015-991 du 7 août 2015** limite la création obligatoire du CCAS aux communes de 1 500 habitants et plus. Dans les autres communes, cette création devient facultative et une procédure permet de dissoudre un centre existant.

Depuis la fin du XIXe siècle (loi Siegfried du 30 novembre 1894), le législateur encourage la construction de logements destinés aux personnes et aux familles à faibles ressources. En 1912, la **loi Bonnevay** autorise les collectivités territoriales à créer des organismes pour intervenir dans ce domaine. Des avantages financiers et fiscaux sont consentis à tous les organismes construisant des HBM (habitations à bon marché) qui, en 1951, deviennent les HLM (habitations à loyer modéré).

Au nombre de 750 environ, ces organismes d'HLM sont soit des sociétés de droit privé, soit des établissements publics. Depuis l'ordonnance n° 2007-137 du 1er février 2007, ces derniers sont dénommés **offices publics de l'habitat** (OPH), qualifiés d'industriels et commerciaux et soumis à un statut unique intégré dans le Code de la construction et de l'habitation (CCH).

Un OPH est **créé et dissous** par décret à la demande de l'organe délibérant d'un établissement public de coopération intercommunale compétent en matière d'habitat, d'une commune dès lors qu'elle n'est pas membre d'un EPCI compétent en matière d'habitat, d'un département ou, depuis la loi NOTRE du 7 août 2015, d'une région dès lors qu'il n'existe pas de département dans lequel est situé plus de la moitié du patrimoine de l'OPH (CCH, art. L.421-6 et suiv.). Il est rattaché à cette collectivité ou à cet EPCI.

En 2014, il existe 267 offices publics de l'habitat.

Créée par la loi Duruy du 10 avril 1867, la **caisse des écoles** est devenue obligatoire dans chaque commune avec la loi Ferry du 28 mars 1882 sur l'enseignement primaire. Le Conseil d'État lui a reconnu le caractère d'établissement public administratif (CE, 22 mai 1903, Caisse des écoles du VIe arrondissement de Paris). Malgré l'obligation légale, de nombreuses communes n'ont jamais créé leur caisse des écoles, ni participé à une caisse intercommunale. De plus, la loi du 17 juillet 2001 permet au conseil municipal de prononcer la dissolution d'une caisse budgétairement inactive pendant trois ans.

1 822 caisses des écoles sont dénombrées en 2013. Depuis 2001, près de 1 700 caisses ont été dissoutes.

Les établissements publics ne bénéficient pas de la clause de compétence générale. Ils sont soumis au **principe de spécialité**. Fondés pour gérer un service public, ils ne peuvent sortir de leur mission initiale. Ils possèdent seulement une compétence d'exception ou d'attribution : ils doivent s'en tenir aux missions qui leur sont attribuées par les textes.

Toute intervention en dehors de cette sphère est illégale et annulée par le juge. C'est ainsi qu'un CCAS ne saurait prendre en charge l'exploitation d'un cinéma ou d'un théâtre municipal (CE, 13 décembre 1939, Séguinaud). À l'inverse, le conseil municipal doit respecter les compétences des établissements publics qui lui sont rattachés, même si le législateur peut aménager des hypothèses de compétences concurrentes (CE, 29 juin 2001, Commune de Mons-en-Barœul).

Les CCAS et les OPH exercent des **compétences obligatoires ou facultatives**. Les premiers, par exemple, doivent établir et transmettre au département les demandes d'aide sociale légale, mais sont libres de mettre en place ou non des prestations en espèces, remboursables ou non, ou en nature (colis alimentaires, revenu minimum étudiant, etc.).

En revanche, les caisses des écoles ne possèdent pas de compétences obligatoires : elles décident librement de leurs interventions dès lors qu'elles visent à « faciliter la fréquentation de l'école [publique ou privée] par des aides aux élèves en fonction des ressources de leur famille ».

Qu'il s'agisse de l'action sociale ou du logement, le territoire communal est souvent jugé trop étroit pour mettre en œuvre une politique cohérente. C'est pourquoi les lois du 12 juillet 1999 et du 18 janvier 2005 de programmation pour la cohésion sociale ont fait de la politique de la ville, du logement social et de l'action sociale d'intérêt communautaire des compétences obligatoires ou optionnelles des EPCI à fiscalité propre (voir Chapitre 7). Et la **loi NOTRE** du 7 août 2015 permet à l'EPCI compétent en matière d'action sociale d'intérêt communautaire de créer un CIAS.

Avant la réforme de 2007, 130 offices publics d'HLM étaient communaux et 11 seulement relevaient de l'intercommunalité. C'est pourquoi l'ordonnance du 1er février 2007 favorise la fusion des OPH, notamment pour que ceux rattachés à des communes puissent correspondre à des bassins d'habitat (CCH, art. L.421-7). Mais la **loi ALUR du 24 mars 2014** décide qu'à partir du 1er janvier 2017, un office public de l'habitat ne pourra plus être rattaché à une commune dès lors que celle-ci est membre d'un EPCI compétent en matière d'habitat.

POUR EN SAVOIR PLUS

- Jean-Marc STÉBÉ, *Le Logement social en France*, PUF, coll. « Que sais-je ? », 2013, 128 pages.
- *www.unccas.org* : sur ce site de l'Union nationale des centres communaux d'action sociale, voir notamment Thématiques et Banque d'expériences.
- *www.offices-habitat.org* : site de la Fédération nationale des offices publics de l'habitat.

LISTE DES FICHES

Fiche 16

Les organes du CCAS

A. Le conseil d'administration

1. L'organe délibérant du CCAS est le conseil d'administration (CASF, art. L.123-6 et R.123-7 et suiv.). En plus du maire qui le préside, il comprend un **nombre** pair de membres fixé par le conseil municipal et compris entre huit et seize.

La **composition** est paritaire. La moitié des membres sont des conseillers municipaux élus à la représentation proportionnelle au plus fort reste par leur assemblée dans les deux mois suivant son renouvellement.

Les autres membres sont nommés par le maire, après appel à candidatures, parmi les personnalités extérieures actives dans le domaine social, avec l'obligation de représenter quatre secteurs associatifs : handicapés, personnes âgées et retraitées, associations familiales et, depuis le décret n° 2000-6 du 4 janvier 2000, lutte contre les exclusions.

En matière de convocation, de quorum, de vote ou de règlement intérieur, le **fonctionnement** du conseil d'administration ressemble beaucoup à celui du conseil municipal. Il existe cependant des spécificités précisées par le Code de l'action sociale et des familles (art. R.123-13 et suiv. notamment). De plus, les séances du conseil d'administration ne sont pas publiques.

2. Selon l'article R.123-20 du CASF, « le conseil d'administration règle par ses délibérations les affaires du centre d'action sociale ». Comme celles du conseil municipal, ses délibérations sont soumises au contrôle administratif et budgétaire de l'État.

Le conseil d'administration est donc chargé de prendre les **décisions essentielles**. Comme un conseil municipal, il vote chaque année le budget, il crée et supprime les emplois et les services dont il définit les règles générales d'organisation, il décide de la passation des contrats comme des actions en justice… Il lui appartient enfin de définir les différentes prestations sociales ainsi que leurs critères et conditions d'octroi.

Toutefois, certaines de ses délibérations exigent de la part du conseil municipal un avis conforme, en cas de recours à l'emprunt (CGCT, art. L.2121-34), ou un accord préalable dans l'hypothèse d'une modification de l'affectation ou d'une mise à disposition des locaux (CGCT, art. L.2241-5).

Le conseil d'administration peut **déléguer** une partie de ses pouvoirs au président ou au vice-président dans les huit matières limitativement énumérées par l'article R.123-21 du CASF : attribution des prestations sociales, conclusion de divers contrats, création des régies comptables nécessaires au fonctionnement du centre d'action sociale et des services qu'il gère, action en justice…

Contrairement à une délégation de fonctions ou de signature, la **délégation de pouvoirs** dessaisit le délégant : le conseil d'administration perd son pouvoir de décision dans les matières déléguées pour le retrouver seulement en cas d'absence ou d'empêchement du délégataire. Le président ou le vice-président doit rendre compte, à chacune des réunions du conseil d'administration, des décisions qu'il a prises personnellement en vertu de la délégation.

Le conseil d'administration peut aussi prévoir dans son règlement intérieur la constitution et l'organisation d'une **commission permanente** présidée par le maire ou par un conseiller municipal désigné par lui (CASF, art. R.123-19). Il désigne les autres membres dans le respect de la parité entre membres élus et nommés.

Libre de définir les compétences de la commission permanente dans le règlement intérieur, le conseil d'administration peut lui déléguer le pouvoir de prendre des décisions dans des matières importantes comme l'attribution de prestations sociales.

B. Le président du conseil d'administration

1. Le **maire** est président de droit du CCAS (CASF, art. L.123-6). Le conseil d'administration doit par ailleurs élire un **vice-président** qui remplace le président lorsque celui-ci est absent ou empêché.

2. Le président du CCAS a **compétence** pour préparer et exécuter les délibérations de l'organe délibérant, ordonnancer les dépenses et les recettes, diriger les services, nommer les agents, signer les contrats… (CASF, art. R.123-23 et suiv.)

Sous sa surveillance et sa responsabilité, il peut **déléguer** une partie de ses fonctions ou sa signature au vice-président et au directeur du CCAS.

> Le directeur du CCAS est un agent territorial nommé par le président. Il assiste aux séances du conseil d'administration et, le cas échéant, de la commission permanente dont il assure le secrétariat. Par délégation du maire, il peut prononcer l'admission d'urgence à l'aide sociale.

Fiche 17

Les compétences du CCAS

A. Les compétences obligatoires

1. En matière d'**aide sociale légale**, malgré la compétence de principe attribuée par les lois de décentralisation au département, le CCAS continue d'exercer des compétences obligatoires. Il participe à l'instruction des demandes d'aide sociale légale (CASF, art. L.123-5). Il établit et transmet les dossiers dont l'instruction incombe à une autre autorité, notamment au département : aide sociale générale, aide sociale à l'enfance, aide sociale aux personnes âgées… L'établissement du dossier et sa transmission constituent une obligation, indépendamment de l'appréciation du bien-fondé de la demande.

La mise en œuvre du **revenu de solidarité active** généralisé par la loi n° 2008-1249 du 1er décembre 2008 relève de la responsabilité de l'État et des départements (CASF, art. L.262-1 et suiv.). Mais les CCAS sont chargés d'apporter leur concours. Ils sont organismes de dépôt et instructeurs des demandes de RSA s'ils décident d'exercer, à titre gratuit, cette compétence. Ils définissent alors en commun avec le président du conseil départemental un engagement de qualité de service garantissant, au moyen de critères mesurables, la fiabilité et la rapidité des opérations d'instruction.

Depuis la loi n° 99-641 du 27 juillet 1999 créant la **couverture maladie universelle** (CMU), la majorité des CCAS se borne à informer et orienter les administrés vers les caisses primaires d'assurance-maladie chargées de gérer les dossiers (Code de la sécurité sociale, art. L.161-2-1). Ils peuvent aussi apporter leur concours aux intéressés dans leur demande d'affiliation et, avec leur accord, transmettre les documents à l'organisme compétent.

Le CCAS exerce, le cas échéant, les compétences que le **département** confie à la commune par convention, en matière de protection maternelle et infantile par exemple (CASF, art. L.123-5). Mais cette possibilité est rarement utilisée.

Les CCAS font partie des organismes que la loi charge de poursuivre une politique destinée à **lutter contre les exclusions** (CASF, art. L.115-2). Ils doivent ainsi procéder aux domiciliations des personnes sans domicile fixe ou en habitat mobile ou précaire, afin qu'elles aient une adresse pour faire valoir leurs droits sociaux, en matière de RSA ou de CMU par exemple (CASF, art. L.264-1).

Les CCAS constituent et tiennent à jour un **fichier** des habitants de la commune bénéficiaires d'une prestation d'aide sociale légale ou facultative (CASF, art. R.123-6). Protégées par le secret professionnel, ces données sont uniquement communiquées aux membres du conseil d'administration, à ceux des commissions d'admission et aux représentants des services publics.

2. Enfin, les CCAS doivent procéder chaque année à une **analyse des besoins sociaux** de leur population, notamment de ceux des familles, des jeunes, des personnes âgées, des personnes handicapées et des personnes en difficulté (CASF, art. R.123-1). Cette analyse dont ils définissent la forme et le contenu – et dont parfois ils se dispensent – fait en principe l'objet d'un **rapport** présenté au conseil d'administration.

B. Les compétences facultatives

1. Sur la base de ce rapport, chaque CCAS met en œuvre une action générale de prévention et de développement social ainsi que des actions spécifiques en direction de certains publics (CASF, art. R.123-2). Le contenu de ces compétences facultatives est laissé à la libre appréciation du CCAS.

Il a ainsi la faculté de créer et de gérer les **établissements et services à caractère social ou médico-social** les plus divers (CASF, art. R.123-3) : crèche, maison de retraite, dispensaire, foyer-restaurant, SAMU social, guichet emploi…

Le CCAS peut également intervenir au moyen de **prestations** prenant des formes variées (CASF, art. R.123-2) :

- prestations **remboursables** (prêts aux particuliers incapables de payer une facture ou un loyer par ex.) ;
- prestations **non remboursables** en espèces (par ex. secours exceptionnel pour payer une facture ou allocation régulière comme le revenu minimum étudiant), en nature (colis alimentaire, distribution de vêtements…) ou en bons d'achat (bons alimentaires, bons de transports, chèques d'accompagnement personnalisé notamment).

Chaque CCAS est libre de définir les **conditions d'attribution** de ces prestations, sous réserve de respecter le principe d'égalité des usagers devant le service public et de non-discrimination entre les Français et les étrangers.

> Est ainsi illégale l'attribution par la ville de Paris de l'allocation de congé parental d'éducation aux seuls parents de nationalité française (CE, 30 juin 1989, Ville de Paris et bureau d'aide sociale de Paris c. Lévy).

2. L'article R.123-4 du CASF prévoit que les CCAS exercent leur action en liaison étroite avec les institutions et les services publics et privés de caractère social (caisses d'allocations familiales, associations caritatives, Pôle emploi…). À cet effet, ils peuvent mettre en œuvre des moyens ou des structures de concertation et de **coordination**.

Fiche 18

Les organes de l'OPH

A. Le conseil d'administration

1. En fonction notamment de la répartition géographique du patrimoine de l'office ou de l'importance de son parc, le **nombre** des membres ayant voix délibérative est fixé par décision du conseil municipal à 23 ou 27, avec une possibilité de fixation à 17 pour les offices propriétaires de moins de 2 000 logements (CCH, art. R.421-4).

L'ordonnance du 1er février 2007 renforce le caractère local d'un OPH municipal en assurant aux représentants de la commune une majorité de contrôle au sein du conseil d'administration (CCH, art. R.421-5). Celui-ci comprend **quatre catégories de membres ayant voix délibérative** :

- 13 ou 15 membres représentant la commune et désignés par le conseil municipal, dont 6 en son sein et 7 ou 9 parmi des personnalités qualifiées en matière d'urbanisme, de logement, d'environnement ou d'affaires sociales ;
- 5 personnalités qualifiées désignées par les institutions du département du siège de l'office dont elles sont issues, à savoir un membre désigné par les caisses d'allocations familiales, un par l'union départementale des associations familiales, un par les associés des collecteurs de la participation des employeurs à l'effort de construction et deux par les organisations syndicales de salariés les plus représentatives ;
- 1 ou 2 représentants d'associations actives dans l'insertion ou le logement des personnes défavorisées qui sont désignés par le conseil municipal ;
- 4 ou 5 locataires représentant les locataires de l'office, élus par ces derniers.

Aux termes de l'article L.421-10 du CCH, le conseil d'administration règle les affaires de l'office par des **délibérations** prises à la majorité des membres ayant voix délibérative (sauf pour la nomination et la cessation des fonctions du directeur général décidées à la majorité des deux tiers). Réuni au moins trois fois par an, il prend les décisions essentielles de l'établissement : il décide la politique générale de l'office ; il vote son budget et approuve ses comptes ; sur proposition du président, il nomme le directeur général et met fin à ses fonctions… (CCH, art. R.421-16)

2. Le conseil d'administration est tenu d'instituer en son sein une **commission d'attribution des logements** dont il définit les règles d'organisation et de fonctionnement dans un règlement intérieur (CCH, art. R.441-9). Elle est composée de six membres, dont un représentant des locataires, désignés par le conseil d'administration parmi les administrateurs disposant d'une voix délibérative. Ces membres élisent en leur sein, à la majorité absolue, un président.

En outre, le **maire de la commune** où sont situés les logements à attribuer, ou son représentant, participe avec voix délibérative (et, en cas d'égalité des voix, prépondérante) aux séances concernant l'attribution de ces logements.

Réunie au moins une fois tous les deux mois, la commission est compétente pour attribuer nominativement les logements de l'office mis ou remis en location. Dans ses **attributions**, elle doit respecter les orientations définies par le conseil d'administration ainsi que par les nombreuses prescriptions législatives, réglementaires et conventionnelles, qu'elles soient nationales, départementales ou locales. Il appartient au préfet de veiller au respect des règles régissant l'attribution des logements sociaux (CCH, art. L.441).

B. Le président, le bureau, le directeur général

1. Le conseil d'administration élit à la majorité absolue des membres ayant voix délibérative, parmi les administrateurs désignés par le conseil municipal, un **président** (CCH, art. L.421-11). En plus de la fixation de l'ordre du jour et de la direction des débats du conseil, le principal pouvoir propre du président du conseil d'administration est de proposer la nomination du directeur général à l'approbation du conseil d'administration et, le cas échéant, la cessation de ses fonctions (CCH, art. R.421-17). De plus, il représente l'office auprès des autres personnes publiques et, lors de l'examen du budget, soumet au conseil d'administration un rapport sur la politique passée et future de l'office.

2. Présidé de droit par le président du conseil d'administration, le **bureau** de l'office comprend six membres, dont un représentant des locataires, élus par le conseil d'administration au scrutin majoritaire (CCH, art. R.421-12). Il peut recevoir du conseil d'administration certaines délégations de compétence.

3. Quant au **directeur général**, dont les fonctions sont incompatibles avec celles d'administrateur, il est chargé de diriger l'activité de l'office dans le cadre des orientations générales fixées par le conseil d'administration : il assiste, avec voix consultative, aux séances du conseil d'administration et du bureau dont il prépare et exécute les décisions ; il passe tous actes et contrats au nom de l'office et le représente dans tous les actes de la vie civile ou en justice ; en tant que chef hiérarchique des agents, il prend les décisions individuelles relatives à leur carrière… (CCH, art. R.421-18)

Chargé de l'exécution des budgets, le directeur général peut recevoir des délégations du conseil d'administration. Enfin, il rend compte de sa gestion au conseil d'administration et lui présente un rapport annuel en la matière.

Fiche 19

Les compétences de l'OPH

A. Les interventions des OPH

1. Les OPH exercent leurs activités sur le **territoire** de la région où se trouve leur commune de rattachement. Ils peuvent également intervenir sur le territoire des départements limitrophes de cette région, après accord de la commune d'implantation de l'opération (CCH, art. L.421-5). Cette entorse aux principes généraux régissant les compétences géographiques des collectivités territoriales permet de lever certaines difficultés comme celle de loger dans les grandes villes tous ceux qui y travaillent.

L'ordonnance du 1er février 2007 favorise la fusion des OPH, notamment pour que ceux rattachés à des communes puissent correspondre à des bassins d'habitat (CCH, art. L.421-7).

2. Consacré à l'objet des OPH, l'article L. 421-1 du CCH distingue 18 compétences, dont certaines exercées « à titre subsidiaire ». Les articles suivants détaillent de nombreuses compétences facultatives ou subsidiaires, le cas échéant « en qualité de prestataires de services » (CCH, art. L. 421-3).

Qualifié en 2000 de « service d'intérêt général », le **logement locatif social** constitue le noyau dur des compétences reconnues aux OPH (CCH, art. L.411-2) qui ont pour principal objet la construction, l'acquisition, l'aménagement, la réparation, l'attribution et la gestion de logements locatifs, qu'ils soient collectifs ou individuels, urbains ou ruraux. Ces habitations doivent être destinées aux personnes dont les revenus sont inférieurs à des plafonds.

Aux logements peuvent s'ajouter des dépendances, des annexes, des aires de stationnement et des jardins privatifs ou collectifs, accolés ou non aux immeubles (CCH, art. L.411-1). Les ensembles d'habitations peuvent comprendre accessoirement des locaux à usage commun et toutes les constructions nécessaires à la **vie économique et sociale** de ces ensembles, par exemple des locaux commerciaux.

Les OPH sont également propriétaires de **foyers** principalement destinés aux personnes âgées, aux étudiants et aux jeunes travailleurs. Ils peuvent construire des habitations en vue de l'**accession à la propriété** de personnes dont les revenus sont inférieurs à des plafonds, et en assurer la gestion.

Aujourd'hui, la plupart des OPH conduisent des politiques qui dépassent largement la simple gestion administrative et technique d'un patrimoine. Ainsi sont-ils devenus des acteurs essentiels de la **politique de la ville** (CCH, art. L.424-2). Ils participent à des dispositifs ayant pour objet l'insertion professionnelle de leurs locataires (régies de quartier, entreprises d'insertion, etc.), le développement des services de proximité et de la vie sociale ou, de plus en plus, l'amélioration de la sécurité des habitants (dans le cadre des contrats locaux de sécurité par ex.).

B. La crise du logement social

1. De nombreux rapports ont analysé et dénoncé une **grave crise du logement**, notamment social, dont les origines sont simples : pendant vingt ans, notre pays a construit deux fois moins de logements qu'il n'en fallait. Le 5 juin 2008, il est d'ailleurs condamné par le Comité européen des droits sociaux du Conseil de l'Europe pour « l'insuffisance manifeste » de la construction et de l'offre de logements sociaux accessibles aux personnes les plus pauvres.

2. Pourtant, selon la jurisprudence du Conseil constitutionnel, le droit à un logement décent constitue un objectif de valeur constitutionnelle (Cons. const., 19 janvier 1995, 94-359 DC, Loi relative à la diversité de l'habitat). C'est pourquoi depuis 2000, tous les gouvernements ont mis en place des dispositifs pour programmer, financer ou encourager la construction de logements sociaux (par ex. loi n° 2005-32 du 18 janvier 2005 de programmation pour la cohésion sociale).

Dans un but de mixité sociale, la loi n° 2000-1208 du 13 décembre 2000 relative à la solidarité et au renouvellement urbains (SRU) impose un **seuil minimal** de 20 % de logements sociaux aux communes de 3 500 habitants et plus (1 500 en Île-de-France) qui appartiennent à des agglomérations d'au moins 50 000 habitants comprenant une commune de plus de 15 000 habitants (CCH, art. 302-5 et suiv.). Ce seuil est porté à 25 % par la loi n° 2013-61 du 18 janvier 2013 qui, dans certains cas, maintient l'ancien seuil. Cette loi Duflot aggrave également les sanctions financières contre les communes n'entreprenant pas les actions nécessaires pour atteindre le seuil d'ici 2025.

La loi n° 2007-290 du 5 mars 2007 institue le **droit au logement opposable** (DALO) au bénéfice d'abord des personnes en grande difficulté (sans domicile fixe, femmes seules avec enfants, travailleurs pauvres…), et, depuis le 1er janvier 2012, de toute personne éligible à un logement social. Toutefois, la pénurie de logements limite les effets de ce droit.

> En 2012, le président de la République promet la construction de 150 000 « logements très sociaux » par an pendant son quinquennat. Pourtant, en dépit des mesures coercitives, des simplifications juridiques et des dispositifs financiers, seulement 106 414 logements sociaux sont financés en 2014, soit 9 % de moins qu'en 2013. Selon le ministère chargé du logement, 1,7 million de demandes de logements sociaux sont en attente.

Fiche 20

La caisse des écoles

A. Les compétences scolaires des communes

1. En vertu de la loi n° 83-663 du 22 juillet 1983, les communes ont la charge des **écoles publiques** (C. éduc., art. L.212-4). Elles assurent la construction, la reconstruction, l'extension, les grosses réparations, l'équipement et le fonctionnement (chauffage, éclairage, etc.) des locaux, dont elles sont propriétaires.

Contrairement aux collèges ou aux lycées, qui sont des établissements publics locaux d'enseignement (EPLE) rattachés au département ou à la région, les écoles publiques ne possèdent pas la personnalité juridique : leur gestion administrative et budgétaire est directement assurée par les communes ou, en cas de transfert de la compétence, par l'EPCI.

En principe, toute commune doit être pourvue d'au moins une **école élémentaire** publique, mais elle peut ou doit, selon le cas, se réunir à une ou plusieurs communes voisines pour l'établissement et l'entretien d'une école intercommunale (C. éduc., art. L.212-2).

La commune n'est pas tenue d'avoir une **école maternelle** sur son territoire. Mais si l'école est régulièrement créée à la demande du conseil municipal, ses dépenses de fonctionnement constituent une charge obligatoire.

2. En ce qui concerne les **écoles privées** sous contrat d'association à l'enseignement public, la commune est tenue de participer aux dépenses de fonctionnement des classes élémentaires (C. éduc., L.442-5 et suiv.). Le financement des classes maternelles, en revanche, est seulement obligatoire quand elle a donné son accord à la conclusion du contrat d'association.

> À la rentrée 2013, l'enseignement du 1er degré compte 47 306 écoles publiques (plus 5 274 écoles privées).

B. Le statut de la caisse des écoles

1. Bien que les statuts types proposés par une circulaire du 29 mars 1882 fussent inspirés du modèle associatif, le Conseil d'État a reconnu à la caisse des écoles le caractère d'**établissement public administratif** (CE, 22 mai 1903, Caisse des écoles du VIe arrondissement de Paris). Disposant de prérogatives de puissance publique, cet établissement est considéré comme une « annexe » au service public de l'enseignement.

Malgré l'obligation légale, de nombreuses communes n'ont jamais créé leur caisse des écoles, ni participé à une caisse intercommunale. Pour simplifier et rationaliser la gestion, des communes préfèrent gérer elles-mêmes toutes leurs activités en direction des écoles publiques. La loi n° 2001-624 du 17 juillet 2001 permet au demeurant au conseil municipal de prononcer la **dissolution** d'une caisse des écoles n'ayant effectué aucune opération de dépenses ou de recettes pendant trois ans.

2. Selon l'article L.212-10 du Code de l'éducation, leur **objet** est aujourd'hui de « faciliter la fréquentation de l'école par des aides aux élèves en fonction des ressources de leur famille », que l'établissement fréquenté soit public ou privé (C. éduc., art. L.533-1).

Si certaines caisses se cantonnent dans leur ancienne mission consistant à récompenser les « élèves méritants » et à secourir les « élèves indigents » (par exemple en remettant aux personnes qui rencontrent des difficultés sociales des chèques d'accompagnement personnalisé), d'autres, grâce aux subventions communales et à la bienveillance du juge administratif, ont considérablement élargi leurs activités : cantines scolaires, garderies, activités périscolaires, colonies de vacances... La loi n° 2005-32 du 18 janvier 2005 de programmation pour la cohésion sociale consacre cette évolution en étendant les compétences des caisses « à des actions à caractère éducatif, culturel, social et sanitaire en faveur des enfants relevant de l'enseignement du premier et du second degré ». À cette fin, la loi de 2005 leur permet de constituer des dispositifs de réussite éducative qui, depuis la rentrée 2015, constituent le volet éducatif des contrats de ville (C. éduc., art. L.212-10).

C. L'administration de la caisse des écoles

1. Depuis 1960, il faut distinguer **deux catégories de caisses**. Selon l'article R.212-25 du Code de l'éducation, les caisses où le montant des subventions accordées par les collectivités publiques a été supérieur, lors des trois derniers exercices connus, au montant des cotisations versées par les membres, sont soumises à des règles d'organisation et de fonctionnement plus strictes. Les autres caisses, en principe les moins actives, conservent leur statut antérieur.

2. Le **comité** des caisses soumises à cet article R.212-25 comprend : le maire, président ; l'inspecteur de l'éducation nationale chargé de la circonscription ou son représentant ; un membre désigné par le préfet ; deux conseillers municipaux désignés par le conseil municipal ; trois membres élus par les sociétaires réunis en assemblée générale (ou par correspondance s'ils sont empêchés). Il se réunit au moins trois fois par an pour régler les affaires de la caisse des écoles. Chaque année il vote le budget et approuve les comptes de l'exercice clos.

Le **président** de la caisse des écoles prépare et exécute les décisions du comité (C. éduc., art. R.212-30). Il peut déléguer sa signature à un membre élu du comité ou à un ou plusieurs fonctionnaires de catégorie A ou B (CGCT, art. R.2122-9).

DES DATES À RETENIR

LOI DU 7 FRIMAIRE AN V (27 NOVEMBRE 1796) : institution par le Directoire des bureaux de bienfaisance dans les communes.

LOI DU 28 MARS 1882 : loi Ferry sur l'enseignement primaire rendant obligatoire dans chaque commune la création d'une caisse des écoles.

LOI DU 23 DÉCEMBRE 1912 : loi Bonnevay autorisant les communes et les départements à créer des offices d'habitations à bon marché (transformés en offices d'habitations à loyer modéré en 1951).

LOI DU 6 JANVIER 1986 : transformation des bureaux d'aide sociale en centres communaux d'action sociale dont l'organisation et le fonctionnement sont réformés par les décrets du 6 mai 1995 (aujourd'hui intégrés dans le Code de l'action sociale et des familles).

ORDONNANCE DU 1er FÉVRIER 2007 : création d'un statut unique d'office public de l'habitat. Les OPH sont définis comme des établissements publics industriels et commerciaux rattachés à une collectivité territoriale ou à un groupement de collectivités dont les représentants sont majoritaires au sein du conseil d'administration. Ils peuvent toutefois faire le choix, toujours réversible, des règles de la comptabilité commerciale ou publique, et leurs agents déjà en poste ont la faculté de conserver leur statut d'agents titulaires ou non titulaires de droit public (en revanche, les nouveaux recrutés sont normalement des salariés de droit privé).

DES CHIFFRES À RETENIR

27 220 : nombre des centres communaux d'action sociale en 2013.

2,84 MILLIARDS D'EUROS : montant des dépenses de fonctionnement des centres communaux d'action sociale en 2013.

1 822 : en 2013, nombre des caisses des écoles, dont les dépenses de fonctionnement s'élèvent à 571 millions d'euros.

267 : nombre des offices publics de l'habitat en 2014.

2,38 MILLIONS : en 2013, nombre de logements possédés par les offices publics de l'habitat (52,1 % de l'ensemble des logements HLM) et hébergeant plus de 4,6 millions de personnes (8 % des ménages). Plus de 60 % des locataires bénéficient de l'aide personnalisée pour le logement. En 2012, les OPH ont investi pour construire et entretenir leur patrimoine près de 9 milliards d'euros.

CHAPITRE 5
LE CONSEIL DÉPARTEMENTAL ET RÉGIONAL

Le département et la région sont administrés par un organe délibérant, le conseil départemental ou régional, et par un organe exécutif, le président de conseil départemental ou régional. Les règles applicables à leurs organes sont globalement identiques.

La **composition** des conseils départementaux et régionaux est régie par le Code électoral (art. L.191 et suiv., L.336 et suiv.). Dans l'ensemble, les règles relatives aux conditions d'éligibilité, aux inéligibilités et aux incompatibilités sont les mêmes que pour les élections municipales (voir Chapitre 2). Toutefois, les élections départementales et régionales continuent d'être exclusivement réservées aux citoyens de nationalité française.

Les conseillers départementaux et régionaux sont **élus** au suffrage universel direct. Selon le mode de scrutin inédit institué par la loi n° 2013-403 du 17 mai 2013, les premiers sont élus au suffrage binominal majoritaire à deux tours dans le cadre de cantons redécoupés « sur des bases essentiellement démographiques ». Les seconds sont élus dans le cadre de la région selon un mode de scrutin mixte, c'est-à-dire combinant une prime majoritaire et la représentation proportionnelle.

En principe, leur **mandat** dure six ans, mais différents événements peuvent l'abréger. Il existe ainsi deux sortes de démission. Les **démissions volontaires**, pour des raisons privées ou politiques, deviennent définitives dès leur réception par le président du conseil (CGCT, art. L.3121-3 et L.4132-2). Celui-ci doit en informer immédiatement le préfet de département (conseillers départementaux) ou de région (conseillers régionaux).

Les **démissions d'office** concernent deux situations différentes. D'une part, si un conseiller refuse, sans excuse valable, de remplir une de ses fonctions légales, le président du conseil peut saisir le Conseil d'État (conseiller régional) ou le tribunal administratif (conseiller départemental) pour qu'il déclare ce conseiller démissionnaire (CGCT, art. L.3121-4 et L.4132-2-1). D'autre part, certaines inéligibilités et incompatibilités frappant un conseiller départemental ou régional après son élection conduisent à une démission d'office prononcée par le préfet de département ou de région (C. élect., art. L.205 et L.210, L.341 et L.344).

Le **remplacement** du conseiller décédé ou démissionnaire ne se fait pas de la même façon dans les départements et les régions. Le conseiller départemental dont le siège devient vacant est normalement remplacé par le suppléant de même sexe élu en même temps que lui. Si ce remplacement n'est plus possible, il est procédé à une élection partielle au scrutin uninominal majoritaire dans le délai de trois mois (C. élect., art. L.221). Quant au **conseiller régional** décédé ou démissionnaire, il est remplacé par le premier candidat non élu de sa section départementale (C. élect., art. L.360). En cas d'épuisement de la section, le siège demeure en principe vacant.

Qu'il soit départemental ou régional, le nouveau conseiller exerce son mandat jusqu'à la date de renouvellement général de son assemblée.

Dans les départements comme dans les régions, des élections anticipées peuvent résulter d'une **dissolution** du conseil par décret motivé pris en conseil des ministres (voir Fiche 61).

Comme les élus communaux, les conseillers départementaux et régionaux bénéficient d'un régime d'autorisations d'absence, de crédits d'heures, de garanties sociales ainsi que d'un droit à la formation (voir Fiche 36). Tous reçoivent en principe une **indemnité de fonction** éventuellement complétée par une indemnité de déplacement.

L'organisation et le fonctionnement du conseil départemental ou régional sont encadrés par les lois et les règlements rassemblés dans le CGCT. Chaque assemblée a l'obligation de préciser ces règles dans un **règlement intérieur** adopté dans les trois mois suivant son renouvellement (CGCT, art. L.3121-8 et L.4132-6). Tous les règlements doivent définir les règles juridiques applicables dans six domaines au moins :

- régime des questions orales ;
- modalités d'organisation du débat d'orientation budgétaire ;
- conditions de consultation des projets de contrat et de marché de service public par les conseillers ;
- pluralisme de l'expression dans les bulletins d'information générale de la collectivité où un espace doit être réservé aux groupes d'élus ;
- création, organisation et fonctionnement de la mission d'information et d'évaluation ;
- réduction des indemnités de fonction des conseillers selon leur participation aux travaux de leur assemblée.

Pour le reste, le contenu relève de la **libre administration** des collectivités territoriales. Il revient ainsi au règlement intérieur d'instituer ou non la publicité des séances de la commission permanente (CE ass., 18 décembre 1996, Région Centre).

Le CGCT fait de l'assemblée départementale ou régionale l'organe essentiel du département ou de la région. Contrairement au président du conseil, le conseil départemental ou régional possède une **compétence de principe ou de droit commun**. Les nombreuses attributions de l'assemblée se rapportent, pour l'essentiel, à trois pouvoirs : pouvoir de désignation ; pouvoir financier ; pouvoir de détermination des moyens humains, matériels et juridiques de la collectivité.

Disposant de trois compétences propres seulement, la **commission permanente**, qui ne possède pas d'équivalent à l'échelon communal, a surtout vocation à exercer, dans l'intervalle des sessions et sous le contrôle du conseil, les attributions que celui-ci lui délègue par une délibération adoptée dans un délai de trois mois à compter de son renouvellement (CGCT, art. L.3211-2 et L.4221-5).

Il est traditionnellement interdit au conseil ou à la commission permanente de déléguer ou subdéléguer une partie de ses attributions au **président du conseil**. Toutefois, des textes récents permettent à l'assemblée départementale ou régionale de lui déléguer d'importantes attributions, relatives aux marchés publics et aux emprunts par exemple (voir Fiche 29).

De plus, la région se caractérise par l'existence obligatoire du **conseil économique, social et environnemental régional** (CÉSER) qui est une assemblée consultative.

Constitutive du 2e volet de l'**Acte III de la décentralisation**, la loi n° 2015-29 du 16 janvier 2015 fait passer, à compter du 1er janvier 2016, de 21 à 12 le nombre des régions métropolitaines, en créant sept nouvelles régions par l'addition de régions existantes, et reporte le renouvellement de l'ensemble des conseils régionaux au mois de décembre 2015 (voir Chapitre 1). En revanche, le Gouvernement a fini par enterrer la réforme consistant à « dévitaliser » les départements, en leur retirant de nombreuses compétences, pour préparer leur suppression à l'horizon 2020.

POUR EN SAVOIR PLUS

- Institut de la décentralisation, « Le Département », *Pouvoirs locaux* n° 75, décembre 2007, 188 pages.
- *www.arf.asso.fr* : sur ce site de l'Association des régions de France, voir Vos régions et Espace presse (Communiqués).

LISTE DES FICHES

Fiche 21

L'élection des conseillers

A. L'élection des conseillers départementaux

1. Les départements sont divisés en 2 054 **cantons** entre lesquels existent des inégalités démographiques que la loi du 17 mai 2013 vise à réduire. Entre 1833 et 2015, les électeurs élisaient un conseiller général par canton. Désormais un binôme de conseillers départementaux de sexe différent est élu dans chaque canton (C. élect., art. L.191 et suiv.).

Depuis les élections de mars 2015, les conseillers départementaux sont renouvelés intégralement tous les **six ans** (leurs prédécesseurs, les conseillers généraux, étaient renouvelés par moitié tous les trois ans).

2. Les conseillers départementaux sont élus au **scrutin majoritaire binominal** à deux tours. Les deux candidats de sexe différent figurent dans l'ordre alphabétique sur le bulletin de vote qui mentionne également, pour chaque candidat, la personne normalement appelée à le remplacer comme conseiller départemental en cas de vacance du siège.

Pour être élu dès le premier tour, le binôme doit réunir à la fois la majorité absolue des suffrages exprimés et un nombre de suffrages égal au quart des électeurs inscrits. Sinon, les binômes obtenant un score représentant au moins 12,5 % des électeurs inscrits peuvent se maintenir au second tour où la majorité relative suffit : est élu celui qui obtient le plus grand nombre de suffrages. En cas d'égalité, l'élection est acquise au binôme qui comporte le candidat le plus âgé.

En 2014, les femmes représentent 16,3 % des conseillers généraux élus au scrutin uninominal majoritaire. La mise en œuvre du nouveau mode de scrutin en mars 2015 fait des conseils départementaux les seules assemblées locales où la **parité** est parfaitement assurée.

3. L'annulation des élections peut être demandée par tout électeur du canton, par les candidats, par les conseillers départementaux et par le préfet devant le tribunal administratif, le Conseil d'État statuant en appel (C. élect., art. L.222). Si le délai du déféré préfectoral est de quinze jours, les autres requérants doivent intenter leur **recours** dans les cinq jours suivant l'élection.

B. L'élection des conseillers régionaux

1. Les conseillers régionaux sont élus pour **six ans** (C. élect., art. L.336 et suiv.). La loi n° 82-213 du 2 mars 1982 institue leur élection au suffrage universel direct dans des conditions déterminées par une loi ultérieure. La loi n° 85-692 du 10 juillet 1985 fait le choix d'un scrutin à la **représentation proportionnelle** à la plus forte moyenne dans le cadre départemental. Mais, dans la plupart des régions, ce mode de scrutin ne permet pas l'émergence de majorités cohérentes et durables.

2. La loi n° 99-36 du 19 janvier 1999 corrigée par la loi n° 2003-327 du 11 avril 2003 instaure un mode de **scrutin mixte** combinant majorité et proportionnalité, comme dans les communes les plus peuplées (voir Fiche 6). Désormais élaborées dans le cadre régional, les listes sont complètes et bloquées (sans panachage ni vote préférentiel). Toutefois, alors que la loi du 19 janvier 1999 supprimait tout ancrage territorial des élus régionaux, la loi du 11 avril 2003 institue au sein des listes des sections départementales. Dans chaque section, la liste est composée alternativement d'une personne de chaque sexe.

La **répartition des sièges** se fait en deux temps. Dans un **premier temps**, les sièges sont attribués aux différentes listes en fonction du nombre de suffrages obtenus dans la région par chacune. Si au premier tour une liste obtient la majorité absolue des suffrages exprimés, on commence par lui attribuer le quart des sièges. Puis on répartit les trois autres quarts à la représentation proportionnelle à la plus forte moyenne entre toutes les listes ayant obtenu au moins 5 % des suffrages exprimés.

Sinon, les listes ayant obtenu au moins 10 % des suffrages exprimés peuvent se présenter au second tour. Elles modifient éventuellement leur composition pour s'adjoindre des candidats issus des listes éliminées ayant reçu au moins 5 % des suffrages exprimés. Après le scrutin, la répartition des sièges se fait comme au premier tour, la prime majoritaire bénéficiant à la liste arrivée en tête.

Dans un **second temps**, les sièges attribués à chaque liste sont répartis entre ses sections départementales au prorata des voix obtenues par la liste dans les départements correspondants selon la règle de la proportionnelle à la plus forte moyenne. L'objectif d'ancrage territorial, que le législateur a pu regarder comme d'intérêt général, donne ainsi naissance à un mode de scrutin dont le Conseil constitutionnel a reconnu la complexité (3 avril 2003, 2003-468 DC).

3. Les **recours contentieux** sont de la compétence du Conseil d'État qui, saisi dans les dix jours suivant la proclamation des résultats par tout candidat ou électeur de la région ou par le préfet de région, statue en premier et dernier ressort.

En application de la loi n° 2010-145 du 16 février 2010, le mandat des conseillers régionaux élus en mars 2010 devait être de quatre ans et celui des conseillers généraux élus en mars 2011 de trois ans. Mais la loi n° 2013-403 du 17 mai 2013 modifiée par celle du 16 janvier 2015 reporte en mars 2015 les élections départementales et en décembre 2015 les élections régionales.

Fiche 22

L'organisation des conseils

A. Le système des commissions

Les assemblées départementales et régionales créent **deux catégories** de commissions : la commission permanente, qui ne possède pas d'équivalent à l'échelon communal, est obligatoire ; les autres commissions, comparables aux commissions municipales, sont facultatives et portent des noms variables selon les collectivités (thématiques, techniques, spécialisées, réglementaires…).

1. Composée du président du conseil, de vice-présidents et, éventuellement, d'autres membres, la **commission permanente** reflète la pluralité politique du conseil. Le conseil fixe un nombre de vice-présidents compris entre quatre et quinze, sans que ce nombre puisse être supérieur à 30 % de son effectif dans un département et au tiers de son effectif dans une région (CGCT, art. L.3122-4 et L.4133-4). Celui des autres membres est librement défini par l'assemblée.

La désignation de la commission permanente prend place tout de suite après l'élection du président. Les membres autres que le président sont élus au scrutin de liste, chaque liste devant être composée alternativement d'un candidat de chaque sexe.

Le CGCT distingue **deux procédures** (CGCT, art. L.3122-5 et L.4133-5). Dans le premier cas de figure, les conseillers, après avoir fixé le nombre des postes, s'accordent sur leur répartition : dans l'heure qui suit cette fixation, une seule liste est déposée. À l'expiration de ce délai, les différents postes de la commission permanente sont pourvus immédiatement selon l'ordre de la liste.

À défaut, les membres de la commission permanente sont élus à la représentation proportionnelle à la plus forte moyenne, sans panachage ni vote préférentiel. Dans cette seconde hypothèse, après l'attribution des sièges, le conseil doit procéder à l'élection des vice-présidents (voir Fiche 26).

Après la constitution de la commission permanente, le président donne lecture de la **charte de l'élu local** instituée par la loi n° 2015-366 du 31 mars 2015 et en remet une copie aux conseillers (voir Chapitre 2).

Les membres de la commission permanente sont nommés pour la même durée que le président, c'est-à-dire en principe six ans. Le sort de la commission est étroitement lié à celui du président. Si celui-ci décède ou démissionne, il est procédé au renouvellement de la commission permanente dans le délai d'un mois (CGCT, art. L.3122-2 et L.4133-2).

2. Après l'élection de sa commission permanente, le conseil départemental ou régional peut former des **commissions de travail** (CGCT, art. L.3121-22 et L.4132-21). Composées d'un nombre restreint de conseillers, elles ont pour fonction d'étudier les questions soumises au conseil et de donner des avis, mais non de décider à sa place. Leurs compétences concernent soit un dossier ponctuel (par ex. révision du règlement départemental d'aide sociale ou du schéma régional d'aménagement, de développement durable et d'égalité des territoires), soit un bloc de compétences (commissions des affaires scolaires, des finances, du développement économique, etc.).

3. Enfin, la loi n° 2002-276 du 27 février 2002 relative à la démocratie de proximité permet enfin au conseil départemental ou régional de constituer pour une durée de six mois maximum une **mission d'information et d'évaluation** (voir Fiche 37).

B. Le conseil économique, social et environnemental régional

1. La région se caractérise par l'existence obligatoire du conseil économique, social et environnemental (CÉSER) qui est une assemblée consultative à laquelle la loi Grenelle 2 du 12 juillet 2010 a ajouté la composante environnementale. Un conseiller régional ne peut en faire partie (CGCT, art. L.4131-3).

Le CÉSER comprend des **membres** désignés pour six ans par les principaux acteurs économiques et sociaux de la région et répartis en quatre collèges (CGCT, art. R.4134-1 et suiv.) :

- représentants des entreprises et activités professionnelles non salariées ;
- représentants des organisations syndicales de salariés les plus représentatives ;
- représentants des organismes et des associations participant à la vie collective de la région (universités, mutuelles, etc.) ainsi que des représentants des associations et fondations agissant pour la protection de l'environnement et des personnalités choisies pour leur compétence en matière d'environnement et de développement durable ;
- personnalités nommées par le préfet de région et concourant, par leur qualité ou leurs activités, au développement de la région.

2. Le conseil économique, social et environnemental régional possède des **attributions** consultatives élargies par la loi NOTRE du 7 août 2015 (CGCT, art. L.4241-1). Préalablement à leur examen par le conseil régional, il est obligatoirement saisi pour avis des textes les plus importants (contrat de plan État-région, documents budgétaires, notamment). Le conseil régional peut également le consulter sur les schémas régionaux institués par la loi NOTRE (voir Chapitre 1). De même, le président du conseil peut lui demander un avis sur tout projet économique, social, culturel ou environnemental. Par ailleurs, le CÉSER peut émettre de lui-même des avis sur toute question de la compétence régionale. Enfin, la loi NOTRE lui donne « pour mission d'informer le conseil régional sur les enjeux et conséquences économiques, sociaux et environnementaux des politiques régionales, de participer aux consultations organisées à l'échelle régionale, ainsi que de contribuer à des évaluations et à un suivi des politiques publiques régionales ».

Fiche 23

Le fonctionnement des conseils

A. La réunion des conseils

1. Le conseil se réunit à l'**initiative** de son président, au moins une fois par trimestre, dans un lieu du département ou de la région choisi par la commission permanente (CGCT, art. L.3121-9 et L.4132-8). En principe, il s'agit de l'hôtel du département ou de la région, où le conseil a son siège (CGCT, art. L.3121-7 et L.4132-5). L'assemblée est également réunie à la demande, soit de la commission permanente, soit du tiers des conseillers sur un ordre du jour déterminé et pour une durée ne pouvant excéder deux jours (CGCT, art. L.3121-10 et L.4132-9). En cas de circonstances exceptionnelles, les conseils peuvent être réunis par décret.

Le président est compétent pour **convoquer** le conseil départemental ou régional. Douze jours au moins avant la réunion, il doit envoyer aux conseillers un **rapport** sur chacune des affaires qui leur seront soumises (CGCT, art. L.3121-19 et L.4132-18). Les rapports peuvent être mis à la disposition des conseillers qui le souhaitent par voie électronique de manière sécurisée, cette mise à disposition faisant l'objet d'un avis adressé à chacun de ces conseillers.

La méconnaissance du délai de douze jours rend illégales les délibérations adoptées (CE, 31 mars 1989, Gaignault). Toutefois, depuis la loi n° 2009-526 du 12 mai 2009, le président peut abréger ce délai qui ne peut toutefois être inférieur à un jour franc. Il rend alors compte dès l'ouverture de la séance du conseil qui se prononce sur l'**urgence** et peut décider le renvoi de la discussion, pour tout ou partie, à l'ordre du jour d'une séance ultérieure.

2. Pour que l'assemblée départementale ou régionale puisse valablement siéger et délibérer, le **quorum** doit être atteint : la majorité absolue de ses membres en exercice doit être physiquement présente lors de l'ouverture de la séance (CGCT, art. L.3121-14 et L.4132-13). Toutefois, lors de la réunion de droit qui suit le renouvellement triennal ou intégral de l'assemblée, les deux tiers de ses membres doivent être présents (CGCT, art. L.3122-1 et L.4133-1). Dans le calcul du quorum, les procurations ne sont pas prises en compte. En effet, un conseiller empêché d'assister à une séance peut donner délégation de vote, pour cette réunion, à un autre conseiller de son choix qui ne peut recevoir qu'une seule délégation (CGCT, art. L.3121-16 et L.4132-15).

Depuis la loi n° 2009-526 du 12 mai 2009, la **commission permanente** ne peut délibérer si la majorité absolue de ses membres en exercice n'est présente ou représentée (CGCT, art. L.3121-14-1 et L.4132-13-1).

Si le quorum n'est pas atteint, le conseil ou la commission se réunit de plein droit trois jours plus tard et délibère valablement quel que soit le nombre des présents (et des représentés pour la commission permanente).

B. Le déroulement des séances

1. Le **président** du conseil préside en principe les séances de l'assemblée. Il ouvre la séance, fait l'appel et constate le quorum. Il doit s'assurer que le quorum est réuni à deux autres moments : à la reprise de la séance après une suspension (c'est-à-dire une courte interruption) et lors de la mise en discussion de chaque point de l'ordre du jour. En revanche, le quorum n'est pas nécessaire au moment du vote du texte (CE ass., 11 décembre 1987, Élection du président du conseil régional de Haute-Normandie)

Puis le président fait approuver le procès-verbal de la réunion précédente et désigner un ou plusieurs conseillers pour remplir les fonctions de secrétaire, introduit les questions inscrites à l'ordre du jour, dirige les débats, met aux voix les délibérations, décompte les suffrages et, lorsque l'ordre du jour est épuisé, prononce la clôture de la séance.

Pour assurer le bon ordre de la réunion, le président dispose d'un ensemble de pouvoirs, appelé **police de l'assemblée**, qui visent le public. Il peut ainsi faire expulser de l'auditoire ou arrêter un fauteur de troubles (CGCT, art. L.3121-12 et L.4132-11). En cas de crime ou de délit, il en dresse procès-verbal, et le procureur de la République en est immédiatement saisi.

2. En principe, les séances sont **publiques** (CGCT, art. L.3121-11 et L.4132-10). Toute personne peut assister aux délibérations du conseil, dans la limite des places disponibles et dès lors qu'aucun impératif de sécurité ne l'interdit (CE, 21 mai 1982, Département de la Guadeloupe). Mais elle ne peut participer aux débats, sous peine de rendre illégales les délibérations concernées.

Le CGCT prévoit toutefois qu'à la demande de cinq conseillers ou du président, le conseil peut décider, sans débat, à la majorité absolue des membres présents ou représentés, de siéger à **huis clos**.

À l'inverse, les séances peuvent être enregistrées et **retransmises**, en direct ou en différé, par tous moyens de communication audiovisuelle.

Enfin, avec l'accord du président, ou sur demande du Premier ministre, le **préfet** de département ou de région peut être entendu par le conseil départemental ou régional (CGCT, art. L.3121-25 et L.4132-25). De plus, il informe chaque année l'assemblée de l'activité des services de l'État dans le département ou la région par un rapport spécial qui, éventuellement, donne lieu à un débat en sa présence (CGCT, art. L.3121-26 et L.4132-27).

Fiche 24

Les attributions des conseils

A. Les attributions communes

1. Le CGCT fait de l'assemblée départementale ou régionale l'organe essentiel du département ou de la région : « le conseil départemental / régional règle par ses délibérations les affaires du département / de la région dans les domaines de compétences que la loi lui attribue » (art. L.3211-1 et L.4221-1).

Contrairement au président du conseil, qui est compétent lorsqu'un texte le prévoit, le conseil départemental ou régional possède une **compétence de principe ou de droit commun** : si aucun texte ne précise quelle autorité départementale ou régionale est compétente, il revient au conseil de prendre la décision.

2. Les nombreuses attributions du conseil départemental ou régional se rapportent, pour l'essentiel, à **trois pouvoirs** :

- pouvoir de désignation ;
- pouvoir financier ;
- pouvoir de détermination des moyens humains, matériels et juridiques de la collectivité.

Aussitôt installé, le conseil procède à l'élection du président, des vice-présidents et des autres membres de la commission permanente (CGCT, art. L.3122-1, L.3122-4, L.4133-1 et L.4133-4). Il lui appartient également de **désigner** ses membres ou ses délégués pour siéger au sein d'organismes extérieurs, par exemple ses représentants dans les conseils d'administration des établissements scolaires dont il a la charge (CGCT, art. L.3121-22 et L.4132-21).

Chaque année, dans les deux mois (départements) ou dix semaines (régions) précédant l'examen du **budget**, le conseil débat d'un rapport préparé par le président sur les orientations budgétaires de l'exercice, les engagements pluriannuels envisagés, la structure et l'évolution des dépenses et des effectifs ainsi que sur la structure et la gestion de la dette (CGCT, art. L.3312-1 et L.4311-1). Il est seul compétent pour adopter ce budget et pour délibérer sur le compte administratif de l'exercice précédent (voir Fiche 59).

Enfin, seul le conseil peut créer et supprimer les **services** publics, dont il définit les règles générales d'organisation, ainsi que les emplois de la collectivité. Il statue sur les grandes décisions relatives au **patrimoine** de la collectivité, sur les achats et les ventes d'immeubles par exemple (CGCT, art. L.3213-1 et L.4221-4). Il autorise le président à intenter une action en **justice** au nom du département ou de la région (CGCT, art. L.3221-10-1 et L.4231-7-1).

B. Les attributions spécifiques

Par ailleurs, l'assemblée prend les décisions essentielles dans les **domaines de compétences** de la collectivité (voir Fiche 50).

1. Les **départements** apparaissent comme les grands gagnants des transferts de compétences entre 1982 et 2015. En vertu de la théorie des « blocs de compétences », l'Acte I de la décentralisation leur transfère d'importantes compétences notamment en matière d'**aide sociale** (aide sociale légale, aide sociale à l'enfance, aux personnes âgées, aux personnes handicapées...). C'est ainsi que le conseil départemental adopte le règlement départemental d'aide sociale qui définit les règles selon lesquelles sont accordées les prestations d'aide sociale relevant du département (CGCT, art. L.3214-1).

Quant à la loi n° 2004-809 du 13 août 2004 relative aux libertés et responsabilités locales, elle entend faire du département le pilote de l'action sociale et gérontologique. Et la loi MAPTAM du 27 janvier 2014 confirme son rôle de **chef de file** en matière d'action sociale, de développement social et d'autonomie des personnes.

Toutefois, la **loi NOTRE du 7 août 2015** prévoit le transfert, en lieu et place du département, ou la délégation, au nom et pour le compte du département, à la métropole de tout ou partie de neuf groupes de compétences, notamment sociales, du département. À défaut de convention au 1er janvier 2017 sur au moins trois de ces groupes, la totalité des compétences, à l'exception de celles relatives aux collèges, sont transférées de plein droit.

2. Depuis la loi du 13 août 2004, la région coordonne sur son territoire les actions de **développement économique** des collectivités territoriales et de leurs groupements, sous réserve des missions incombant à l'État. La loi MAPTAM du 27 janvier 2014 définit de façon très large son rôle de chef de file : développement économique, aménagement et développement durable du territoire, soutien de l'innovation, internationalisation des entreprises...

Un des principaux objets de la **loi NOTRE** consiste à renforcer les responsabilités régionales en affirmant sa responsabilité, sur son territoire, pour la définition des orientations en matière de développement économique, ainsi que sa compétence exclusive en matière d'aides aux entreprises (à l'exception des aides à l'immobilier d'entreprises). Le conseil régional est ainsi chargé d'élaborer un schéma régional de développement économique, d'innovation et d'internationalisation (SRDEII).

La loi NOTRE le charge également d'élaborer et d'adopter un schéma régional d'aménagement, de développement durable et d'égalité des territoires (SRADDET) qui se substitue aux différents schémas régionaux existants dans ce domaine (CGCT, art. L.4251-1). Et il conclut les contrats de plan État-région (CPER 2015-2020) qui organisent la convergence des financements en faveur des projets structurants dans les régions (loi n° 82-653 du 29 juillet 1982, art. 11).

Fiche 25
Les délibérations des conseils

A. Les différentes délibérations

1. Le mot « délibération » possède **deux sens** : il désigne l'acte voté par une assemblée locale à la majorité des suffrages exprimés (CGCT, art. L.3121-14 et L.4132-13), mais aussi les débats précédant cette adoption.

Selon le CGCT, un conseil départemental ou régional peut voter **deux catégories** d'actes :

- des délibérations au sens strict qui sont des **décisions** modifiant l'état du droit (délibération créant un service ou un emploi par ex.) ;
- des **avis** imposés par les textes ou demandés par d'autres personnes juridiques (l'État notamment).

Les assemblées départementales et régionales doivent ainsi être consultées avant toute modification de leurs limites territoriales ou transfert de leur chef-lieu (CGCT, art. L.3112-1 et suiv., L.4122-1 et suiv.). La consultation du conseil départemental est par ailleurs obligatoire sur les modifications relatives aux arrondissements et aux cantons du département (CGCT, art. L.3113-1 et suiv.). Quant au conseil régional, il doit fournir de nombreux avis sur les problèmes de développement et d'aménagement de la région (CGCT, art. L.4221-3).

> Pour favoriser le regroupement de départements et de régions limitrophes, dont le périmètre remonte à la fin du XVIIIe siècles et aux années 1950, la **loi du 16 décembre 2010** a institué des procédures souples reposant sur les délibérations concordantes des assemblées intéressées et sur l'accord de la majorité absolue des électeurs. Ces procédures n'ayant produit aucun résultat, la loi n° 2015-29 du 16 janvier 2015 fait passer, au 1er janvier 2016, le **nombre des régions** métropolitaines de 21 à 12. 7 nouvelles régions sont constituées par l'addition de régions existantes entières sans modification des départements qui les composent, alors que 5 voient leurs limites géographiques inchangées.

Aucun article du CGCT n'attribue aux conseils départementaux et régionaux le pouvoir de voter des **vœux** sur des objets d'intérêt départemental ou régional, par exemple pour solliciter de l'État la construction d'une autoroute ou d'une ligne TGV. Les juristes s'accordent néanmoins pour leur transposer cette possibilité que le CGCT reconnaît aux conseils municipaux (voir Fiche 9).

2. Le conseil départemental ou régional peut recourir à trois types de scrutin (CGCT, art. L.3121-15 et L.4132-14). Le **scrutin ordinaire** consiste à voter à main levée (ou par assis et debout lorsque l'assemblée est nombreuse et le scrutin serré).

Le **scrutin public** se fait soit par appel nominal, chaque conseiller indiquant le sens de son vote, soit par bulletins nominatifs. Il a lieu sur la demande du sixième des conseillers. Il a pour conséquence la mention au procès-verbal du nom des votants et du sens de leur vote.

Enfin le **scrutin secret** est traditionnellement obligatoire pour toutes les désignations individuelles, pour l'élection du président ou des vice-présidents par exemple. En cas de méconnaissance de la règle du secret, le juge administratif n'annule l'élection que si, compte tenu de l'écart des suffrages, cette méconnaissance a eu une incidence sur le résultat (CE, 12 mai 1989, Joly). La loi n° 2009-526 du 12 mai 2009 permet toutefois au conseil unanime d'écarter le scrutin secret lorsqu'il n'est pas expressément prévu par la loi ou le règlement. De plus, selon la loi n° 2011-525 du 17 mai 2011, en cas de candidature unique ou de liste unique pour des postes à pourvoir dans des commissions ou des organismes extérieurs, les nominations prennent effet immédiatement, sans vote.

B. Les délégations des conseils

1. Le CGCT reconnaît seulement trois attributions propres à la **commission permanente** : demander une réunion du conseil départemental ou régional ; fixer le lieu de réunion ; donner un avis conforme au président pour défendre la collectivité en justice. En effet, cette commission a surtout vocation à exercer, dans l'intervalle des sessions, les attributions que lui délègue l'assemblée (CGCT, art. L.3211-2 et L.4221-5). Ces délégations peuvent concerner des affaires déterminées mais aussi des catégories d'affaires (par exemple la conclusion de différents contrats), à l'exception des compétences de nature budgétaire (vote du budget, approbation du compte administratif, création des emplois...).

2. Il est traditionnellement interdit au conseil ou à la commission permanente de (sub)déléguer une partie de leurs attributions au **président du conseil** (CE, 17 mars 1993, Conseil régional de Bourgogne). Toutefois, depuis 2001, plusieurs textes ont permis à l'assemblée départementale ou régionale de déléguer à son président de nombreuses catégories de décisions (voir Fiche 29).

Enfin, la loi n° 2004-809 du 13 août 2004 autorise le président à subdéléguer les attributions confiées par le conseil départemental ou régional, sauf disposition contraire dans la délibération portant délégation (CGCT, art. L.3221-13 et L.4231-9).

DES DATES À RETENIR

LOI DU 22 DÉCEMBRE 1789 : création des départements.

LOI DU 10 AOÛT 1871 : modernisation des institutions départementales.

LOI DU 5 JUILLET 1972 : création de l'établissement public régional.

16 MARS 1986 : première élection au suffrage universel direct des conseillers régionaux et transformation de l'établissement public régional en collectivité territoriale.

22 ET 29 MARS 2015 : premières élections départementales visant à renouveler au scrutin binominal majoritaire l'intégralité des conseillers dans le cadre de cantons redécoupés (dernières élections régionales les 6 et 13 décembre 2015).

DES CHIFFRES À RETENIR

4 108 : nombre des conseillers départementaux élus lors des élections de mars 2015 dans le cadre de 2 054 cantons redécoupés en 2014 sur des bases essentiellement démographiques (1 880 conseillers régionaux élus en mars 2010).

50 % : proportion de femmes élues dans les conseils départementaux en mars 2015 (il y avait 16,3 % % de femmes dans les assemblées départementales en mars 2014).

48,3 % : proportion des femmes élues dans les conseils régionaux en mars 2010 (contre 47,6 % en 2004 et 27,6 % en 1998).

1 521 EUROS : indemnité de fonction mensuelle maximum pour les conseillers départementaux et régionaux des départements et des régions les moins peuplés (depuis le 1er juillet 2010).

2 661 EUROS : indemnité de fonction mensuelle maximum pour les conseillers départementaux et régionaux des départements et des régions les plus peuplés (depuis le 1er juillet 2010).

CHAPITRE 6

L'EXÉCUTIF DÉPARTEMENTAL ET RÉGIONAL

Avant 1982, le préfet de département ou de région préparait et exécutait les délibérations du conseil départemental ou régional. Dans les départements comme dans les régions, la **loi n° 82-213 du 2 mars 1982** transfère l'exécutif au président du conseil qui, auparavant, avait un rôle essentiellement honorifique.

Dans l'ensemble, les exécutifs départementaux et régionaux sont soumis à des **règles similaires**. Il existe cependant quelques différences que les lois n° 98-135 du 7 mars 1998 et n° 99-36 du 19 janvier 1999 sur le fonctionnement des conseils régionaux ont provisoirement accentuées pour permettre au président de région de faire adopter le budget malgré l'absence de majorité absolue.

Le président de conseil départemental ou régional est **élu** en son sein, au scrutin secret et majoritaire à trois tours, par l'assemblée départementale ou régionale. Depuis 1998, l'élection du second est soumise à des contraintes spécifiques. Les vice-présidents sont soit désignés par accord entre les groupes soit élus au scrutin majoritaire de liste avec respect de la parité.

Le **bureau** peut être défini comme la réunion du président et des élus l'assistant dans ses fonctions exécutives. Il est dépourvu de tout pouvoir propre : il ne participe à la fonction exécutive que par les délégations des membres qui le composent. En principe politiquement homogène, il peut dans les faits constituer un lieu où se définissent les politiques et où s'élaborent les décisions.

Le président du conseil est **normalement** élu pour six ans, c'est-à-dire jusqu'au prochain renouvellement de l'assemblée. Mais son mandat peut prendre fin prématurément, notamment à la suite d'une démission ou d'un décès. En revanche, le conseil n'a pas la possibilité de destituer le président ou un vice-président. Autrement dit, l'exécutif départemental ou régional n'est pas politiquement responsable devant l'assemblée.

Pour exercer efficacement leurs fonctions, les présidents et les vice-présidents bénéficient d'un statut caractérisé par des crédits d'heures, des indemnités de fonction et des garanties de réinsertion s'ils cessent leur activité professionnelle pour se consacrer à leur mandat.

Depuis 1982, la loi reconnaît d'**importantes attributions** au président de conseil départemental ou régional. Contrairement au maire, il ne bénéficie cependant pas du dédoublement fonctionnel. En tant qu'autorité décentralisée agissant toujours au nom du département ou de la région, il exerce des attributions « exécutives » et « exclusives ».

« Seul chargé de l'administration », le président de conseil départemental ou régional est l'**organe exécutif** du département ou de la région : il a l'obligation de préparer et d'exécuter les délibérations de l'assemblée ainsi que de la commission permanente, même s'il ne les approuve pas. Dans le cadre de son contrôle, le conseil peut prescrire au président des mesures d'exécution et juger ou blâmer celles qu'il a prises.

Contrairement au conseil municipal, le conseil ne pouvait traditionnellement **déléguer** une partie de ses attributions au président : seule la commission permanente pouvait bénéficier d'une telle délégation. Toutefois, depuis 2001, plusieurs textes ont permis à l'assemblée départementale ou régionale de déléguer à son président de nombreuses décisions, relatives aux marchés publics, aux emprunts et aux actions en justice par exemple.

Le président de conseil départemental ou régional possède également des **pouvoirs propres** excluant toute intervention de l'assemblée autre qu'un vœu. En tant que **chef des services de la collectivité**, il définit l'organisation interne de ces services et assure la gestion de leurs agents. Toutefois, il doit respecter le cadre juridique et budgétaire décidé par le conseil qui est seul compétent pour créer et supprimer un service ou un emploi.

Pour la préparation et l'exécution des délibérations du conseil, le président de conseil départemental ou régional peut également disposer, en tant que de besoin, des **services déconcentrés de l'État** et donner des instructions directement à leurs chefs. Par ailleurs, le CGCT charge conjointement le président de conseil départemental ou régional et le préfet de département ou de région d'assurer la coordination entre l'action des services de la collectivité et celle des services de l'État dans le département ou la région.

Contrairement au maire, le président de conseil départemental n'est pas une autorité de police administrative générale. Le CGCT lui reconnaît des **pouvoirs de police** portant sur deux objets particuliers : en tant qu'autorité chargée de gérer le domaine départemental, il exerce les pouvoirs de police liés à cette gestion ; depuis la loi n° 83-663 du 22 juillet 1983 relative aux transferts de compétences, il assure la police des ports maritimes départementaux. Bien que le président de conseil régional soit compétent pour gérer le domaine de la région, il n'exerce aucun pouvoir de police lié à cette gestion, en l'absence notamment de routes régionales.

Enfin, en tant que **président de l'assemblée délibérante**, c'est le président du conseil départemental ou régional qui établit l'ordre du jour, convoque l'assemblée, ouvre et clôt la séance, dirige les débats.

Le président de conseil départemental ou régional ne possède pas autant de pouvoirs qu'un maire. Toutefois, on constate dans les départements et, depuis l'entrée en vigueur du mode de scrutin mixte en 2004, dans les régions, une **tendance à la concentration du pouvoir** entre les mains de l'exécutif soutenu par sa majorité et bénéficiant depuis 2001 de délégations de plus en plus consistantes de son assemblée.

POUR EN SAVOIR PLUS

- Patrick MARTINAT, *Les Régions. Clefs de la décentralisation*, LGDJ (Systèmes), 2010, 215 pages.
- *www.departements.fr* : sur ce site de l'Assemblée des départements de France, voir Hebdo Focus et Publications.

LISTE DES FICHES

Fiche 26

La constitution de l'exécutif

A. L'élection du président

1. En principe, tout conseiller peut se présenter à l'élection de président du conseil. Le législateur a toutefois institué des **incompatibilités** en vue de limiter le cumul des mandats électoraux et des fonctions électives. Ainsi les fonctions de président de conseil départemental et régional sont-elles depuis 1985 incompatibles.

La loi n° 2000-295 du 5 avril 2000 renforce cette limitation en rendant notamment les fonctions de président de conseil départemental ou régional incompatibles avec celle de maire (CGCT, art. L.3122-3 et L.4133-3). En revanche, un président de conseil peut siéger soit à l'Assemblée nationale soit au Sénat.

La **loi organique n° 2014-125 du 14 février 2014** interdit, à partir de 2017, le cumul du mandat de député ou de sénateur avec la fonction de président ou vice-président de conseil départemental ou régional. Un parlementaire pourra siéger au conseil départemental ou régional, mais pas recevoir une délégation de fonctions.

De même, aucune disposition constitutionnelle n'interdit aux membres du Gouvernement d'exercer une fonction exécutive locale, même si le Premier ministre peut leur enjoindre de renoncer à une telle fonction (« jurisprudence Jospin » instituée entre 1997 et 2007 et réactivée en 2012).

Le conseil élit son président lors de la **réunion de droit** qui suit chaque renouvellement (CGCT, art. L.3122-1 et L.4133-1). Pour le conseil départemental, cette réunion se tient le second jeudi suivant le premier tour de scrutin (CGCT, art. L.3121-9), et pour le conseil régional le premier vendredi suivant son élection (CGCT, art. L.4132-7).

Pour cette élection, le conseil est présidé par son doyen d'âge, le plus jeune membre faisant fonction de secrétaire. Il ne peut délibérer que si les deux tiers de ses membres sont physiquement présents à l'ouverture de la séance. En revanche, le départ de plus du tiers des conseillers en cours de séance n'entache pas d'illégalité l'élection du président (CE ass., 11 décembre 1987, Élection du président du conseil régional de Haute-Normandie).

Si la condition relative au **quorum** n'est pas remplie, la réunion se tient de plein droit trois jours plus tard. Elle peut avoir lieu quel que soit le nombre des conseillers présents.

2. L'élection du président de conseil se fait à bulletins secrets et au **scrutin majoritaire** (CGCT, art. L.3122-1 et L.4133-1). Pour être élu au premier ou au deuxième tour, un candidat doit bénéficier de la majorité absolue des membres du conseil (et non des seuls suffrages exprimés). Cette exigence vise à empêcher que, par le jeu des absences, des abstentions et des votes blancs, un président sans réelle majorité ne soit élu.

Lors du troisième tour, auquel peuvent participer des conseillers non candidats aux tours précédents, la majorité relative suffit : le candidat obtenant le plus grand nombre de suffrages devient président. En cas d'égalité des suffrages, le candidat le plus âgé est déclaré élu.

Dans les conseils départementaux, il n'est pas nécessaire d'être candidat pour être élu. En revanche, depuis la loi n° 98-135 du 7 mars 1998, nul ne peut être élu président de région s'il n'a, préalablement à chaque tour de scrutin, remis aux conseillers régionaux, par l'intermédiaire du doyen d'âge, une **déclaration** écrite présentant les grandes orientations politiques, économiques et sociales de son action pour la durée de son mandat.

La loi du 7 mars 1998 précise que l'élection du président de région ne doit donner lieu à aucun **débat**, à peine de nullité. C'est ainsi que le Conseil d'État a considéré qu'un échange de propos, même bref, ayant conduit au retrait d'un candidat et eu une incidence sur le résultat de l'élection, entachait d'irrégularité l'élection de Charles Millon (CE sect., 9 décembre 1998, Élection du président du conseil régional de Rhône-Alpes).

Par contre, le doyen d'âge peut autoriser un débat lors de l'élection du président de conseil départemental.

B. La constitution du bureau

1. Aussitôt après l'élection du président et sous sa présidence, le conseil fixe le nombre des **vice-présidents** ainsi que des autres membres de la commission permanente (CGCT, art. L.3122-5 et L.4133-5). Celui des vice-présidents doit être compris entre quatre et quinze, sous réserve de ne pas dépasser 30 % de l'effectif du conseil départemental et le tiers de l'effectif du conseil régional.

2. Comme la constitution de la commission permanente (voir Fiche 22), la désignation des vice-présidents peut se faire de **deux façons** distinctes. Dans le premier cas de figure, les conseillers s'accordent sur l'attribution des vice-présidences : dans l'heure qui suit la fixation du nombre des vice-présidents, les conseillers déposent une seule liste. À l'expiration de ce délai, les différents sièges sont pourvus immédiatement dans l'ordre de la liste et il en est donné lecture par le président.

Sinon, l'assemblée départementale ou régionale, après avoir élu à la représentation proportionnelle les membres de la commission permanente, procède à l'affectation des vice-présidences au scrutin de liste majoritaire à trois tours, sans panachage ni vote préférentiel. Chaque liste de candidats doit être composée alternativement d'un candidat de chaque sexe.

Fiche 27

Le statut de l'exécutif

A. La durée du mandat

1. Le président du conseil est **normalement** élu pour six ans, c'est-à-dire jusqu'au prochain renouvellement de l'assemblée (CGCT, art. L.3122-1 et L.4133-1). Mais son mandat peut prendre fin prématurément, notamment à la suite d'une démission ou d'un décès.

En revanche, le conseil n'a pas la possibilité de destituer le président ou un vice-président, pas plus d'ailleurs que le président du conseil ne peut destituer un de ses vice-présidents (il peut seulement lui retirer sa délégation de fonctions). Autrement dit, l'exécutif départemental ou régional n'est pas politiquement responsable devant l'assemblée.

Enfin, contrairement aux maires et aux adjoints, le président et les vice-présidents, qui ne sont pas des agents déconcentrés de l'État, ne peuvent être suspendus ou révoqués par les autorités étatiques.

2. Lorsque le siège de président devient vacant pour quelque cause que ce soit, les fonctions présidentielles sont provisoirement exercées par un vice-président dans l'ordre du tableau (1er vice-président, 2e vice-président, etc.) et, à défaut, par un conseiller choisi par le conseil (CGCT, art. L.3122-2 et L.4133-2). Ce **suppléant** exerce alors toutes les fonctions du président de conseil.

En cas de vacance, le conseil procède dans le délai d'un mois à l'élection d'un **nouveau président** qui achève le mandat entamé par son prédécesseur (CGCT, art. L.3122-2 et L.4133-2). Sa première tâche doit consister à assurer le renouvellement de la commission permanente.

Dans les départements, cette élection est précédée des élections partielles nécessaires pour que l'assemblée soit juridiquement au complet. Toutefois, l'institution des suppléants vise à rendre ce cas de figure peu fréquent : le suppléant de même sexe a vocation à occuper le siège rendu vacant par un décès ou une démission.

B. Les moyens nécessaires à l'exercice du mandat

1. La loi n° 92-108 du 3 février 1992 relative aux conditions d'exercice des mandats locaux donne un statut à l'élu local en vue de favoriser l'égal accès aux mandats et l'exercice efficace des fonctions (voir Fiche 36). Comme tous les conseillers départementaux et régionaux, le président et les vice-présidents bénéficient d'autorisations d'absence, de garanties sociales ainsi que du droit à la formation. Quant à leur crédit d'heures, il s'élève à 140 heures par trimestre.

Le président et les vice-présidents exerçant effectivement leurs fonctions (ce qui pour les vice-présidents suppose une délégation du président) reçoivent également une **indemnité de fonction**. Il appartient à l'assemblée de fixer le montant de cette indemnité dans le respect des plafonds légaux.

> Depuis le 1er juillet 2010, l'indemnité mensuelle brute d'un président ne peut dépasser 5 512 euros. L'indemnité maximale des vice-présidents dépend de l'importance démographique du département ou de la région puisqu'elle s'obtient en majorant celle des conseillers de 40 % (voir Fiche 36).

De plus, si sa résidence personnelle se situe en dehors de l'agglomération comprenant le chef-lieu du département ou de la région, le président de conseil peut bénéficier d'un **logement de fonction** ou, à défaut, d'une indemnité de séjour (CGCT, art. L.3123-19-2 et L.4135-19-2).

2. La loi permet aux présidents et aux vice-présidents titulaires d'une délégation de fonctions de **cesser leur activité professionnelle** pour se consacrer pleinement à leur mandat, soit dans le cadre d'une suspension de leur contrat de travail, soit par la voie du détachement s'ils sont fonctionnaires (CGCT, art. L.3123-7 et suiv., L.4135-7 et suiv.). Elle leur garantit alors un régime de protection sociale et de retraite.

À l'expiration de son mandat, l'élu départemental ou régional peut demander à reprendre son activité professionnelle et retrouver dans les deux mois un emploi analogue assorti d'une rémunération équivalente. Pour favoriser sa **réinsertion**, il a droit à un stage de remise à niveau organisé dans l'entreprise, à une formation professionnelle et à un bilan de compétences (CGCT, art. L.3123-9 et suiv., L.4135-9 et suiv.).

Cet élu peut également recevoir l'**allocation différentielle de fin de mandat** instituée par la loi n° 2002-276 du 27 février 2002 et améliorée par celle du 31 mars 2015 (CGCT, art. L.3123-9-2 et L.4135-9-2) s'il est inscrit à Pôle emploi ou s'il a repris une activité professionnelle procurant des revenus inférieurs aux indemnités de fonction antérieurement perçues. Pendant un an maximum, cette allocation couvre une part dégressive de la différence entre le montant de l'indemnité brute mensuelle que l'intéressé percevait pour l'exercice de ses fonctions électives et l'ensemble des ressources qu'il perçoit à l'issue de son mandat.

Fiche 28

Le fonctionnement de l'exécutif

A. Le bureau

1. Le **bureau départemental** comprend le président et les membres de la commission permanente ayant reçu délégation de fonctions : tous les vice-présidents n'en font donc pas obligatoirement partie, de même qu'en sont exclus les conseillers départementaux titulaires de délégations mais n'appartenant pas à la commission permanente (CGCT, art. L.3122-8).

Depuis la loi du 19 janvier 1999, le **bureau régional** comprend le président, les vice-présidents et, le cas échéant, les membres de la commission permanente ayant reçu délégation de fonctions (CGCT, art. L.4133-8). Contrairement à leurs homologues départementaux, les vice-présidents font donc obligatoirement partie du bureau, qu'ils bénéficient ou non d'une délégation du président.

2. Dans les départements comme dans les régions, le bureau est dépourvu de tout pouvoir propre : il ne participe à la **fonction** exécutive que par les délégations des membres qui le composent. Toute décision qu'il prendrait, par exemple sur « délégation » du président, serait « inexistante ». En revanche, sa relative homogénéité politique lui permet de constituer une instance où se définissent les politiques et où s'élaborent les décisions.

B. Les délégations et la suppléance

1. La **délégation de fonctions** est une faculté, non une obligation (CGCT, art. L.3221-3 et L.4231-3). Mais, en fait, un président de conseil ne peut faire face seul à l'importance et à la lourdeur de ses attributions. En matière de délégation, les vice-présidents bénéficient d'un droit de priorité. Le président ne peut déléguer à un autre membre du conseil qu'en cas d'absence ou d'empêchement de tous les vice-présidents (par exemple leurs délégations sont tellement consistantes qu'ils ne sauraient en exercer d'autres) ou, depuis la loi n° 2002-276 du 27 février 2002, dès lors que ceux-ci sont tous titulaires d'une délégation.

Dans ses délégations aux vice-présidents, le président n'est pas tenu par l'ordre du tableau : il peut déléguer à tous les vice-présidents, sauf au 1er ou au 2e par exemple. Un arrêté signé par un vice-président n'ayant pas reçu délégation du président émane d'une autorité incompétente (CE, 6 septembre 1993, Organisme de gestion de l'école Sainte-Agnès de Volvic).

Concrètement, le président prend et publie un arrêté de délégation qui définit précisément les fonctions transférées (la signature de tout acte administratif, document comptable ou courrier relatif aux affaires scolaires par ex.). Il peut continuer d'intervenir dans le domaine délégué au vice-président qui agit sous sa surveillance et sa responsabilité.

Les délégations subsistent tant qu'elles ne sont pas rapportées. À l'instar du maire, le président peut à tout moment **retirer** sa délégation, dès lors que ses motifs concernent la bonne marche de l'administration départementale ou régionale. C'est par exemple le cas si un vice-président critique publiquement, lors du vote du budget, la politique mise en œuvre par le président du conseil.

Le président peut, sous sa surveillance et sa responsabilité, donner **délégation de signature** aux responsables des services de la collectivité (CGCT, art. L.3221-3 et L.4231-3). L'absence de définition précise de la notion de « responsable de service » lui laisse une grande liberté dans la mise en œuvre de cette faculté.

Lorsque des **services déconcentrés de l'État**, par exemple la direction départementale des territoires ou la direction régionale des affaires culturelles, sont mis à disposition du président de conseil départemental ou régional pour la préparation et l'exécution des délibérations du conseil, celui-ci peut, sous sa surveillance et sa responsabilité, donner délégation de signature aux chefs desdits services pour l'exécution des missions qu'il leur confie (CGCT, art. L.3141-1 et L.4151-1).

2. La procédure de la délégation ne doit pas être confondue avec celle de la **suppléance** qui est organisée par le CGCT en cas de vacance du siège de président du conseil (voir Fiche 27). Dans le silence des textes, le principe de continuité exige que les mêmes mécanismes s'appliquent en cas d'absence ou d'empêchement du président, par exemple pendant le temps d'une hospitalisation pour une opération grave (TA Saint-Denis de la Réunion, 14 décembre 1994, Préfet de la Réunion c. Président du conseil général).

Par ailleurs, le président du conseil départemental ou régional déclaré **comptable de fait** par un jugement de la chambre régionale des comptes statuant définitivement est suspendu de sa qualité d'ordonnateur jusqu'à ce qu'il ait reçu quitus de sa gestion (CGCT, art. L.3221-3-1 et L.4231-2-1). Dans ce cas, le conseil délibère afin de confier à un vice-président les attributions concernées. Cette fonction prend fin dès lors que le président du conseil a reçu quitus de sa gestion.

En vertu de la loi n° 2013-907 du 11 octobre 2013 relative à la transparence de la vie publique, le président ou vice-président de conseil départemental ou régional qui estime se trouver dans un **conflit d'intérêts** est « suppléé » par son « délégataire » auquel il s'abstient d'adresser des instructions.

Fiche 29

Les attributions « exécutives » du président du conseil

A. Les attributions communes

1. « Seul chargé de l'administration », le président de conseil départemental ou régional est l'organe exécutif du département ou de la région (CGCT, art. L.3221-3 et L.4231-3). Il a l'obligation de préparer et d'exécuter les délibérations de l'assemblée ainsi que de la commission permanente, même s'il ne les approuve pas (CGCT, art. L.3221-1 et L.4231-1).

Voici les principales attributions « exécutives » du président de conseil :

- il prépare, propose et exécute le budget. Notamment il ordonnance les dépenses et prescrit l'exécution des recettes de la collectivité, c'est-à-dire donne l'ordre au comptable de payer ou de recouvrer (CGCT, art. L.3221-2 et L.4231-2) ;
- il accomplit les formalités nécessaires à l'entrée en vigueur des délibérations en assurant leur publicité ainsi que leur transmission au préfet de département ou de région (voir Fiche 62) ;
- il gère le domaine du département ou de la région (CGCT, art. L.3221-4 et L.4231-4) ;
- il prépare, négocie et, après « autorisation » (« injonction » serait plus exact) du conseil, signe les contrats ;
- il représente le département ou la région en justice : avec l'autorisation du conseil il intente les actions au nom de la collectivité, et sur avis conforme de la commission permanente il défend à toute action intentée contre la collectivité (CGCT, art. L.3221-10-1 et L.4231-7-1).

2. Dans le cadre de son contrôle, le conseil peut prescrire au président des mesures d'exécution et juger ou blâmer celles qu'il a prises.

Contrairement au conseil municipal, il ne pouvait traditionnellement **déléguer** une partie de ses attributions au président : seule la commission permanente pouvait bénéficier d'une telle délégation (CE, 17 mars 1993, Conseil régional de Bourgogne). Cette commission ne pouvait elle-même subdéléguer au président une compétence déléguée par l'assemblée départementale ou régionale.

Toutefois, depuis 2001, plusieurs textes visant à simplifier le fonctionnement des collectivités territoriales permettent au conseil de donner à son président des délégations. Les articles L.3211-2 et L.4221-5 énumèrent respectivement 16 et 14 attributions susceptibles d'être déléguées, dans les limites fixées par l'assemblée, au président de conseil départemental et régional :

- réalisation des emprunts destinés au financement des investissements prévus par le budget, et opérations financières utiles à la gestion des emprunts ;
- réalisation des lignes de trésorerie sur la base d'un montant maximum autorisé par le conseil ;
- conclusion et révision des baux n'excédant pas douze ans ;
- acceptation des indemnités de sinistre afférentes aux contrats d'assurance ;
- création des régies comptables nécessaires au fonctionnement des services de la collectivité ;
- acceptation des dons et legs qui ne sont grevés ni de conditions ni de charges ;
- aliénation de gré à gré de biens mobiliers jusqu'à 4 600 euros.

L'assemblée peut encore déléguer au président la préparation, la passation, l'exécution et le règlement des marchés et des accords-cadres, ainsi que de leurs avenants, lorsque les crédits sont inscrits au budget (CGCT, art. L.3221-11 et L.4231-8). Dans les cas définis par le conseil, le président peut enfin être chargé pour la durée de son mandat d'agir au nom de la collectivité ou de défendre celle-ci en justice (CGCT, art. L.3221-10-1 et L.4231-7-1).

Dans tous les cas, le président rend compte à la plus proche réunion du conseil de l'exercice des attributions déléguées.

Chaque année, le président rend compte au conseil, par un **rapport spécial**, de la situation du département ou de la région, de l'activité et du financement des différents services de la collectivité et des organismes qui dépendent de celle-ci (CGCT, art. L.3121-21 et L.4132-19). Le rapport précise également la situation financière de la collectivité et l'état d'exécution des délibérations du conseil.

B. Les attributions spécifiques

1. Le président de conseil intervient dans les domaines de compétences propres à sa collectivité. Le président de conseil départemental exerce ainsi en matière d'**action sociale** les compétences dévolues par la loi n° 83-663 du 22 juillet 1983 et par le Code de l'action sociale et des familles (CGCT, art. L.3221-9). Notamment il attribue de nombreuses prestations : revenu de solidarité active (loi n° 2008-1249 du 1er décembre 2008), allocation personnalisée d'autonomie pour les personnes âgées dépendantes (loi n° 2001-647 du 20 juillet 2001)...

2. Dans le domaine de l'**intervention économique**, certains textes chargent le président de conseil régional d'attribuer, dans le respect des règles fixées par l'assemblée, des aides aux entreprises. Mais le juge administratif considère que l'attribution de la prime à une entreprise particulière doit toujours être décidée par une délibération individuelle du conseil régional, le président étant seulement chargé de procéder au paiement de cette prime (CE, 14 octobre 1996, Société d'études et de recherches de produits).

Fiche 30

Les attributions « exclusives » du président du conseil

A. Les attributions communes

1. En tant que **chef des services de la collectivité**, le président définit l'organisation interne de ces services et assure la gestion de leurs agents (CGCT, art. L.3221-3 et L.4231-3). Il détient un pouvoir propre, exclusif de toute intervention du conseil, pour nommer, avancer, promouvoir, sanctionner, bref pour prendre toutes les mesures individuelles relatives au personnel.

Cependant, le président doit respecter le cadre juridique et budgétaire décidé par le conseil qui est seul compétent pour créer et supprimer un service ou un emploi. La détermination exacte de la frontière entre les compétences de l'organe délibérant et de l'autorité exécutive, entre l'organisation générale et interne des services par exemple, peut se montrer délicate (CE sect., 6 janvier 1995, Syndicat national des personnels de l'Équipement CGC).

2. Pour préparer et exécuter les délibérations du conseil, le président de conseil départemental ou régional peut disposer, en tant que de besoin, des **services déconcentrés de l'État**, par exemple de la direction départementale des territoires ou de la direction régionale des affaires culturelles (CGCT, art. L.3141-1 et L.4151-1). Les modalités de ces mises à disposition sont définies dans une convention annuelle signée avec le préfet de département ou de région.

Dans ce cadre, le président adresse directement au chef du service déconcentré, sans passer par le préfet, toutes les instructions nécessaires à l'exécution des tâches qu'il est également compétent pour contrôler. En revanche, il ne peut donner directement des ordres aux fonctionnaires étatiques chargés d'exécuter ces tâches.

Par ailleurs, le CGCT charge conjointement le président de conseil départemental ou régional et le préfet de département ou de région d'assurer la **coordination** entre l'action des services de la collectivité et celle des services de l'État dans le département ou la région (art. L.3142-1 et L.4152-1). Les modalités de cette coordination se montrent peu contraignantes. De plus, le président du conseil départemental ou régional et le préfet de département ou de région doivent, sur leur demande, s'échanger les informations nécessaires à l'exercice de leurs attributions (CGCT, art. L.3121-25-1 et L.4132-26).

B. Les pouvoirs de police

1. Bien que le **président de conseil régional** soit compétent pour gérer le domaine de la région, il n'exerce, contrairement au président de conseil départemental, aucun pouvoir de police lié à cette gestion, en l'absence notamment de routes régionales.

2. Contrairement au maire, le **président de conseil départemental** n'est pas une autorité de police administrative générale. Le CGCT lui reconnaît des pouvoirs de police portant sur deux objets particuliers.

En premier lieu, en tant qu'autorité chargée de gérer le **domaine départemental**, il exerce les pouvoirs de police liés à cette gestion (CGCT, art. L.3221-4).

C'est le président du conseil départemental qui, notamment, est compétent pour assurer la viabilité des voies départementales, donc la commodité et la sécurité de la circulation. Par exemple, il peut interdire la circulation des véhicules dépassant un certain tonnage sur certaines voies départementales afin de sauvegarder l'état de la chaussée et de préserver la sécurité des usagers (CE, 22 octobre 2003, Société Les Sablières de la Perche).

Toutefois, ces pouvoirs sont limités par ceux des maires à l'intérieur des agglomérations et du préfet dans tout le département. De plus, en cas de carence, le préfet peut, après une mise en demeure restée sans résultat, se substituer au président de conseil départemental (CGCT, art. L.3221-5).

En second lieu, la loi n° 83-663 du 22 juillet 1983 relative aux transferts de compétences charge le président de conseil départemental de la police des **ports maritimes départementaux.** Ses pouvoirs sont de deux ordres.

D'une part, il peut compléter la réglementation générale édictée par décret au moyen de règlements particuliers à chaque port (conditions de mouillage, de remorquage, de chargement, etc.).

D'autre part, il doit veiller à l'exécution de l'ensemble des dispositions relatives à la police des ports maritimes départementaux.

> La **loi NOTRE du 7 août 2015** institue une procédure de transfert de la propriété, de l'aménagement, de l'entretien et de la gestion des ports relevant du département aux autres collectivités territoriales. En l'absence de demande de transfert de la part d'une collectivité territoriale ou d'un groupement de collectivités territoriales ou de maintien de la compétence départementale à la date du 31 mars 2016, la région est désignée bénéficiaire du transfert par le préfet de région.

DES CHIFFRES À RETENIR

10 : nombre de femmes présidentes de conseil départemental en novembre 2015.

1 : nombre de femmes présidentes de conseil régional en novembre 2015.

39 % : selon un sondage IFOP/JDD de mai 2014, proportion des personnes interrogées connaissant le nom du président de leur conseil général (selon un sondage LH2 de décembre 2009 pour le syndicat de la presse quotidienne régionale, 29 % des personnes interrogées sont capables de donner spontanément le nom de la présidente ou du président de leur région).

140 : crédit d'heures forfaitaire et trimestriel pour les présidents et les vice-présidents de conseil départemental et régional.

5 512 EUROS : indemnité de fonction mensuelle maximum pour les présidents de conseil départemental et régional depuis le 1er juillet 2010.

DES ANALYSES À MÉDITER

« Il est bien clair que le système adopté par la Révolution, codifié par Napoléon, pratiqué tel quel depuis lors, qui coupe en quatre-vingt-dix morceaux le territoire métropolitain et pulvérise la vie municipale en trente-six mille cellules ne répond plus au temps présent. Certes, ce système avait eu à l'origine sa justification. [...] L'installation du pouvoir, autrement dit de la préfecture, dans la ville principale d'une circonscription assez grande pour mener au jour le jour son immuable existence et assez petite pour que tout maire, tout plaideur, tout contribuable, tout gendarme, pût dans les vingt-quatre heures gagner le chef-lieu à cheval ou en voiture, répondait aux circonstances. Par la suite, l'apparition des grandes usines, l'invention des chemins de fer, du télégraphe, du téléphone, de l'auto, les déplacements de plus en plus fréquents et lointains des personnes et des matières, bref le rapetissement relatif des dimensions, étriquèrent le département. Mais les habitudes étaient prises [...], en sorte que rien ne vînt changer l'ordre établi des collectivités territoriales. De fait, celles-ci étaient, à la naissance de la Ve République, tout juste telles qu'elles furent créées à la mort de l'Ancien Régime. » (Charles de Gaulle, *Mémoires d'espoir*, Plon, 1970, p. 389-390)

CHAPITRE 7

LA COOPÉRATION INTERCOMMUNALE

La France correspond à environ 13 % de la population comme du territoire de l'Union européenne, mais ses **36 744 communes** représentent plus de 30 % des communes européennes. Près de 20 000 comprennent moins de 500 habitants et plus de 900 micro-communes possèdent moins de 50 habitants.

Nombre de ces petites communes ne possèdent pas les moyens financiers et techniques d'assurer seules les services publics imposés par la loi ou attendus par les administrés.

C'est pourquoi la loi n° 71-588 du 16 juillet 1971 (dite loi Marcellin) réforme la procédure des **fusions de communes**. Malgré la relance et la libéralisation de la procédure par les lois n° 82-1169 du 31 décembre 1982 et n° 83-663 du 22 juillet 1983, le bilan se montre décevant avec seulement 1 100 communes réellement supprimées entre 1971 et 2009 (et 181 « défusions », c'est-à-dire séparations de communes fusionnées). La **loi n° 2010-1563 du 16 décembre 2010** de réforme des collectivités territoriales remplace la loi Marcellin par un dispositif de création de communes nouvelles qui se veut plus simple, plus souple et plus incitatif. Mais la défense de l'autonomie communale par les sénateurs a conduit à amoindrir la portée de cette réforme qui, en trois ans, permet seulement la création d'une douzaine de communes nouvelles. C'est pourquoi la **loi n° 2015-292 du 16 mars 2015** vise à l'amélioration de leur régime juridique. La mesure phare consiste dans la garantie d'avantages financiers, pendant trois ans, aux communes nouvelles créées avant le 1er janvier 2016.

Pour remédier aux inconvénients persistants de l'émiettement communal, la solution française consiste à développer la coopération intercommunale. Les articles L.5221-1 et suivants du CGCT prévoient ainsi la possibilité pour deux ou plusieurs conseils municipaux de conclure une **entente** sur des objets d'utilité commune ou de débattre des questions d'intérêt commun dans des **conférences**.

Mais la coopération peut aussi déboucher sur la création d'une structure juridique autonome qui peut être de droit privé (association, société d'économie mixte locale et, depuis la loi n° 2010-559 du 28 mai 2010, société publique locale) ou surtout de droit public. En effet, depuis la loi du 22 mars 1890 créant les syndicats de communes, le législateur a institué plusieurs catégories d'**établissements publics de coopération intercommunale**.

Au 1er janvier 2015, on compte 11 710 EPCI. En application de la **loi n° 99-586 du 12 juillet 1999** et de la loi RCT du 16 décembre 2010, ils se répartissent en sept catégories. La loi Chevènement de 1999 met également en place un tronc juridique commun à tous les EPCI. Elle harmonise les règles régissant leur vie juridique (création, extension, etc.) et leur fonctionnement institutionnel qui, en l'absence de dispositions spécifiques, est celui des conseils municipaux (CGCT, art. L.5211-1).

L'**organe délibérant** de l'EPCI – appelé comité dans les syndicats et conseil dans les communautés et les métropoles – était traditionnellement composé de délégués élus en leur sein par les conseils municipaux des communes membres.

Élu par l'organe délibérant, le président est l'**organe exécutif** de l'EPCI, chargé de préparer et d'exécuter les délibérations du comité ou du conseil. Devant la montée en puissance des EPCI, le législateur leur a appliqué les mécanismes communaux permettant la participation des habitants à la vie locale (notamment comité consultatif, commission consultative des services publics locaux, consultation des électeurs : voir Fiches 38 et 40). En revanche, la loi constitutionnelle du 28 mars 2003 ne permet pas à un EPCI d'organiser un référendum décisionnel.

On distingue deux formes d'intercommunalité. L'**intercommunalité de type associatif** permet à des communes de gérer ensemble des activités ou des services publics qu'elles déterminent librement et dont elles assurent le financement. Cette forme traditionnelle d'intercommunalité correspond à deux catégories d'EPCI : les 8 392 syndicats intercommunaux à vocation unique appelés SIVU et les 1 185 syndicats intercommunaux à vocation multiple ou SIVOM.

L'**intercommunalité fédérative** correspond à un degré d'intégration plus poussé : elle tend à regrouper les communes autour d'un projet de développement et se caractérise par des compétences légales (obligatoires ou optionnelles) ainsi que par une fiscalité propre.

Au 1er janvier 2015, les 2 133 EPCI à fiscalité propre comprennent 11 métropoles, 9 communautés urbaines, 3 syndicats d'agglomération nouvelle, 1 884 communautés de communes et 226 communautés d'agglomération. Ils regroupent 36 588 communes représentant 62,9 millions d'habitants.

Tout EPCI reçoit des compétences régies par deux principes. En application du **principe de spécialité**, il ne peut normalement intervenir que dans le champ des compétences qui lui ont été transférées par les communes (spécialité fonctionnelle) et à l'intérieur de son périmètre (spécialité territoriale).

En vertu du **principe d'exclusivité**, les EPCI sont normalement les seuls à pouvoir agir dans les domaines se rattachant aux compétences qui leur ont été transférées. Les communes sont donc totalement dessaisies de ces compétences.

Les EPCI constituent un quatrième échelon d'administration locale. Toutefois, comme celui des communes, le nombre des EPCI – plus de 9 500 syndicats – apparaît pléthorique et leurs périmètres comme leurs compétences désordonnés. Loin d'entraîner des économies d'échelle et des économies tout court, le développement et le financement de l'intercommunalité ont provoqué une **aggravation de la pression fiscale** sur les contribuables locaux, comme l'ont démontré les rapports de la Cour des comptes et de l'Observatoire de la décentralisation du Sénat.

C'est pourquoi la **loi du 16 décembre 2010** dote les préfets de pouvoirs temporaires et contraignants en vue d'achever et de rationaliser l'intercommunalité avant le 1er juin 2013. Pour renforcer la légitimité démocratique de l'intercommunalité, cette loi pose également le principe de l'élection au suffrage universel direct des délégués des communes dont le conseil municipal est élu au scrutin de liste dans les assemblées des EPCI à fiscalité propre.

L'acte III de la décentralisation vise à parachever ces réformes. D'une part, la loi n° 2013-403 du 17 mai 2013 réforme le mode de scrutin des conseillers communautaires. D'autre part, la loi MAPTAM n° 2014-58 du 27 janvier 2014 étend à toute l'Île-de-France l'obligation de couverture intégrale par des EPCI à fiscalité propre et refonde le statut des métropoles, tout en définissant des règles spécifiques pour les métropoles de Paris, Lyon et Aix-Marseille-Provence. Enfin, la loi NOTRE n° 2015-991 du 7 août 2015 définit un dispositif temporaire de refonte de la carte intercommunale en relevant à 15 000 habitants le seuil de création des EPCI à fiscalité propre (avec des dérogations pour les départements les moins denses, les zones de montagnes et les EPCI issus d'une fusion entre 2012 et 2015).

POUR EN SAVOIR PLUS

- Marie-Christine STECKEL-ASSOUÈRE (dir.), *Regards croisés sur les mutations de l'intercommunalité*, L'Harmattan (GRALE), 2014, 484 pages.
- *www.adcf.asso.fr* : sur ce site de l'Assemblée des communautés de France, voir L'intercommunalité et Publications (*Intercommunalités*, le mensuel).

LISTE DES FICHES

Fiche 31

Une exception française

A. L'émiettement communal

1. La France se distingue des autres pays de l'Union européenne par le grand nombre et la petite taille de ses communes. Le bilan de la **loi n° 71-588 du 16 juillet 1971** relative aux fusions de communes se montre ainsi décevant avec seulement 1 100 communes réellement supprimées entre 1971 et 2009. Les procédures de fusion se montrent assez lourdes et les « défusions » (séparations de communes fusionnées) ne sont pas rares : 181 entre 1971 et 2009. À titre de comparaison, depuis 1950 le nombre des communes a diminué de 79 % au Royaume-Uni et de 41 % en Allemagne.

2. La **loi n° 2010-1563 du 16 décembre 2010** remplace cette loi Marcellin par un dispositif de création de communes nouvelles qui se veut plus simple, plus souple et plus incitatif (CGCT, art. L.2113-1 et suiv.). Ainsi la consultation des électeurs, auparavant obligatoire, n'est exigée qu'en l'absence de délibérations concordantes des conseils municipaux. Si seule la commune nouvelle est une collectivité territoriale soumise aux règles applicables aux communes, les anciennes communes peuvent devenir des communes déléguées dont le rôle correspond à celui des arrondissements de Paris, Lyon, Marseille, avec notamment un maire délégué et une annexe de la mairie (voir Fiche 10).

Mais la défense de l'autonomie communale par les sénateurs a conduit à amoindrir la portée de cette réforme qui, en trois ans, a seulement permis la création d'une douzaine de communes nouvelles. C'est pourquoi la **loi n° 2015-292 du 16 mars 2015** vise à l'amélioration de leur régime juridique. La mesure phare consiste dans la garantie d'avantages financiers, pendant trois ans, aux communes nouvelles créées avant le 1er janvier 2016. Ainsi les communes nouvelles qui regroupent une population inférieure ou égale à 10 000 habitants ne subiront pas la baisse des dotations de l'État (voir Chapitre 12), celles réunissant une population comprise entre 1 000 et 10 000 habitants bénéficiant en outre d'une bonification de 5 % de la dotation globale de fonctionnement.

B. La nécessité intercommunale

Pour remédier à l'échec des procédures de fusion et aux inconvénients persistants de l'émiettement communal, la solution française consiste à développer la coopération intercommunale.

1. Les articles L.5221-1 et suiv. du CGCT prévoient ainsi la possibilité pour deux ou plusieurs conseils municipaux de conclure une **entente** sur des objets d'utilité commune ou de débattre des questions d'intérêt commun dans des **conférences**. Par ailleurs, deux ou plusieurs communes peuvent conclure des **conventions**, par exemple pour assurer la création ou le maintien d'un service nécessaire à la satisfaction des besoins de la population en milieu rural (CGCT, art. L.2251-3).

2. Mais la coopération peut aussi déboucher sur la création d'une structure juridique autonome qui peut être de droit privé ou public.

Les collectivités territoriales et leurs groupements peuvent ainsi créer des **sociétés anonymes** dont l'objet consiste notamment dans la réalisation d'opérations d'aménagement, de construction, dans l'exploitation de services publics à caractère industriel et commercial ou dans toute autre activité d'intérêt général. Le capital des **sociétés d'économie mixte locales** (SEML) est partagé par des personnes publiques et privées, les collectivités territoriales et leurs groupements détenant plus de la moitié du capital et des voix dans les organes délibérants (CGCT, art. L.1521-1 et suiv.). Celui des **sociétés publiques locales** (SPL) instituées par la loi n° 2010-559 du 28 mai 2010 est, lui, détenu en totalité par les collectivités territoriales et leurs groupements (CGCT, art. L.1531-1).

En application de la loi Chevènement du 12 juillet 1999 et de la loi RCT du 16 décembre 2010, il existe **sept catégories** d'établissements publics de coopération intercommunale enfin dotés d'un tronc juridique commun : SIVU, SIVOM, communauté urbaine, syndicat d'agglomération nouvelle, communauté de communes, communauté d'agglomération, métropole.

La **loi MAPTAM du 27 janvier 2014** crée autoritairement neuf métropoles de droit commun dont elle refonde le statut, notamment en renforçant leurs compétences. Des dispositions spécifiques concernent la « Métropole de Paris » (établissement public regroupant la ville de Paris et les EPCI de l'unité urbaine de Paris), la métropole de Lyon (collectivité territoriale à statut particulier exerçant dans son ressort les compétences d'une métropole et du département, ainsi que certaines compétences régionales) et la métropole d'Aix-Marseille-Provence (dont les spécificités ne concernent pas les compétences, mais l'organisation).

La **loi NOTRE du 7 août 2015** définit un dispositif temporaire de refonte de la carte intercommunale en relevant à 15 000 habitants le seuil de création des EPCI à fiscalité propre (avec des dérogations pour les départements les moins denses, les zones de montagnes et les EPCI issus d'une fusion entre 2012 et 2015). En plus de réviser le statut de la métropole du Grand Paris, elle renforce les compétences obligatoires et, le cas échéant, optionnelles des EPCI à fiscalité propre.

Fiche 32

La vie juridique des EPCI

A. La création des EPCI

1. Même si quelques particularités subsistent, la loi du 12 juillet 1999 unifie la procédure de création des EPCI qui comprend **quatre étapes** (CGCT, art. L.5211-5) :

- l'initiative appartient soit à un ou plusieurs conseils municipaux, soit au préfet (sauf pour une métropole) ;
- par un arrêté, le préfet dresse de manière discrétionnaire la liste des communes incluses dans le projet de périmètre intercommunal. Quand l'initiative vient de lui, il doit demander l'avis de la commission départementale de la coopération intercommunale (CDCI) composée d'élus locaux, sans toutefois être tenu de le suivre ;
- les conseils municipaux concernés par l'arrêté de périmètre disposent de trois mois pour se prononcer sur la création de l'EPCI. À défaut de délibération dans ce délai, leur accord est réputé acquis ;
- si les conseils municipaux approuvent le projet d'EPCI à la majorité qualifiée, le préfet peut prendre un arrêté créant l'EPCI, mais cette création relève de sa compétence discrétionnaire, le juge limitant son contrôle à l'erreur manifeste d'appréciation (CE, 13 mars 1985, Ville de Cayenne).

> En matière d'intercommunalité, la **majorité qualifiée** correspond aux deux tiers au moins des conseils municipaux représentant plus de la moitié de la population totale ou à la moitié au moins des conseils municipaux représentant les deux tiers de la population totale. Pour un EPCI à fiscalité propre, elle doit comprendre la commune dont la population est la plus nombreuse et représente plus du quart de la population totale concernée.

En cas de création, les communes ayant émis un vote défavorable sont incorporées au nouvel EPCI.

2. La loi du 16 décembre 2010 dote les préfets, à partir de l'adoption des schémas départementaux de coopération intercommunale (SDCI) et jusqu'au 1er juin 2013, de **pouvoirs temporaires et contraignants** en vue d'achever et de rationaliser l'intercommunalité (voir Fiche 5). Paris et les départements de la petite couronne parisienne ne sont toutefois pas concernés par l'obligation de couverture intégrale.

Le préfet peut ainsi créer un EPCI à fiscalité propre ou modifier son périmètre et dissoudre un syndicat intercommunal. La condition de majorité intercommunale est alors allégée (la moitié au moins des conseils municipaux représentant la moitié au moins de la population). En l'absence d'accord, le préfet peut, par décision motivée, imposer sa mesure, à condition toutefois qu'elle intègre les éventuelles propositions de la CDCI adoptées à la majorité des deux tiers. Enfin, après chaque révision du SDCI (tous les six ans), il retrouve ces pouvoirs contraignants pendant une année.

La **loi NOTRE du 7 août 2015** relance le processus de refonte de la carte intercommunale en relevant à 15 000 habitants le seuil de création des EPCI à fiscalité propre (avec des dérogations pour les départements les moins denses, les zones de montagnes et les EPCI issus d'une fusion entre 2012 et 2015).

B. Les modifications statutaires

1. Les **statuts** doivent comprendre au moins quatre mentions : liste des communes membres, siège, le cas échéant durée, compétences transférées (CGCT, art. L.5211-5-1). En application de la loi du 16 décembre 2010, ils sont soumis aux conseils municipaux en même temps que la liste des communes intéressées, avant d'être approuvés par arrêté préfectoral.

2. Les communes membres peuvent à tout moment transférer à l'EPCI de nouvelles compétences par des délibérations concordantes de l'organe délibérant de l'EPCI à la majorité simple et des conseils municipaux des communes membres à la majorité qualifiée requise en matière de création (CGCT, art. L.5211-17). L'**extension de compétences** est prononcée par un arrêté du préfet dont la compétence est liée.

Un arrêté du préfet, qui dispose en la matière d'un pouvoir discrétionnaire, peut étendre le périmètre d'un EPCI par adjonction de communes nouvelles (CGCT, art. L.5211-18). L'initiative appartient soit aux conseils municipaux des communes candidates (avec l'accord de l'organe délibérant de l'EPCI), soit à l'organe délibérant de l'EPCI (avec l'accord des conseils municipaux candidats), soit au préfet lui-même (avec l'accord de l'organe délibérant de l'EPCI et des conseils municipaux candidats). L'**extension de périmètre** est soumise aux conditions de majorité qualifiée requises pour la création de l'EPCI.

À l'inverse, toute commune peut se retirer d'un EPCI autre qu'une communauté urbaine ou une métropole (CGCT, art. L.5211-19). Ce **retrait** décidé par le préfet est subordonné à l'accord des conseils municipaux exprimé dans les conditions de majorité requises pour la création de l'EPCI.

Les **autres modifications statutaires** sont en principe proposées par l'organe délibérant de l'EPCI (CGCT, art. L.5211-20). Prise par arrêté préfectoral, la décision de modification est subordonnée à l'accord des conseils municipaux des communes membres dans les conditions requises en matière de création.

Enfin, il peut être procédé à la **dissolution** de l'EPCI selon des procédures et des conditions propres à chaque catégorie d'EPCI.

Fiche 33

L'administration des EPCI

A. L'organe délibérant

1. Dans un **syndicat**, l'organe délibérant, appelé comité, est composé de délégués élus en leur sein par les conseils municipaux des communes membres (CGCT, art. L.5211-6). De façon dérogatoire, les conseils municipaux peuvent désigner des citoyens extérieurs au conseil municipal, à condition qu'ils remplissent les conditions requises pour être conseiller municipal (CGCT, art. L.5212-7). Le mode de scrutin est celui en vigueur pour les maires, c'est-à-dire secret et majoritaire à trois tours. Le mandat des délégués est lié à celui du conseil municipal qui peut cependant les remplacer à tout moment (CGCT, art. L.2121-33).

Pour renforcer la légitimité démocratique des **EPCI à fiscalité propre**, la loi du 16 décembre 2010 pose le principe de l'élection au suffrage universel direct, à partir de mars 2014, des représentants des communes dont le conseil municipal est élu au scrutin de liste. Les modalités de cette élection sont fixées par la loi n° 2013-403 du 17 mai 2013.

D'une part, le scrutin mixte est étendu aux **communes de 1 000 habitants et plus** (voir Fiche 6). Dans ces communes, le législateur institue un système de « fléchage » à la fois plus souple et complexe que celui de la loi PLM (voir Fiche 10). En effet, la liste des candidats aux sièges de conseiller communautaire figure de manière distincte sur le même bulletin que la liste des candidats au conseil municipal dont elle est issue. La première de ces listes comporte un nombre de candidats égal au nombre de sièges à pourvoir, augmenté d'un candidat supplémentaire si ce nombre est inférieur à cinq et de deux dans le cas inverse. Elle comprend alternativement des candidats de chaque sexe qui figurent dans le même ordre que sur la liste municipale. Ceux du premier quart de la liste doivent figurer en tête de la liste des candidats au conseil municipal. Et tous doivent prendre place dans les trois premiers cinquièmes de la liste municipale.

Dans les **communes de moins de 1 000 habitants**, les conseillers communautaires représentant les communes au sein des organes délibérants des EPCI sont les membres du conseil municipal désignés dans l'ordre du tableau (voir Fiche 15).

2. Réuni une fois par trimestre au moins (par semestre pour un syndicat intercommunal à vocation unique), l'organe délibérant est compétent pour prendre les **décisions** essentielles de l'ECPI : vote du budget, création et suppression des services et des emplois, conclusion des conventions…

L'article L.5211-10 du CGCT lui reconnaît la possibilité de **déléguer** une partie de ses attributions soit personnellement au président ou aux vice-présidents ayant reçu délégation, soit au bureau collégialement. Certaines compétences ne peuvent cependant faire l'objet de délégation, notamment les décisions budgétaires, les modifications statutaires et les délégations de service public.

B. L'organe exécutif

1. Le **président**, élu au scrutin secret et majoritaire à trois tours, est l'organe exécutif de l'EPCI (CGCT, art. L.5211-9). Il prépare et exécute les délibérations du comité ou du conseil. Il est le chef des services de l'EPCI qu'il représente en justice.

En plus du président, le **bureau** comprend les vice-présidents et éventuellement un ou plusieurs autres membres du comité ou du conseil, tous élus au scrutin secret et majoritaire à trois tours.

La loi du 16 décembre 2010 limite l'effectif des **vice-présidents** à 15 membres et à 20 % de l'effectif total de l'organe délibérant, mais la loi n° 2012-1561 du 31 décembre 2012 permet à l'organe délibérant de retrouver, à la majorité des deux tiers, le plafond antérieur de 30 %.

2. S'il est seul chargé de l'administration, le président peut **déléguer**, sous sa surveillance et sa responsabilité, une partie de ses fonctions aux vice-présidents (CGCT, art. L.5211-9). En cas d'absence ou d'empêchement de ces derniers ou s'ils sont tous titulaires d'une délégation, il peut donner délégation à d'autres membres du bureau. Enfin, il peut donner délégation de signature au directeur général, au directeur général adjoint, au directeur général des services techniques ainsi qu'aux responsables de service, et leur subdéléguer une délégation d'attribution reçue de l'organe délibérant sauf si cette délibération l'interdit.

Les lois n° 2010-1563 du 16 décembre 2010 et n° 2014-58 du 27 janvier 2014 transfèrent au président de l'EPCI à fiscalité propre compétent en matière d'assainissement, de collecte des déchets ménagers, d'accueil des gens du voyage ou de voirie les **pouvoirs de police** correspondants. Mais elles reconnaissent aux maires concernés un droit d'opposition.

3. Le conseil ou le comité peut créer des comités consultatifs sur toutes affaires relevant de la compétence intercommunale (CGCT, art. L.5211-49-1 : voir Fiche 38). La création d'une commission consultative des services publics locaux est obligatoire dans les EPCI de plus de 50 000 habitants et facultative dans ceux comptant entre 20 000 et 50 000 habitants (CGCT, art. L.1413-1). Dans les EPCI à fiscalité propre de plus de 20 000 habitants, la loi NOTRE impose la création d'un **conseil de développement** composé de représentants des milieux économiques, sociaux, culturels, éducatifs, scientifiques, environnementaux et associatifs (CGCT, art. L.5211-10-1).

Fiche 34

Les différentes catégories d'EPCI

A. L'intercommunalité associative

1. Cette forme traditionnelle d'intercommunalité correspond à **deux catégories** d'EPCI : 8 392 syndicats intercommunaux à vocation unique et 1 185 syndicats intercommunaux à vocation multiple.

Dans les statuts, les communes définissent librement la compétence (SIVU) ou les compétences (SIVOM) déléguées à l'EPCI. Depuis la loi d'amélioration de la décentralisation n° 88-13 du 5 janvier 1988, les SIVOM possèdent la faculté de mettre en place un **« syndicalisme à la carte »** : les communes peuvent adhérer pour une partie seulement des compétences syndicales, sans être tenues d'adopter les autres (CGCT, art. L.5212-16).

2. Correspondant à une forme peu intégrée d'intercommunalité, le syndicat possède un budget principalement alimenté par les **contributions communales** qui peuvent être budgétaires ou fiscalisées (voir Chapitre 15). En revanche, il ne détient aucun pouvoir en matière de fiscalité locale directe.

B. L'intercommunalité fédérative

1. Depuis la loi n° 2010-1563 du 16 décembre 2010, les catégories d'EPCI dotés de compétences légales et de fiscalité propre sont au nombre de **cinq**.

Au 1er janvier 2015, ces 2 133 EPCI, qui regroupent 36 614 communes et 62,6 millions d'habitants, comprennent :

- 9 communautés urbaines (loi n° 66-1069 du 31 décembre 1966) ;
- 3 syndicats d'agglomération nouvelle (loi n° 83-636 du 13 juillet 1983) ;
- 1 884 communautés de communes (loi n° 92-125 du 6 février 1992) ;
- 226 communautés d'agglomération (loi n° 99-586 du 12 juillet 1999) ;
- 11 métropoles (loi n° 2010-1563 du 16 décembre 2010).

Pour renforcer la capacité des plus grandes agglomérations françaises à soutenir la compétition avec leurs homologues européennes ou internationales, la loi du 16 décembre 2010 propose, sauf pour la région Île-de-France, un nouveau cadre institutionnel, la **métropole**. Une seule métropole ayant été instituée, la loi du 27 janvier 2014 décide autoritairement la création, à partir du 1er janvier 2015, de neuf métropoles (Bordeaux, Grenoble, Lille, Nantes, Nice, Rennes, Rouen,

Strasbourg, Toulouse) que peuvent rejoindre volontairement des ensembles urbains ou des zones d'emplois de plus de 400 000 habitants et réforme le statut de ces métropoles de droit commun (CGCT, art. L.5217-1 et suiv.).

Pour créer une **communauté urbaine**, le regroupement de communes d'un seul tenant et sans enclave doit depuis la loi MAPTAM constituer une agglomération de plus de 250 000 habitants (CGCT, art. L.5215-1 et suiv.). Ce seuil s'élevait à 500 000 selon la loi du 12 juillet 1999 et à 20 000 selon celle du 6 février 1992 (ce qui explique que la CU la moins peuplée, celle du Grand Alençon, compte 56 600 habitants).

Pour créer une **communauté d'agglomération**, le regroupement de communes d'un seul tenant et sans enclave doit former un ensemble de plus de 50 000 habitants autour d'une ou plusieurs communes centre de plus de 15 000 habitants (CGCT, art. L.5216-1 et suiv.). Le seuil de 15 000 habitants ne s'applique pas lorsque la CA comprend le chef-lieu du département ou la commune la plus importante du département. Celui de 50 000 habitants est réduit à 30 000 habitants lorsque la CA comprend le chef-lieu du département ou, à titre expérimental et pendant une durée maximale de trois ans, lorsqu'elle compte la commune la plus peuplée du département (loi n° 2013-403 du 17 mai 2013).

La loi impose seulement aux **communautés de communes** nouvellement créées d'être d'un seul tenant et sans enclave (CGCT, art. L.5214-1 et suiv.).

Les **syndicats d'agglomération nouvelle** sont liés à la procédure en extinction de la ville nouvelle (CGCT, art. L.5311-1 et suiv.). Pour combattre l'expansion anarchique et tentaculaire des grandes agglomérations, 9 villes nouvelles ont été créées entre 1965 et 1975, 5 en Île-de-France et 4 en province. L'objectif était que les communes, regroupées depuis 1983 dans des SAN, constituent des « métropoles d'équilibre ». Pour cela, les SAN prennent en charge la programmation et les investissements dans le domaine de l'urbanisme, du logement, des transports, de réseaux divers, de création de voies nouvelles et de développement économique. Après avoir favorisé leur transformation en communautés d'agglomération, le législateur a programmé l'abrogation de leur statut au 1er janvier 2017.

2. Les EPCI de type fédératif ne peuvent être financés par les contributions des communes membres : ils possèdent obligatoirement une **fiscalité propre**. Ce mode de financement dote ces EPCI d'un pouvoir fiscal comparable à celui des collectivités territoriales. La fiscalité propre peut prendre trois formes : additionnelle, spécialisée (mise en place de la contribution économique territoriale unique ou CÉTU depuis le 1er janvier 2011) ou mixte.

Fiche 35
Les compétences des EPCI

A. Les principes

1. Tout EPCI reçoit des compétences régies par les **principes de spécialité** et d'exclusivité. En application du premier, il ne peut intervenir que dans le champ des compétences qui lui ont été transférées par les communes (spécialité fonctionnelle) et à l'intérieur de son périmètre (spécialité territoriale). Mais la loi du 16 décembre 2010 déroge à ce principe en permettant à un EPCI à fiscalité propre et à une ou plusieurs de ses communes membres de se doter, « en dehors des compétences transférées », de services ou de moyens communs (des logiciels par exemple) qui sont en principe gérés par l'EPCI.

2. En vertu du **principe d'exclusivité**, les EPCI sont les seuls à pouvoir agir dans les domaines se rattachant aux compétences qui leur ont été transférées. Les communes sont donc totalement dessaisies de ces compétences (CE ass., 16 octobre 1970, Commune de Saint-Vallier) et doivent transférer les services et les agents qui leur étaient affectés.

B. Les compétences légales

1. Les **métropoles** représentent la forme la plus intégrée d'intercommunalité. D'une part, elles bénéficient d'un élargissement des compétences obligatoires reconnues aux communautés urbaines en matière de développement économique, social et culturel, de l'aménagement de l'espace, de politique locale de l'habitat, de politique de la ville, de gestion des services d'intérêt collectif et d'environnement (CGCT, art. L.5217-2).

D'autre part, la métropole de droit commun exerce des compétences normalement dévolues aux départements (action sociale, routes, collèges...) et aux régions (lycées et développement économique). L'État peut lui déléguer des compétences en matière de logement ou lui transférer la propriété de grands équipements et infrastructures.

Les **communautés urbaines** se caractérisent par sept blocs de compétences obligatoires (CGCT, art. L.5215-20) : développement et aménagement économique, social et culturel ; aménagement de l'espace (urbanisme, transports urbains, voirie) ; équilibre social de l'habitat (politique du logement notamment social par ex.) ; politique de la ville ; gestion des services d'intérêt collectif (par ex. assainissement et eau) ; protection et mise en valeur de l'environnement et politique du cadre de vie (collecte et traitement des déchets ménagers par ex.) ; aménagement, entretien et gestion des aires d'accueil des gens du voyage.

La **communauté d'agglomération** exerce des compétences obligatoires et optionnelles (CGCT, art. L.5216-5). Élargies par la loi NOTRE, les compétences obligatoires concernent sept domaines : développement économique ; aménagement de l'espace ; équilibre social de l'habitat ; politique de la ville ; aménagement et gestion des aires d'accueil des gens du voyage ; gestion des milieux aquatiques et prévention des inondations (GEMAPI) ; collecte et traitement des déchets des ménagers. Par ailleurs, les conseils municipaux doivent arrêter, à la majorité qualifiée en vigueur dans la procédure de création, trois au moins des sept compétences optionnelles définies par la loi : création, aménagement et entretien de la voirie d'intérêt communautaire ; protection et mise en valeur de l'environnement et du cadre de vie ; construction et gestion d'équipements culturels et sportifs d'intérêt communautaire ; action sociale d'intérêt communautaire ; création et gestion de maisons de services au public ; assainissement ; eau.

La **communauté de communes** exerce de plein droit des compétences relevant de cinq groupes : développement économique ; aménagement de l'espace pour la conduite d'actions d'intérêt communautaire (par ex. plan local d'urbanisme) ; aménagement et gestion des aires d'accueil des gens du voyage ; GEMAPI ; collecte et traitement des déchets ménagers. Elle doit par ailleurs conduire des actions d'intérêt communautaire dans trois au moins des neuf compétences optionnelles définies par la loi : protection et mise en valeur de l'environnement et soutien aux actions de maîtrise de la demande d'énergie ; politique du logement et du cadre de vie ; politique de la ville ; création, aménagement et entretien de la voirie ; assainissement ; eau ; construction et gestion d'équipements scolaires, culturels et sportifs d'intérêt communautaire ; action sociale d'intérêt communautaire ; création et gestion de maisons de services au public (CGCT, art. L.5214-16).

> **À compter du 1er janvier 2020, les compétences eau et assainissement deviendront obligatoires dans les communautés d'agglomération et de communes.**

2. La définition des compétences légales repose souvent sur la **notion d'intérêt communautaire (ou métropolitain)** qui constitue la ligne de partage, au sein d'une compétence, entre les domaines transférés à l'EPCI et ceux restant à la commune. Il appartient au conseil des métropoles, des communautés urbaines, des communautés d'agglomération et, depuis la loi MAPTAM du 27 janvier 2014, des communautés de communes de déterminer l'intérêt communautaire à la majorité des deux tiers. Cette détermination doit intervenir dans les deux ans suivant le transfert de compétence. À défaut, l'intégralité de la compétence est transférée à l'EPCI.

Enfin, les communautés et les métropoles peuvent exercer des **compétences supplémentaires** traditionnellement dénommées facultatives qui sont librement transférées par les communes.

DES CHIFFRES À RETENIR

LOI DU 22 MARS 1890 : création du premier EPCI, le syndicat de communes.

Ordonnance du 5 janvier 1959 : création du premier EPCI doté de compétences obligatoires (gestion des services du logement et des centres de secours contre l'incendie), le district, supprimé par la loi du 12 juillet 1999.

Loi du 31 décembre 1966 : création du premier EPCI doté d'une fiscalité propre additionnelle, la communauté urbaine.

Loi du 13 juillet 1983 : création du premier EPCI doté d'une fiscalité propre spécialisée (taxe professionnelle unique), le syndicat d'agglomération nouvelle.

Loi du 16 décembre 2000 : loi de réforme des collectivités territoriales programmant l'achèvement de l'intercommunalité à fiscalité propre en 2013 et l'élection des conseillers communautaires et métropolitains au suffrage universel direct en 2014.

DES CHIFFRES À RETENIR

11 710 : nombre total d'EPCI au 1er janvier 2015 (contre 14 795 en février 2010).

2 133 : nombre d'EPCI à fiscalité propre au 1er janvier 2015.

23 497 : au 1er janvier 2001, nombre de communes adhérant à un EPCI à fiscalité propre, ce qui représentait 40,4 millions d'habitants.

36 588 : au 1er janvier 2015, nombre de communes adhérant à un EPCI à fiscalité propre, ce qui représente 62,9 millions d'habitants (parmi les 70 communes encore isolées, on trouve notamment 42 communes ayant intégré au 1er janvier 2016 la métropole du Grand Paris, 15 situées dans le département de Mayotte et 4 îles composées d'une seule commune bénéficiant à ce titre d'une dérogation législative).

41,1 MILLIARDS D'EUROS : en 2013, montant des dépenses des EPCI à fiscalité propre (contre 100,8 milliards pour les communes, 72,4 milliards pour les départements et 28,7 milliards pour les régions).

CHAPITRE 8
LA DÉMOCRATIE LOCALE

Les collectivités territoriales, les communes particulièrement, constituent le lieu d'exercice privilégié de la démocratie représentative aussi bien que participative (CGCT, art. L.1111-2).

Le **cadre juridique** de cette démocratie locale s'est étoffé au cours des vingt dernières années. Annoncées par la loi n° 82-213 du 2 mars 1982 et promulguées… dix ans plus tard à trois jours d'intervalle, la loi n° 92-108 du 3 février **1992** relative aux conditions d'exercice des mandats locaux définit le statut de l'élu local, tandis que la loi d'orientation n° 92-125 du 6 février 1992 relative à l'administration territoriale de la République (LOATR) renforce les droits des élus dans les assemblées locales et ceux des habitants dans la participation à la vie communale. La loi n° 2002-276 du 27 février **2002** relative à la démocratie de proximité a notamment pour objet d'enrichir les acquis de ces deux lois.

La loi constitutionnelle n° 2003-276 du 28 mars **2003** relative à l'organisation décentralisée de la République promeut la démocratie participative locale, notamment en instituant un référendum décisionnel dont les conditions sont définies par la loi organique n° 2003-705 du 1er août 2003. Par ailleurs, la loi n° 2004-809 du 13 août **2004** relative aux libertés et responsabilités locales (LRL) réforme la procédure de consultation des électeurs et simplifie le fonctionnement des assemblées locales.

La loi n° 2010-1563 du 16 décembre 2010 de réforme des collectivités territoriales prévoit que les délégués des communes dans les organes délibérants des **EPCI à fiscalité propre** seront élus au suffrage universel direct pour toutes les communes dont le conseil municipal est élu au scrutin mixte. Les modalités de cette élection sont fixées par la loi n° 2013-403 du 17 mai 2013 qui étend le scrutin mixte – c'est-à-dire le pluralisme et la parité – aux communes de 1 000 habitants et plus (voir Fiche 33).

La **loi n° 2015-366 du 31 mars 2015**, dite loi Gourault-Sueur du nom des deux sénateurs à l'origine du texte, vise à faciliter l'exercice par les élus locaux de leur mandat. En revanche, les innovations les plus audacieuses envisagées dans le cadre de l'Acte III de la décentralisation (par ex. extension du droit de pétition et création d'une commission des finances dans les communes de plus de 50 000 habitants) ne figurent finalement pas dans la **loi n° 2015-991 du 7 août 2015** portant nouvelle organisation territoriale de la République qui renforce toutefois la transparence financière des collectivités territoriales (voir Chapitre 12).

Le **statut de l'élu local** issu de la loi du 3 février 1992 vise à démocratiser l'accès aux mandats électifs. Ainsi, tous les élus locaux ont droit à une **formation** adaptée à leurs fonctions et financée par la collectivité.

Différents mécanismes permettent aux salariés publics et privés de concilier leurs responsabilités électives avec la poursuite d'une **carrière professionnelle** (autorisations d'absence, crédits d'heures, garanties sociales...). Certains élus peuvent cesser leur activité professionnelle pour se consacrer pleinement à leur mandat, la loi favorisant leur réinsertion professionnelle en fin de mandat.

Enfin, malgré le principe réitéré de la gratuité des fonctions, la loi du 3 février 1992 met en place un **régime indemnitaire** en principe réservé aux conseillers départementaux et régionaux ainsi qu'aux élus communaux et intercommunaux exerçant des fonctions exécutives. Dans un souci de transparence, toute délibération sur cette question doit être accompagnée d'un tableau annexe récapitulant l'ensemble des indemnités.

Du point de vue politique, le CGCT consacre le **droit des conseillers d'être informés** des affaires de la collectivité faisant l'objet d'une délibération. La qualité de cette information se montre essentielle, sous peine de transformer les conseils en chambres d'enregistrement des projets de délibération proposés par le maire ou le président. C'est ainsi que le maire ou le président a l'obligation de mettre à la disposition des conseillers avant et pendant la séance tous les documents nécessaires à une étude des dossiers.

Depuis la LOATR du 6 février 1992, les conseillers ont le droit, lors des séances de l'assemblée, de poser des questions orales concernant les affaires de la collectivité, l'exécutif ayant l'obligation de donner les explications demandées. Dans les collectivités les plus importantes, ils peuvent, depuis la loi du 27 février 2002, créer pour six mois maximum une mission d'information et d'évaluation chargée de recueillir des éléments d'information sur une question d'intérêt local ou de procéder à l'évaluation d'un service public local.

Par ailleurs, la loi du 13 août 2004 autorise les collectivités territoriales à améliorer l'information de leurs élus en mettant à leur disposition les moyens appropriés comme du matériel informatique ou de télécommunication.

La LOATR fait du **droit des habitants** à être informés des affaires de leur commune et à être consultés « un principe essentiel de la démocratie locale » (CGCT, art. L.2141-1). En ce qui concerne le **droit à l'information**, le CGCT organise la publicité des actes des différentes collectivités, de la commune par exemple (CGCT, art. L.2121-24 et suiv.). La loi NOTRE du 7 août 2015 permet, en complément de la publication ou l'affichage sous forme papier, la publication sous forme électronique à condition que la mise à disposition du public soit permanente et gratuite (par ex. CGCT, art. L.2121-24, L.3131-1 et L.4141-1).

En ce qui concerne la **participation des habitants**, la LOATR consacre la faculté pour les conseils municipaux de créer des comités consultatifs sur tout problème d'intérêt communal. Certaines structures sont obligatoires. La loi du 27 février 2002 impose ainsi la création d'une commission consultative des services publics locaux (CCSPL) dans les collectivités les plus importantes et celle de conseils de quartier dans les communes de 80 000 habitants et plus. Enfin, dans chaque région, il existe un conseil économique, social et environnemental régional (voir Fiche 22).

Par ailleurs, la LOATR a ouvert aux communes une procédure de **consultation des électeurs** que la loi du 13 août 2004 réforme en l'étendant aux départements et aux régions (CGCT, art. L.1112-15 et suiv.). Si les électeurs disposent d'un droit d'initiative, leur vote constitue seulement un avis ne liant pas les autorités territoriales. En revanche, la révision constitutionnelle du 28 mars 2003 permet également aux collectivités territoriales d'organiser des **référendums décisionnels**. Dans ces deux procédures faisant l'objet d'un strict encadrement juridique et d'un contrôle administratif renforcé, les électeurs se prononcent pour ou contre un texte relevant de la compétence de la collectivité.

Malgré les incontestables progrès législatifs accomplis depuis le début des années 1990 en matière de statut de l'élu, de droits des conseillers (notamment d'opposition) ou de participation des habitants, de nombreux observateurs continuent à juste titre de critiquer le « césarisme » local, notamment municipal, et la « **République des fiefs** ».

POUR EN SAVOIR PLUS

- Adrien ROUX, *50 ans de démocratie locale*, Yves Michel, 2011, 124 pages.
- *www.participation-et-democratie.fr* : site collaboratif lancé en 2010 par le groupement d'intérêt scientifique « Participation du public, décision, démocratie participative ».

LISTE DES FICHES

36. Le statut de l'élu local
37. Les droits politiques des élus
38. La participation des habitants
39. Le référendum local
40. La consultation locale

Fiche 36

Le statut de l'élu local

A. Les droits bénéficiant aux élus salariés

1. Les **autorisations d'absence** bénéficient à tous les élus locaux. Elles obligent leur employeur public ou privé à leur laisser le temps nécessaire pour participer aux réunions énumérées par le CGCT (par ex. séances plénières du conseil et réunions des commissions).

Le **crédit d'heures**, dont la loi Gourault-Sueur étend le bénéfice aux conseillers municipaux des communes de moins de 3 500 habitants, consiste dans un nombre d'heures forfaitaire et trimestriel dont les élus disposent librement pour administrer la collectivité ou l'organisme auprès duquel ils la représentent ainsi que pour préparer les réunions des instances où ils siègent. Il est déterminé en fonction de la durée légale du travail, des fonctions exercées et, dans une commune, de sa strate démographique (par ex. 105 h pour les conseillers départementaux et régionaux ainsi que pour les maires des communes de moins de 10 000 habitants).

L'employeur n'est pas tenu de payer les périodes d'absence pendant lesquelles les droits de l'élu en matière de prestations sociales, de congés payés et d'ancienneté sont cependant maintenus.

2. La loi permet à tous les maires et aux adjoints des communes de 10 000 habitants et plus, ainsi que, dans les conseils départementaux et régionaux, aux présidents et aux vice-présidents titulaires d'une délégation de fonctions, de **cesser** leur activité professionnelle pour se consacrer pleinement à leur mandat, soit dans le cadre d'une suspension de leur contrat de travail, soit par la voie du détachement s'ils sont fonctionnaires (CGCT, art. L.2123-9 par ex.). Elle leur garantit alors un régime de protection sociale et de retraite.

À l'expiration de son mandat, l'élu peut demander à reprendre son activité professionnelle. Pour favoriser sa **réinsertion**, il a droit à un stage de remise à niveau organisé dans l'entreprise, à une formation professionnelle et à un bilan de compétences.

B. Les droits concernant tous les élus

1. Les membres du conseil municipal, départemental et régional « ont droit à une **formation** adaptée à leurs fonctions » (CGCT, art. L.2123-12 par ex.). Pour que ce droit devienne effectif dans toutes les collectivités, la loi du 27 février 2002 impose à chaque assemblée, dans les trois mois suivant son renouvellement, de délibérer sur ses orientations et ses crédits de formation. Chaque année, un tableau récapitulant les actions de formation des élus financées par la collectivité est annexé au compte administratif et donne lieu à un débat.

Les frais d'enseignement, de déplacement et de séjour doivent être pris en charge par la collectivité. Le montant prévisionnel des dépenses de formation ne peut être inférieur à 2 % de l'enveloppe des indemnités de fonction susceptibles d'être allouées aux élus et leur montant réel ne peut dépasser 20 % de cette enveloppe (par ex. CGCT, art. L.2123-14). Les pertes de revenu sont également compensées, dans la limite de 18 jours par élu pour la durée d'un mandat et d'une fois et demie la valeur horaire du SMIC par heure (soit 1 816 euros au 1er janvier 2015).

2. Bien que le CGCT maintienne le principe, posé sous la monarchie de Juillet, de la gratuité des fonctions (art. L.2123-17), il reconnaît aux élus locaux le droit à des indemnités de fonction ne possédant pas le caractère d'une rémunération. Il appartient au conseil, dans les trois mois suivant son installation, de fixer le montant de ces indemnités.

Le conseil doit toutefois respecter les **plafonds** imposés par la loi en fonction de la catégorie juridique et de l'importance démographique de la collectivité. Ces plafonds prennent la forme d'un pourcentage de l'indice brut terminal de l'échelle indiciaire de la fonction publique (indice 1015) et sont donc revalorisés au même rythme que les traitements des fonctionnaires. Depuis la loi Gourault-Sueur du 31 mars 2015, l'indemnité allouée au maire est fixée à son taux maximal sauf si, dans les communes de 1 000 habitants et plus, le conseil municipal fixe par délibération un montant inférieur.

Depuis le 1er juillet 2010, le plafond mensuel brut varie, pour les **maires**, entre 646 euros, dans les communes de moins de 500 habitants, et 5 512 euros, dans les communes de 100 000 habitants et plus. Pour tous les **présidents** de conseil départemental et régional, il s'élève à 5 512 euros. En général, les indemnités maximales des **adjoints** représentent 40 % de celles applicables aux maires et les indemnités maximales des **vice-présidents** de conseil départemental ou régional correspondent à celles des conseillers majorées de 40 %.

Contrairement aux **conseillers départementaux et régionaux** dont l'indemnité peut varier de 1 521 à 2 661 euros selon la population de la collectivité, les **conseillers municipaux** ne reçoivent d'indemnités de fonction que dans trois cas, s'ils bénéficient d'une délégation de fonctions par exemple (CGCT, art. L.2123-24-1).

Pour tous les élus, le versement de l'indemnité de fonction est en principe subordonné à l'**exercice effectif des fonctions**. Un maire incarcéré ou un adjoint privé de délégation ne peut donc la percevoir (CE sect., 11 octobre 1991, Ribaute et Balanca).

Fiche 37

Les droits politiques des élus

A. L'information des élus

1. Confirmant une jurisprudence constante (CE ass., 9 novembre 1973, Commune de Pointe-à-Pitre, arrêt de principe toutefois nuancé par CE ass., 27 mai 2005, Département de l'Essonne), le CGCT consacre le **droit des conseillers d'être informés** des affaires de la collectivité faisant l'objet d'une délibération (par ex. CGCT, art. L.2121-13). La qualité de cette information se montre essentielle, sous peine de transformer les conseils en chambres d'enregistrement des projets de délibération proposés par le maire ou le président.

L'information peut être **préalable**. Avant la séance, en plus de l'envoi de l'ordre du jour, des notes explicatives de synthèse ou des rapports, le maire ou le président a l'obligation de mettre à la disposition des conseillers tous les documents nécessaires à une étude des dossiers. Depuis la LOATR, le règlement intérieur doit en principe définir les conditions dans lesquelles les projets de marché ou de contrat de service public peuvent être consultés.

> La loi du 13 août 2004 autorise les collectivités territoriales à améliorer l'information de leurs élus en mettant à leur disposition les moyens appropriés comme du matériel informatique ou de télécommunication.

Le droit des conseillers à une information **complémentaire** en cours de séance a également été consacré par le Conseil d'État : ils doivent pouvoir consulter les pièces et documents nécessaires à leur information sur l'affaire faisant l'objet de la délibération (CE, 23 avril 1997, Ville de Caen c. Paysant).

2. La **LOATR** rend obligatoires deux mécanismes destinés à renforcer l'information des élus : le débat d'orientation budgétaire et les questions orales.

D'une part, dans les départements, les régions et les communes de 3 500 habitants et plus, l'organe exécutif doit convoquer l'assemblée pour un **débat sur les orientations budgétaires**, les engagements pluriannuels envisagés ainsi que sur la structure et la gestion de la dette. La séance a lieu dans les deux mois précédant l'examen du budget, sauf dans les régions pour lesquelles la loi n° 98-135 du 7 mars 1998 a porté le délai à dix semaines en raison de la consultation obligatoire du conseil économique, social et environnemental régional (CGCT, art. L.4312-1). L'organe exécutif décide librement de tenir compte – ou non – des positions exprimées lors du débat : il reste maître du contenu du projet qui sera soumis à l'assemblée.

D'autre part, lors des séances de l'assemblée, les conseillers ont le droit de poser des **questions orales** concernant les affaires de la collectivité (par ex. CGCT, art. L.2121-19), ce qui leur assure une publicité. Le maire ou le président a l'obligation de donner les explications ou les informations demandées. L'exercice de ce droit est toutefois encadré. Dans les communes de 3 500 habitants et plus, les départements et les régions, il appartient au règlement intérieur de fixer les règles de présentation et d'examen, ainsi que le moment et la fréquence de ces questions. Dans les petites communes, ces règles résultent d'une simple délibération du conseil municipal.

B. La participation des élus

1. Dans les communes de plus de 1 000 habitants, la composition des différentes **commissions** municipales, y compris la commission d'appel d'offres et la commission de délégation de service public, doit respecter le principe de la représentation proportionnelle de façon à permettre l'expression pluraliste des conseillers municipaux (CGCT, art. L.2121-22). Ce pluralisme est aussi imposé à la commission permanente dans les départements et les régions (CGCT, art. L.3122-5 et L.4133-5).

2. La **loi du 27 février 2002** relative à la démocratie de proximité renforce les droits des élus, notamment de l'opposition, de deux façons.

Le conseil des communes de 50 000 habitants et plus, des départements et des régions peut créer pour six mois maximum une **mission d'information et d'évaluation** lorsqu'un sixième, dans les communes, ou un cinquième des conseillers, dans les départements et les régions, le demande.

Composée à la représentation proportionnelle, elle est chargée de recueillir des éléments d'information sur une question d'intérêt local ou de procéder à l'évaluation d'un service public local (par ex. CGCT, art. L.2121-22-1). Ses conditions d'organisation et de fonctionnement sont définies dans le règlement intérieur.

Dans les communes de 3 500 habitants et plus, les départements et les régions, lorsque la collectivité diffuse, sous quelque forme que ce soit, un **bulletin d'information générale** sur les réalisations et la gestion du conseil, un espace doit être réservé à l'expression des conseillers n'appartenant pas à la majorité municipale ou des groupes d'élus départementaux et régionaux (CGCT, art. L.2121-27-1 par ex.). Les modalités de cette expression sont définies par le règlement intérieur.

> La **loi NOTRE** du 7 août 2015 abaisse à 1 000 habitants – à compter du prochain renouvellement général des conseils municipaux – le seuil de population des communes où l'opposition municipale dispose d'une tribune dans les bulletins d'information de la commune.

Fiche 38

La participation des habitants

A. Des structures parfois obligatoires

1. La loi du 27 février 2002 impose la création d'une **commission consultative des services publics locaux** dans les communes de plus de 10 000 habitants, dans les départements et dans les régions (CGCT, art. L.1413-1). Composée de conseillers élus à la représentation proportionnelle et de responsables associatifs désignés par l'assemblée, la CCSPL examine des rapports et formule des avis sur des projets relatifs aux services publics que la collectivité délègue contractuellement à un tiers ou qu'elle exploite en régie dotée de l'autonomie financière. Le président de la CCSPL présente à son assemblée délibérante, avant le 1er juillet de chaque année, un état des travaux réalisés par cette commission au cours de l'année précédente.

2. La loi impose également des structures consultatives à des catégories de collectivités déterminées. Il existe ainsi dans chaque région un **conseil économique, social et environnemental régional** (voir Fiche 22).

Depuis la loi relative à la démocratie de proximité, les conseils municipaux des communes de 80 000 habitants et plus doivent constituer des **conseils de quartier** dont ils définissent la composition et le fonctionnement et auxquels ils peuvent attribuer des locaux et allouer des crédits de fonctionnement (CGCT, art. L.2143-1). Ces conseils peuvent être consultés par le maire et lui faire des propositions sur toute question concernant le quartier ou la ville. Le maire peut les associer à l'élaboration, la mise en œuvre et l'évaluation des actions intéressant le quartier, en particulier celles menées au titre de la politique de la ville.

La loi n° 2014-173 du 21 février 2014 de programmation pour la ville et la cohésion urbaine met en place des **conseils citoyens** dans l'ensemble des quartiers prioritaires de la politique de la ville afin d'associer les habitants à toutes les étapes de l'élaboration des contrats de ville

Dans les communes de 5 000 habitants et plus, la loi n° 2005-102 du 11 février 2005 crée une **commission communale pour l'accessibilité** composée notamment de représentants de la commune, d'associations ou organismes représentant les personnes handicapées pour tous les types de handicap et les personnes âgées, de représentants des acteurs économiques ainsi que d'autres usagers de la ville (CGCT, art. L.2143-3). Présidée par le maire, elle dresse le constat de l'état d'accessibilité du cadre bâti existant, de la voirie, des espaces publics et des transports. Destinataire de différents documents comme les projets d'agendas d'accessibilité programmée relatifs aux établissements recevant du public, elle établit un rapport annuel présenté en conseil municipal et fait toutes propositions utiles de nature à améliorer la mise en accessibilité de l'existant.

Pour renforcer le rôle du maire comme acteur essentiel de la politique de prévention de la délinquance, la loi n° 2007-297 du 5 mars 2007 rend obligatoire la création d'un **conseil local de sécurité et de prévention de la délinquance (CLSPD)** dans les communes de plus de 10 000 habitants et dans les communes comprenant un quartier prioritaire de la politique de la ville, sauf si elles appartiennent à un EPCI à fiscalité propre compétent ayant institué un conseil intercommunal de sécurité et de prévention de la délinquance (Code de la sécurité intérieure, art. L.132-4).

B. Des structures souvent facultatives

1. En 1992, la LOATR donne un fondement légal à des pratiques qui s'étaient développées en dehors de tout cadre juridique. Elle consacre la faculté pour les conseils municipaux de créer des **comités consultatifs** sur tout problème d'intérêt communal (CGCT, art. L.2143-2).

Leur **composition** est décidée par le conseil municipal sur proposition du maire pour une durée ne pouvant excéder celle du mandat en cours. Présidés par un élu désigné par le maire, ils comprennent des personnes extérieures au conseil, notamment des représentants d'associations locales.

Ils prennent des **formes** variées en fonction des priorités municipales : conseil des Anciens ou des Sages, conseil des étrangers, conseil économique et social, comité consultatif du sport, commission du vélo...

Les deux catégories les plus répandues sont les comités de quartier, chargés de traiter les problèmes de la vie quotidienne et de représenter l'ensemble des habitants du quartier, qu'ils soient électeurs ou non, et les commissions municipales élargies (ou extra-municipales), qui comprennent, en plus des conseillers de la commission municipale correspondante (des sports par ex.), des responsables associatifs, des usagers, des habitants.

Peuvent être rapprochés des comités consultatifs les conseils municipaux d'enfants ou de jeunes : apparus en 1979, ils seraient aujourd'hui environ 2 000.

2. En ce qui concerne les **attributions**, les comités consultatifs peuvent être consultés par le maire sur toute question ou projet intéressant les services publics et équipements de proximité et entrant dans le domaine d'activité des associations membres du comité. Ils peuvent aussi transmettre au maire des propositions. En aucun cas, ils ne peuvent décider à la place du conseil municipal, même sur « délégation » de celui-ci.

Fiche 39

Le référendum local

A. La décision des élus

1. L'**initiative** populaire ayant été écartée par l'article 72-1 C, la demande référendaire peut émaner soit du conseil élu, soit du maire ou du président de conseil (CGCT, art. LO.1112-1 et LO.1112-2). Toutefois, lorsque le référendum concerne un acte réglementaire relevant des pouvoirs propres de l'organe exécutif (les projets d'acte individuel comme un permis de construire ne peuvent faire l'objet d'un référendum), seul celui-ci possède un droit d'initiative.

Dans tous les cas, il appartient à l'**assemblée délibérante** de décider discrétionnairement l'organisation d'un référendum, à la condition impérative que le projet de délibération ou d'acte relève des compétences de la collectivité. L'assemblée doit également fixer les modalités d'organisation du référendum, arrêter la date du scrutin et convoquer les électeurs.

Seuls peuvent participer au référendum les **électeurs** français inscrits sur les listes électorales de la collectivité territoriale organisant le référendum et, pour un référendum communal, les ressortissants étrangers de l'Union européenne inscrits sur les listes électorales complémentaires établies pour les élections municipales (CGCT, art. LO.1112-11). La convocation d'autres habitants entache la procédure d'illégalité.

2. Pour éviter que les référendums locaux ne soient détournés de leur objet, leur **période** et leur **nombre** font l'objet de restrictions importantes (CGCT, art. LO.1112-6). Une collectivité territoriale ne peut organiser deux référendums portant sur un même objet dans un délai inférieur à un an.

Aucun référendum ne peut avoir lieu dans les six mois précédant le renouvellement général ou le renouvellement d'une série des membres de son assemblée délibérante afin de n'être pas utilisé comme moyen de publicité par une majorité en place. Il ne peut davantage se tenir pendant la campagne ou le jour du scrutin des élections au suffrage universel direct ou indirect (présidentielle, parlementaires, locales), d'une consultation locale décidée nationalement ou d'un référendum national.

La loi organique aménage une procédure accélérée de **contrôle de légalité**. L'article LO.1112-3 dispose d'une part que l'exécutif territorial transmet au préfet, dans un délai maximum de huit jours, la délibération relative à l'organisation du référendum et d'autre part que celui-ci ne peut intervenir moins de deux mois après cette transmission. De cette façon, le représentant de l'État peut exercer un contrôle préalable et, le cas échéant, bloquer une procédure qui se ferait dans des conditions irrégulières ou qui déboucherait sur une décision illégale. Il dispose en effet d'un délai de dix jours à compter de la réception de la délibération pour la déférer au tribunal administratif s'il l'estime illégale. Il peut assortir son recours d'une demande de suspension (voir Fiche 63).

B. Le vote des électeurs

1. La loi organique du 1er août 2003 fixe également les règles relatives à l'information des électeurs, à la campagne électorale et aux opérations de vote. Un **dossier d'information** sur l'objet du référendum décidé par la collectivité territoriale doit être mis à disposition du public selon les conditions prévues par décret en Conseil d'État (CGCT, art. LO.1112-8).

Il revient aux **maires**, en tant qu'agents de l'État, d'organiser le scrutin (CGCT, art. LO.1112-4). Si un maire refuse de procéder à l'organisation du scrutin, le préfet, après l'en avoir requis, y procède d'office.

La loi organique précise que les dépenses liées à l'organisation du référendum constituent une **dépense obligatoire** de la collectivité territoriale organisatrice (CGCT, art. LO.1112-5). Lorsque le référendum est décidé par une autre collectivité territoriale, les dépenses résultant des opérations électorales prises en charge par les communes leur sont remboursées par cette collectivité de manière forfaitaire selon des tarifs fixés par décret.

2. Le projet soumis à référendum local est **adopté** si la moitié au moins des électeurs inscrits a pris part au scrutin et s'il réunit la majorité des suffrages exprimés (CGCT, art. LO.1112-7). Le texte adopté par voie de référendum acquiert un caractère exécutoire selon les règles de publicité et de contrôle applicables à une délibération de l'assemblée délibérante de la collectivité ou à un acte de son exécutif.

Le **bilan** de cette nouvelle procédure apparaît décevant : aucune région ou aucun département ne l'a utilisée, et les communes ont organisé neuf référendums locaux pendant les trois premières années d'application.

> **Thèmes de ces référendums :** déplacement d'un monument aux morts – programme d'aménagement d'un bassin versant – démolition d'un bâtiment – projet de carrière – implantation d'éoliennes – adhésion à une communauté d'agglomération – création d'une police municipale – projet de construction d'un commerce local – réalisation d'un programme d'habitation sur un domaine communal.

Fiche 40

La consultation locale

A. La procédure de la consultation locale

1. L'**initiative** peut venir des conseillers, de l'exécutif ou des électeurs eux-mêmes en application du droit de pétition prévu par l'article 72-1 al. 1 C (CGCT, art. L.1112-16).

En effet, un cinquième des électeurs inscrits sur les listes électorales, dans une commune, ou un dixième des électeurs, dans les autres collectivités territoriales, peuvent demander à ce que soit inscrite à l'ordre du jour de l'assemblée délibérante de la collectivité l'organisation d'une consultation sur toute affaire relevant de la décision de cette assemblée. Dans l'année, un électeur ne peut signer qu'une seule demande tendant à l'organisation d'une consultation par une même collectivité territoriale. En pratique, les initiatives populaires sont rares (six entre juin 1995 et décembre 1999) et souvent rejetées par les élus.

Quelle que soit l'origine de l'initiative, l'assemblée locale **délibère** sur le principe de la consultation, qu'elle est parfaitement libre de refuser, puis, le cas échéant, sur ses modalités d'organisation (CGCT, art. L.1112-17). Il lui appartient également de fixer le jour du scrutin et de convoquer les électeurs.

Si la délibération émane d'un conseil départemental ou régional, le **préfet** de département ou de région la notifie dans un délai de quinze jours aux maires chargés d'organiser la consultation, sauf s'il a été fait droit à sa demande de suspension.

2. Les électeurs de la collectivité font connaître par *oui* ou par *non* s'ils approuvent le projet de délibération ou d'acte qui leur est présenté. La consultation peut être limitée aux électeurs d'une partie du ressort de la collectivité, pour les affaires intéressant spécialement cette partie de la collectivité (CGCT, art. L.1112-15).

Seuls les **électeurs** français et, pour les consultations communales, les ressortissants étrangers de l'Union européenne inscrits sur les listes complémentaires établies pour les élections municipales (voir Fiche 6) peuvent être consultés.

> Est donc annulée la délibération d'un conseil municipal ouvrant la consultation aux mineurs d'au moins seize ans ou aux étrangers non communautaires (TA Cergy, 24 septembre 2002, Préfet de Seine-Saint-Denis c. Commune de Stains).

L'**avis** des électeurs est facultatif et simple : l'autorité territoriale n'est juridiquement tenue ni de le prendre ni de le suivre. Pour lever toute ambiguïté dans l'esprit du public, la loi prescrit d'indiquer expressément dans la délibération que la consultation organisée doit être considérée comme une simple demande d'avis. Et le juge administratif sanctionne la consultation lorsque les autorités locales s'estiment liées par son contenu.

Après avoir pris connaissance du **résultat** de la consultation, l'autorité compétente de la collectivité territoriale arrête sa décision sur l'affaire qui en a fait l'objet (CGCT, art. L.1112-20). Du point de vue juridique, elle n'est pas liée par l'avis des électeurs. Le refus d'en tenir compte peut bien sûr présenter un coût politique et électoral.

B. Les limites de la consultation locale

1. Comme déjà la LOATR, la loi n° 2004-809 du 13 août 2004 encadre strictement la consultation locale. Sur le fond, l'**objet** de la consultation est limité aux décisions relevant des autorités territoriales, qu'il s'agisse de l'assemblée (par ex. implantation d'un centre de tri des déchets ou baisse des impôts directs locaux) ou de l'organe exécutif (réglementation de la mendicité par ex.).

En revanche, si cet objet relève de la compétence d'une autre collectivité territoriale ou de l'État, le juge administratif annule la délibération organisant la consultation (CE, 16 décembre 1994, Commune d'Avrillé, à propos d'un projet d'autoroute).

De plus, la loi du 13 août 2004 transpose à la consultation les limites de **période** et de **nombre** existant en matière de référendum local ainsi que la procédure accélérée de contrôle administratif (voir Fiche 39). Et pendant le délai d'un an à compter de la tenue d'un référendum local ou d'une consultation des électeurs à l'initiative d'une collectivité territoriale, celle-ci ne peut organiser une autre consultation portant sur le même objet.

2. Toutes ces limites, qui dans l'ensemble figuraient déjà dans la LOATR, contribuent à expliquer le **nombre relativement faible** des consultations communales organisées : 87 entre les élections municipales de juin 1995 et décembre 1999, soit une vingtaine par an. De plus, il est permis de penser que le maintien et l'extension de cette procédure qui préserve le pouvoir des autorités territoriales ne favorisent pas l'organisation de référendums locaux.

> Pour consulter les habitants, certaines collectivités territoriales utilisent des **procédés moins solennels**, moins coûteux et moins risqués, par exemple le sondage d'opinion par téléphone, ou misent sur les nouvelles technologies telles que le câble ou Internet pour constituer une « agora électronique ».

DES CHIFFRES À RETENIR

10 H 30 : crédit d'heures forfaitaire et trimestriel pour les conseillers municipaux des communes de 3 500 à 9 999 habitants (7 h pour les conseillers municipaux des communes de moins de 3 500 habitants et 52 h 30 pour ceux des communes de 100 000 habitants et plus).

228 EUROS : depuis le 1er juillet 2010, indemnité de fonction mensuelle maximum pour les conseillers municipaux des communes d'au moins 100 000 habitants et ceux des autres communes dont l'assemblée a décidé d'indemniser l'exercice effectif des fonctions de conseiller.

8 272 EUROS : depuis le 1er juillet 2010, montant maximal des indemnités de fonction pouvant être perçues par un élu local (ce qui correspond à une fois et demie l'indemnité parlementaire dite de base).

87 : nombre des consultations locales organisées entre juin 1995 et décembre 1999 (dont 6 d'initiative populaire).

9 : nombre des référendums locaux organisés (tous par des communes) pendant les trois premières années d'application de la loi organique du 1er août 2003.

DES ANALYSES À MÉDITER

« Mais si la commune existe depuis qu'il y a des hommes, la liberté communale est chose rare et fragile. [...] Ainsi, tant que la liberté communale n'est pas entrée dans les mœurs, il est facile de la détruire, et elle ne peut entrer dans les mœurs qu'après avoir longtemps subsisté dans les lois. [...] C'est pourtant dans la commune que réside la force des peuples libres. Les institutions communales sont à la liberté ce que les écoles primaires sont à la science ; elles la mettent à la portée du peuple ; elles lui en font goûter l'usage paisible et l'habituent à s'en servir. Sans institutions communales une nation peut se donner un gouvernement libre, mais elle n'a pas l'esprit de la liberté. Des passions passagères, des intérêts d'un moment, le hasard des circonstances, peuvent lui donner les formes extérieures de l'indépendance ; mais le despotisme refoulé dans l'intérieur du corps social reparaît tôt ou tard à la surface. » (Alexis de Tocqueville, *De la démocratie en Amérique*, 1835-1840)

CHAPITRE 9
L'OUTRE-MER

La forme unitaire de l'État consacrée par la **Constitution de 1958** n'a pas empêché d'aménager des particularismes statutaires afin de prendre en compte les spécificités locales : territoires d'outre-mer (TOM), départements et régions d'outre-mer, collectivités territoriales à exemplaire unique. Les dernières années sont au demeurant marquées par une accentuation des particularités, en outre-mer notamment.

Même si elle s'efforce de clarifier le paysage institutionnel, la **loi constitutionnelle n° 2003-276 du 28 mars 2003** relative à l'organisation décentralisée de la République entérine ce renforcement du particularisme. De plus, elle vise à favoriser, en les encadrant, les évolutions nécessaires, particulièrement en outre-mer.

Destinée à la seule métropole, la catégorie des **collectivités à statut particulier** consacre une jurisprudence du Conseil constitutionnel admettant « la création de catégories de collectivités territoriales qui ne comprendraient qu'une unité » (Cons. const., 25 février 1982, 82-138 DC, Statut particulier de la région de Corse). Elle comprend Paris, qui est une ville-département ; la Corse, qui n'est plus une région depuis la loi n° 91-428 du 13 mai 1991 ; la « métropole de Lyon » qui, depuis le 1er janvier 2015, s'est substituée à la communauté urbaine de Lyon et, sur le territoire de celle-ci, au département du Rhône.

> Le 7 avril 2013, le référendum sur la fusion de la région et des deux départements alsaciens s'est soldé par un échec en raison de son rejet par les électeurs du Haut-Rhin et d'une très forte abstention dans toute l'Alsace.

L'article 72-3 C opère une clarification du paysage ultramarin. Dans son 1er alinéa, la République reconnaît, au sein du peuple français, les populations d'outre-mer. Son 2e alinéa commence par énumérer pêle-mêle dix collectivités territoriales situées en outre-mer, avant de les répartir dans deux groupes en reprenant le critère qui, depuis 1946, distinguait les départements des territoires d'outre-mer.

D'une part, la Guadeloupe et la Réunion sont, depuis la loi n° 46-451 du 19 mars 1946, des départements d'outre-mer et, en vertu de la loi n° 72-619 du 5 juillet 1972, des régions d'outre-mer. Régis par l'article 73 C, ces **départements et régions d'outre-mer** (DOM-ROM) sont caractérisés par le principe d'identité ou d'assimilation législative : les lois et les règlements nationaux sont applicables de plein droit. C'est pourquoi ils ne constituent pas une catégorie mais font partie de celles des départements et des régions. Toutefois, l'article 73 C précise que les lois et les règlements peuvent faire l'objet d'adaptations tenant aux caractéristiques et contraintes particulières de ces collectivités.

D'autre part, en vertu de l'article 72-3 C créé en 2003, la catégorie des **collectivités d'outre-mer** (COM) comprend Saint-Pierre-et-Miquelon, Wallis-et-Futuna, la Polynésie française ainsi que, depuis 2007, l'île de Saint-Barthélemy et la partie française de l'île de Saint-Martin (précédemment rattachées à la Guadeloupe). Régie par l'article 74 C, cette catégorie se montre par définition hétérogène. Chaque COM possède en effet un statut qui tient compte de ses intérêts propres au sein de la République et qui est principalement défini par une loi organique adoptée après avis de son assemblée délibérante.

Toutes les collectivités d'outre-mer sont censées se distinguer des DOM-ROM par leur soumission au **principe de spécialité législative** : les lois et les règlements nationaux (à l'exception notamment des « lois de souveraineté ») ne s'y appliquent que s'ils comportent une mention expresse à cette fin. Toutefois, leurs statuts mettent en place des régimes juridiques d'une diversité accrue par la loi organique n° 2007-223 du 21 février 2007 portant dispositions statutaires et institutionnelles relatives à l'outre-mer. Si la Polynésie française et Wallis-et-Futuna relèvent bien du principe de la spécialité législative, les trois autres COM bénéficient du régime de l'identité législative sauf dans des domaines définis par leur statut particulier (la fiscalité par ex.).

L'article 74 C prévoit la possibilité de doter les COM de l'**autonomie**, ce qui a pour effet d'accroître leurs compétences, notamment normatives, et d'autoriser des mesures préférentielles en faveur des populations locales en matière d'emploi, d'exercice d'une activité professionnelle et de patrimoine foncier. La Polynésie française bénéficie de ce statut, de même que, depuis 2007, Saint-Martin et Saint-Barthélemy, même si leur autonomie apparaît plus limitée.

Pour permettre les **évolutions** nécessaires, l'article 72-4 C prévoit la possibilité pour un DOM-ROM de devenir une COM, et *vice versa*. Ce changement décidé par une loi organique ne peut intervenir sans le consentement préalable des électeurs de la collectivité ou de la partie de collectivité.

Sur proposition du Gouvernement ou des deux assemblées parlementaires, le président de la République peut également décider de consulter les électeurs d'une collectivité territoriale située en outre-mer sur une question relative à son organisation, à ses compétences ou à son régime législatif. Ces collectivités se voient donc reconnaître un **principe de libre détermination statutaire** dont ne bénéficient pas celles de métropole.

C'est ainsi qu'en mars 2011, conformément à la volonté confirmée le 29 mai 2009 par 95,2 % des électeurs mahorais, la collectivité d'outre-mer de Mayotte est devenue le **Département (avec une majuscule) de Mayotte** qui, régi par le principe d'identité législative, exerce les compétences dévolues aux DOM-ROM.

Lors des consultations des 10 et 24 janvier 2010, les électeurs de **Martinique et de Guyane** ont massivement rejeté la transformation en COM puis, deux semaines plus tard, approuvé à près de 70 % et 60 % la création de deux collectivités uniques exerçant les compétences dévolues aux DOM-ROM. Cette réforme est finalement entrée en vigueur à l'issue des élections de décembre 2015.

Enfin, la loi constitutionnelle du 28 mars 2003 exclut les **Terres australes et antarctiques françaises**, dépourvues de population permanente, des collectivités territoriales de la République et renvoie à une loi ordinaire la définition de leur régime législatif et de leur organisation. La loi organique n° 2007-223 du 21 février 2007 aligne le régime juridique des **îles Éparses** sur celui des TAAF et place l'îlot de **Clipperton** sous l'autorité directe du Gouvernement.

En ce qui concerne la **Nouvelle-Calédonie**, l'article 72-3 C rappelle qu'un titre spécifique de la Constitution régit ce pays d'outre-mer qui n'appartient plus à la catégorie des collectivités territoriales (CE sect., 13 décembre 2006, Bernard B.). En effet, le 5 mai 1998, les représentants de l'État, des « Caldoches » et des Canaques signent l'accord de Nouméa qui est approuvé six mois plus tard par 72 % des électeurs calédoniens. Conformément à cet accord, le titre XIII de la Constitution est consacré aux « Dispositions transitoires relatives à la Nouvelle-Calédonie » (loi constitutionnelle n° 98-610 du 20 juillet 1998) afin de permettre la définition d'un statut tout à fait original par la loi organique n° 99-209 du 19 mars 1999. La Nouvelle-Calédonie cesse alors d'être un territoire d'outre-mer pour devenir un pays d'outre-mer « à souveraineté partagée », dont le lien avec la République française est de nature fédérale, c'est-à-dire une collectivité constitutionnelle *sui generis*. Enfin, conformément à l'accord de Nouméa, la loi n° 2015-987 du 5 août 2015 précise le calendrier de prochaines consultations des « populations intéressées » « sur l'accession à la pleine souveraineté ».

POUR EN SAVOIR PLUS

- Jean-Philippe THIELLAY, *Droit des outre-mers*, Dalloz, coll. « Connaissance du droit », 2011, 151 pages.
- *www.outre-mer.gouv.fr* : sur ce site du ministère des Outre-mer, voir notamment Actualité/Presse et Découvrir les Outre-mer.

LISTE DES FICHES

Fiche 41

Les DOM-ROM

A. Les institutions

1. Les DOM-ROM possèdent depuis 1982 deux assemblées distinctes, un conseil départemental et un conseil régional, qui gèrent le même territoire. En application du **principe d'identité législative**, ils sont régis par les dispositions applicables à l'ensemble des départements et des régions sous réserve des mesures d'adaptation nécessitées par leur situation particulière (CGCT, art. L.3441-1 et R.4431-1). En plus du conseil économique, social et environnemental, il existe ainsi dans ces régions un conseil de la culture, de l'éducation et de l'environnement dont les attributions sont également consultatives (CGCT, art. L.4433-6).

2. Alors que les DOM-ROM étaient dotés depuis 1946-1972 d'un statut uniforme, la loi n° 2000-1207 du 13 décembre 2000 d'orientation pour l'outre-mer (LOOM) ouvre pour chaque collectivité « le droit à une évolution différenciée et choisie ». Elle crée ainsi dans les seules « régions françaises d'Amérique » le **congrès des élus départementaux et régionaux** (CGCT, art. L.5911-1 et suiv.) qui délibère sur des propositions relatives à l'évolution institutionnelle et aux compétences des collectivités concernées en vue d'une transmission au Premier ministre.

La **loi constitutionnelle du 28 mars 2003** donne à l'évolution des DOM-ROM un cadre plus souple que celui résultant de la jurisprudence du Conseil constitutionnel. Le changement peut d'une part se faire dans le cadre de l'article 73 C qui précise que la création par la loi d'une collectivité territoriale unique se substituant à un DOM-ROM ou l'institution d'une assemblée délibérante unique pour ces deux collectivités exige le consentement préalable de leurs électeurs (Guyane et Martinique). Il peut d'autre part consister dans la transformation, prévue par l'article 72-4 C, d'un DOM-ROM en COM (Saint-Martin et Saint-Barthélemy).

> Depuis les élections de décembre 2015, une collectivité unique exerce en Martinique et en Guyane les compétences départementales et régionales, comme c'est le cas à Mayotte depuis 2011 (voir Fiche 42).

B. Les compétences

1. Les **conseils départementaux** d'outre-mer se distinguent de leurs homologues métropolitains notamment par deux catégories d'attributions. En premier lieu, dans l'**ordre normatif**, ils possèdent depuis le décret n° 60-406 du 26 avril 1960 un **pouvoir de consultation et de proposition**. Ils sont consultés sur différents textes énumérés par le CGCT (art. L.3444-1 et suiv.), tels que les projets de loi et de décret tendant à adapter le régime législatif ou l'organisation administrative des DOM. De leur propre initiative, ils peuvent adresser au Gouvernement des propositions concernant notamment la modification de lois et de règlements en vigueur ou le développement économique, social et culturel de leurs départements.

Le nouvel article 73 C reconnaît aux DOM, en dehors de toute expérimentation, un **pouvoir d'intervenir en matière législative ou réglementaire** dont la loi organique n° 2011-883 du 27 juillet 2011 étend le champ d'application et allège les procédures (CGCT, art. LO.3445-1 et suiv.). D'abord, dans leurs domaines de compétences, ils peuvent être habilités par la loi ou le règlement à décider eux-mêmes des **adaptations** aux lois et règlements exigées par leurs caractéristiques et contraintes particulières. Ensuite, le législateur ou le pouvoir réglementaire peut habiliter la Guadeloupe, si elle le demande, à fixer elle-même, en fonction de ses spécificités, les **règles** applicables sur son territoire dans un nombre limité de matières législatives ou réglementaires. Cette habilitation ne peut toutefois concerner certaines matières énumérées (nationalité, justice, défense...), ni intervenir lorsque sont en cause les conditions essentielles d'exercice d'une liberté publique ou d'un droit constitutionnellement garanti.

En second lieu, la loi du 13 décembre 2000 reconnaît aux conseils départementaux des compétences en matière de **relations extérieures** (CGCT, art. L.3441-2 et suiv.). Ils peuvent ainsi adresser au Gouvernement des propositions en vue de conclure des engagements internationaux concernant la coopération dans leur espace géographique ou d'adhérer à un organisme régional de coopération. Les autorités de la République peuvent autoriser, sous leur contrôle, les présidents de conseils départementaux à les représenter au sein d'organismes régionaux ou à négocier et signer des accords régionaux.

2. Les **conseils régionaux** d'outre-mer possèdent des pouvoirs comparables à ceux des conseils départementaux d'outre-mer dans l'**ordre normatif** comme dans le domaine des **relations extérieures** (CGCT, art. L.4433-3 et suiv.).

Par ailleurs, les articles L.4433-7 et suivants du CGCT attribuent aux ROM des compétences importantes en matière de **développement économique** et d'aménagement du territoire ainsi que d'**actions culturelles**.

Fiche 42

Les autres collectivités régies par l'article 73 C

A. Mayotte

1. Mayotte est une île de l'océan Indien appartenant à l'archipel des Comores. En 1974, elle est la seule île de ce territoire d'outre-mer à refuser l'indépendance. En raison du contexte international et des spécificités de son régime de droit musulman, la loi n° 76-1212 du 24 décembre 1976 fait provisoirement de Mayotte une **collectivité territoriale à statut particulier** : soumise au principe de spécialité législative caractéristique des TOM, elle bénéficie d'une organisation administrative calquée sur celle des DOM.

En application de l'« accord sur l'avenir de Mayotte » approuvé en 2000 par 73 % des Mahorais, la **loi n° 2001-616 du 11 juillet 2001** stabilise enfin la situation juridique de l'île : elle lui reconnaît le statut de « collectivité départementale » et programme son rapprochement avec le droit commun.

La **loi organique n° 2007-223 du 21 février 2007** réforme complètement le statut de Mayotte dans le sens de la départementalisation (CGCT, art. LO.3511-1 et suiv.). Cette loi avance également le « point de rendez-vous » en autorisant le conseil général, dès son renouvellement de 2008, à adopter, à la majorité absolue de ses membres et au scrutin public, une résolution proposant la transformation de la collectivité en DOM. En l'absence de toute obligation juridique, le président de la République s'engage à consulter les électeurs mahorais sur cette évolution statutaire dans les douze mois.

Après l'adoption unanime de la résolution du 18 avril 2008 et la consultation du 29 mars 2009, la **loi organique n° 2009-970 du 3 août 2009** décide la transformation de la COM en une collectivité unique exerçant les compétences des départements et des régions d'outre-mer à compter de la première réunion suivant le renouvellement de son assemblée délibérante en mars 2011. Quant aux **lois organique et ordinaire n° 2010-1486 et 2010-1487 du 7 décembre 2010**, elles définissent l'organisation et le fonctionnement institutionnel ainsi que le régime législatif du Département (avec une majuscule) de Mayotte.

2. Du point de vue de l'**organisation administrative**, l'organe délibérant de cette collectivité unique est le conseil départemental de Mayotte qui est assisté d'un conseil économique, social et environnemental ainsi que d'un conseil de la culture, de l'éducation et de l'environnement. Depuis la loi du 11 juillet 2001, les principaux changements concernent le transfert, dès mars 2011 ou ultérieurement, de nouvelles compétences (par ex. collèges et lycées) et des moyens financiers et humains nécessaires à leur exercice.

En ce qui concerne le **droit applicable**, Mayotte est, depuis le 1er janvier 2008, sous le régime de l'identité législative, avec cependant des exceptions importantes (fiscalité, urbanisme, droit social…). La départementalisation implique à terme une application du droit métropolitain dans l'ensemble des matières. Le maintien de dispositions spécifiques ne sera possible que dans la mesure où l'ampleur de ces adaptations est proportionnée aux caractéristiques de la situation locale (en matière de droit des étrangers et de protection sociale par ex.).

B. La Guyane et la Martinique

1. La loi n° 46-451 du 19 mars 1946 fait de la Guyane et de la Martinique des départements d'outre-mer et la loi n° 72-619 du 5 juillet 1972 des régions d'outre-mer. Après avoir massivement rejeté la transformation en une collectivité d'outre-mer régie par l'article 74 C, les électeurs guyanais et martiniquais choisissent le **24 janvier 2010**, respectivement à près de 60 % et 70 % des suffrages, la création d'une collectivité unique exerçant les compétences dévolues au département et à la région, tout en demeurant régie par le principe d'identité législative. Le renouvellement des assemblées nécessaire à l'entrée en vigueur de la réforme du 27 juillet 2011 intervient finalement en décembre 2015.

2. En ce qui concerne l'administration de ces collectivités, le **modèle de référence** est, non pas le département comme à Mayotte, mais la région. Dans sa septième partie nouvellement créée pour « les autres collectivités territoriales régies par l'article 73 C », le CGCT aménage toutefois des spécificités institutionnelles.

Les organes de la collectivité de **Guyane** comprennent l'assemblée et son président ainsi que la commission permanente, assistés par le conseil économique, social, environnemental, de la culture et de l'éducation (CGCT, art. L.7111-1 et suiv.). La principale spécificité consiste dans les pouvoirs propres de la commission permanente : au-delà des attributions que peut lui déléguer l'assemblée, la loi lui permet de délibérer dans certains domaines (conclusion de conventions et attributions d'aides par ex.).

La collectivité de **Martinique** est constituée d'une assemblée et de son président, d'un conseil exécutif et de son président ainsi que d'un conseil économique, social et environnemental (CGCT, art. L.7211-1 et suiv.). La création d'un exécutif collégial, dont la responsabilité peut être engagée devant l'assemblée, tient au paysage politique de la Martinique et à la nécessité de représenter les différentes tendances politiques.

Fiche 43

Les collectivités d'outre-mer

A. Les COM dotées de l'autonomie

1. Territoire d'outre-mer dotée d'une autonomie interne, la **Polynésie française** est la première COM dont le statut est adapté aux nouvelles possibilités ouvertes par la révision de 2003. Selon l'article 1er de la loi organique n° 2004-192 du 27 février 2004, elle devient un « pays d'outre-mer au sein de la République » (Cons. const., 12 février 2004, 2004-490 DC : cette désignation n'emporte aucun effet de droit) qui « se gouverne librement et démocratiquement » et qui « détermine librement les signes distinctifs permettant de marquer sa personnalité dans les manifestations publiques officielles ».

L'**assemblée de la Polynésie française** possède une compétence de droit commun : elle vote des délibérations et des « lois du pays » ; elle adopte le budget et approuve les comptes… Il lui appartient également d'élire en son sein le président de la Polynésie française.

Il existe également une **assemblée consultative** : le conseil économique, culturel et social (art. 147 et suiv.).

Avec des formules inspirées tantôt du CGCT tantôt de la Constitution du 4 octobre 1958, la loi organique du 27 février 2004 renforce l'autorité et les attributions du **président** : il représente la Polynésie française ; il est chargé de l'exécution des « lois du pays », après les avoir promulguées, et des délibérations de l'assemblée ; il signe et applique les actes délibérés en conseil des ministres ; il dirige l'administration de la Polynésie française… (art. 63 et suiv.)

Le président dirige également l'action du **gouvernement** qu'il constitue en nommant un vice-président, chargé d'assurer son intérim en cas d'absence ou d'empêchement, et des ministres, avec indication pour chacun d'eux des fonctions dont ils sont chargés. Ce gouvernement est l'exécutif de la Polynésie française dont il conduit la politique. Le président et le gouvernement sont responsables devant l'assemblée qui peut les contraindre à la démission en adoptant à la majorité des trois cinquièmes de ses membres une motion de défiance (art. 156).

Contrairement aux autres exécutifs territoriaux, celui de la Polynésie française se caractérise, malgré plusieurs réformes (par ex. loi organique n° 2011-918 du 1er août 2011), par son **instabilité** : depuis 2004, une quinzaine de gouvernements se sont succédé au gré des alliances et des ralliements.

En vertu du statut d'autonomie, l'**État** ne possède plus qu'une compétence d'attribution. Il exerce seulement les compétences énumérées par l'article 14 de la loi organique du 27 février 2004 : monnaie, justice, défense, politique étrangère…

Toutes les autres compétences appartiennent aux autorités de la **Polynésie française** (art. 13). Le statut les dote de compétences particulières comme la possibilité de disposer de représentations auprès d'États et d'organismes internationaux (art. 15 et suiv.).

2. Créées par la loi organique du 21 février 2007, les COM de **Saint-Barthélemy et Saint-Martin** possèdent des statuts globalement identiques (CGCT, art. LO.6211-1 et suiv. et LO.6311-1 et suiv.). Du point de vue **institutionnel**, elles sont administrées par un conseil territorial élu au suffrage universel direct, par un président élu qui, assisté d'un conseil exécutif, représente l'organe exécutif ainsi que par un conseil économique, social et culturel aux fonctions purement consultatives.

En ce qui concerne le **droit applicable**, elles sont régies par le principe de l'identité législative, sauf dans les matières de leur compétence déterminées par leur statut particulier (la fiscalité en fait bien sûr partie !).

B. Les COM ne bénéficiant pas de l'autonomie

1. La loi n° 76-664 du 19 juillet 1976 fait du territoire d'outre-mer des îles de **Saint-Pierre-et-Miquelon** un département d'outre-mer que la loi n° 85-595 du 11 juin 1985 transforme en une collectivité territoriale unique. En effet, le statut de DOM, en provoquant l'inclusion du territoire de ces îles dans la Communauté économique européenne, contrariait leurs intérêts économiques (droits de douane, zones de pêche).

La **loi organique du 21 février 2007** toilette plus qu'elle ne réforme le statut de cette collectivité d'outre-mer. Son conseil général est remplacé par un conseil territorial dont les compétences sont élargies, notamment en matière de coopération régionale. La collectivité continue d'être soumise au principe d'identité législative, même si celui-ci connaît de fortes dérogations, notamment en matière douanière et fiscale.

2. En 1959, 94,37 % des habitants de **Wallis-et-Futuna** choisissent le statut de TOM qui est précisé par la loi n° 61-814 du 29 juillet 1961. De manière incompréhensible, la loi organique n° 2007-223 du 21 février 2007 n'adapte pas le statut de Wallis-et-Futuna aux nouveaux principes constitutionnels de 2003.

La collectivité est **administrée** par une assemblée territoriale élue au suffrage universel direct. Un administrateur supérieur ayant rang de préfet est à la fois le chef du territoire et le représentant de l'État. Il préside un organe consultatif, le conseil territorial, qui l'assiste dans ses fonctions. Ce conseil comprend trois vice-présidents, qui sont les trois rois (chefs traditionnels) de Wallis-et-Futuna, et trois membres nommés par l'administrateur supérieur après accord de l'assemblée territoriale.

Fiche 44

La Nouvelle-Calédonie

A. Des institutions originales

1. Les membres des assemblées de province et du congrès sont **élus** pour cinq ans à l'issue d'un scrutin unique à la représentation proportionnelle : une partie des membres des assemblées provinciales fait également partie du congrès (loi organique n° 99-209 du 19 mars 1999, art. 190 et suiv.). Bien que les assemblées provinciales aient une compétence de droit commun (art. 20 et suiv.), le **congrès** exerce les attributions les plus importantes et les plus novatrices, notamment d'ordre normatif (voir plus loin) et répressif (art. 86 et suiv.). C'est pourquoi le statut de 1999 lui impose des modalités d'organisation et de fonctionnement comparables à celles d'un parlement (art. 62 et suiv.).

Le **conseil économique, social et environnemental** constitue un organe consultatif classique. Beaucoup plus singulier se montre le **sénat coutumier** qui est composé de seize membres désignés ou élus dans les huit aires coutumières (art. 137 et suiv.). Il doit être consulté sur les projets ou propositions de délibération et participe à l'adoption des « lois du pays », dès lors que ces textes intéressent l'identité canaque.

2. Le gouvernement de la Nouvelle-Calédonie comprend entre cinq et onze **membres** élus par le congrès (art. 108 et suiv.). Les listes de candidats, membres ou non du congrès, sont présentées par les groupes politiques de cette assemblée. Le mode de scrutin proportionnel assure la représentation des différentes populations au gouvernement qui élit en son sein un président et un vice-président chargé d'assurer l'intérim en cas d'absence ou d'empêchement du président.

Exécutif de la Nouvelle-Calédonie, le gouvernement est chargé **collégialement** et solidairement de préparer et d'exécuter les délibérations du congrès (art. 126 et suiv.). Ses décisions sont prises à la majorité de ses membres. En cas de partage égal des voix, celle du président est prépondérante. Seul le président possède des pouvoirs propres comme la nomination aux emplois publics. Chaque membre est chargé non pas de diriger, mais d'animer et de contrôler un secteur de l'administration.

La difficulté de conduire un organe collégial associant en son sein une majorité et une minorité se traduit par une **instabilité institutionnelle** (une quinzaine de gouvernements depuis 1999). C'est pourquoi la loi organique n° 2011-870 du 25 juillet 2011 vise à empêcher l'utilisation des démissions collectives par une formation politique en vue de provoquer la démission d'office du gouvernement.

B. Une souveraineté partagée

1. Comme toute assemblée territoriale, le congrès adopte des délibérations qui sont des **actes administratifs**, même si elles peuvent intervenir dans des domaines relevant normalement du législateur national. Mais le nouveau statut lui attribue aussi un véritable pouvoir législatif : le congrès peut voter des **« lois du pays »** dans treize domaines essentiels tels que les signes identitaires (drapeau, nom, hymne), les impôts, le droit du travail, le droit coutumier ou, depuis la loi organique n° 2013-1027 du 15 novembre 2013, la création d'autorités administratives indépendantes (art. 99 et suiv.). Le contrôle de leur constitutionnalité relève du Conseil constitutionnel. Une fois promulguées par le haut-commissaire avec le contreseing du président du gouvernement, elles ont force de loi et ne sont susceptibles d'aucun recours.

2. Le statut de 1999 programme un transfert progressif mais irréversible de **compétences** entre l'État et la Nouvelle-Calédonie, dont le calendrier et les modalités sont précisés par les lois organiques n° 2009-970 du 3 août 2009 et n° 2013-1027 du 15 novembre 2013 (art. 21 et suiv.). De plus, la Nouvelle-Calédonie est associée à des compétences étatiques comme les relations internationales ou l'enseignement supérieur. Au dernier stade d'évolution du statut, l'État n'exercera plus que des compétences régaliennes, notamment la justice, la défense, la diplomatie. Tout nouveau transfert conduirait à l'indépendance.

L'accord de Nouméa reconnaît en effet la vocation de la Nouvelle-Calédonie à bénéficier « d'une complète **émancipation** » à la fin de ce qui est appelé « l'étape intermédiaire ». Selon le calendrier précisé par la loi n° 2015-987 du 5 août 2015, les « populations intéressées » seront consultées « sur l'accession à la pleine souveraineté » au cours du mandat du congrès commencé en 2014, à une date fixée à la majorité des trois cinquièmes par une délibération du congrès ou, à défaut, par le Gouvernement (art. 216 et suiv.). En cas de refus, une deuxième et, le cas échéant, une troisième consultation peut être organisée. Mais seuls les électeurs résidant depuis au moins vingt ans sur l'archipel pourront participer à ces scrutins d'autodétermination.

Cette **« citoyenneté calédonienne »** explique aussi qu'en application de l'accord de Nouméa, la loi constitutionnelle n° 2007-237 du 23 février 2007 « gèle » c'est-à-dire restreint le corps électoral des assemblées de province et du congrès aux personnes installées en Nouvelle-Calédonie depuis au moins dix ans à la date de 1998, ainsi qu'à leurs descendants (art. 77 C). En contradiction également avec les principes fondamentaux du droit public, le statut de 1999 impose l'institution d'une « préférence calédonienne » dans l'accès aux emplois publics ou privés (art. 24).

Fiche 45

La collectivité territoriale de Corse

A. Le particularisme des institutions

1. Pour tenir compte de particularités « résultant notamment de sa géographie et de son histoire », la **loi n° 82-214 du 2 mars 1982** fait de la Corse une région spéciale du point de vue politique et institutionnel.

La **loi n° 91-428 du 13 mai** 1991 fait sortir la Corse de la catégorie des régions pour créer une nouvelle catégorie à exemplaire unique. Pas plus que le précédent, le statut particulier défini en 1991 ne met fin à la crise corse. C'est pourquoi le gouvernement de Lionel Jospin, à l'issue d'un processus de concertation avec les élus corses, prépare la loi n° 2002-92 du 22 janvier 2002 qui, à défaut de réformer les institutions, procède à des innovations normatives et à de nombreux transferts de compétences.

La **révision constitutionnelle du 28 mars 2003** permet tout à la fois de nouvelles avancées statutaires et une consultation des électeurs sur celles-ci. Le 6 juillet 2003, en application de l'article 72-1 al. 3 C, 50,98 % des électeurs corses refusent toutefois un nouveau statut caractérisé par la fusion des deux conseils généraux et de la collectivité territoriale de Corse (CTC) en une assemblée unique.

2. L'**Assemblée** comprend 51 conseillers élus pour cinq ans selon un mode de scrutin mixte où la prime majoritaire se limite à neuf sièges (C. élect., art. L.365 et suiv.). Elle règle par ses délibérations les affaires de la CTC et contrôle le conseil exécutif (CGCT, art. L.4422-15). Elle vote le budget, arrête le compte administratif, adopte le plan d'aménagement et de développement durable de Corse.

En Corse, l'**organe exécutif** est collégial et séparé de l'organe délibérant. Le conseil exécutif de Corse comprend un président, qui est le candidat figurant en tête de la liste élue, assisté de huit conseillers exécutifs (CGCT, art. L.4422-18 et suiv.). Lors de la séance d'installation, après avoir élu son président et sa commission permanente, l'Assemblée de Corse procède à l'élection parmi ses membres du conseil exécutif au scrutin de liste majoritaire à trois tours. Chaque élu a un délai d'un mois pour démissionner de son mandat de conseiller à l'Assemblée de Corse ou de sa fonction de conseiller exécutif.

À tout moment, la majorité absolue des membres composant l'Assemblée de Corse peut mettre en cause la responsabilité du conseil exécutif par le vote d'une motion de défiance. Pour garantir la stabilité de l'institution, l'article L.4422-31 du CGCT impose à la motion d'exposer les motifs de la défiance et surtout de proposer une nouvelle équipe exécutive.

Le conseil exécutif de Corse dirige l'action de la CTC, notamment dans les domaines du développement économique et social, de l'action éducative et culturelle et de l'aménagement de l'espace (CGCT, art. L.4422-24 et suiv.). Son président prépare et exécute les délibérations de l'Assemblée. Il est le chef des services de la CTC. Il peut déléguer l'exercice d'une partie de ses attributions aux conseillers exécutifs.

Le **conseil économique, social et culturel de Corse** comprend deux sections : une section économique et sociale et une section de la culture, de l'éducation et du cadre de vie (CGCT, art. L.4422-34 et suiv.). Il rend des avis obligatoires, facultatifs ou spontanés sur les principaux textes concernant ses domaines de compétences ainsi que sur les résultats de leur mise en œuvre.

B. Le particularisme des compétences

1. La loi du 22 janvier 2002 accroît considérablement les compétences déjà étendues que le statut de 1991 attribuait à la CTC. Dans le **domaine normatif**, l'article L.4422-16 du CGCT lui reconnaît trois attributions. En premier lieu, l'Assemblée de Corse est consultée sur les projets et les propositions de loi ou de décret comportant des dispositions spécifiques à la Corse.

En deuxième lieu, soit de sa propre initiative, soit à la demande du conseil exécutif ou du Premier ministre, elle peut présenter des propositions tendant à modifier ou à adapter des lois ou des règlements en vigueur ou en cours d'élaboration concernant les collectivités territoriales de Corse ou le développement économique, social et culturel de la Corse. Ses avis comme ses propositions sont notamment transmis au Premier ministre.

En troisième lieu, la loi du 22 janvier 2002 permet à la CTC de demander à être habilitée par le législateur à adapter les règlements nationaux aux spécificités de l'île, sauf lorsqu'est en cause l'exercice d'une liberté individuelle ou d'un droit fondamental.

2. Enfin, le CGCT reconnaît à la collectivité territoriale de Corse de nombreuses compétences, notamment dans **quatre domaines** : identité culturelle ; aménagement et développement durable ; développement économique ; environnement et services de proximité (CGCT, art. L.4424-1 et suiv.).

Conformément au projet de réforme adopté par l'Assemblée de Corse le 12 décembre 2014, la **loi NOTRE du 7 août 2015** prévoit que « la collectivité de Corse constitue, à compter du 1er janvier 2018, une collectivité à statut particulier, en lieu et place de la collectivité territoriale de Corse et des départements de Corse-du-Sud et de Haute-Corse ». Elle habilite le Gouvernement à tirer par ordonnance l'ensemble des conséquences électorales, juridiques et financières de la création d'une collectivité unique.

DES DATES À RETENIR

LOI DU 21 MAI 1790 : statut particulier de la commune de Paris, malgré l'abolition des particularismes locaux et la proclamation de l'unité communale en 1789.

CONSTITUTION DU 27 OCTOBRE 1946 : consécration des départements d'outre-mer (organisés par la loi du 19 mars 1946) et des territoires d'outre-mer (régis par des lois spéciales).

LOI DU 13 MAI 1991 : transformation de la région spéciale de Corse en collectivité territoriale de Corse.

LOI CONSTITUTIONNELLE DU 20 JUILLET 1998 : révision du titre XIII de la Constitution en vue de permettre la transformation du territoire de Nouvelle-Calédonie en pays d'outre-mer « à souveraineté partagée ».

LOIS ORGANIQUE ET ORDINAIRE DU 21 FÉVRIER 2007 : mise en œuvre pour l'outre-mer du nouveau cadre constitutionnel dessiné par la réforme du 28 mars 2003, avec notamment l'entrée en vigueur des nouveaux pouvoirs normatifs des départements et régions d'outre-mer, la modernisation des statuts de Mayotte et de Saint-Pierre-et-Miquelon et la création des collectivités d'outre-mer de Saint-Barthélemy et de Saint-Martin.

DES ANALYSES À MÉDITER

« La période actuelle est marquée par une complexification extrême, sans doute jamais atteinte par le passé. Ceci s'explique : aujourd'hui plus qu'hier, les attentes locales doivent être prises en compte par l'État et le temps n'est plus, à supposer qu'il ait jamais réellement existé, où l'outre-mer pouvait être régi par un statut unique octroyé depuis Paris et applicable universellement, des Caraïbes au Pacifique en passant par l'océan Indien. À l'ère du "prêt-à-porter" pour les différentes collectivités, bien ordonnées en catégories claires, a succédé celle du "sur-mesure", justifiant le passage du singulier, l'outre-mer, au pluriel, les outre-mers. » (Jean-Philippe Thiellay, *Droit des outre-mers*, Dalloz, 2007, 1re éd.)

CHAPITRE 10
LES COMPÉTENCES TERRITORIALES

La **décentralisation territoriale** a pour fondement principal la notion d'affaires locales qui, en raison de leur nature ou de leur dimension, sont plus efficacement traitées par des autorités locales.

En vertu de la **théorie des « blocs de compétences »**, l'article 3 de la loi n° 83-8 du 7 janvier 1983 complétée par la loi n° 83-663 du 22 juillet 1983 dispose que toutes les compétences relatives à tel ou tel domaine doivent être attribuées, « dans la mesure du possible », à une seule catégorie de collectivités (CGCT, art. L.1111-4). Le but est d'assurer la transparence et d'éviter l'ingérence d'une collectivité dans le champ de compétences d'une autre. Entre 1982 et 1986, diverses lois ont effectivement transféré des blocs de compétences, par exemple en matière d'établissements scolaires.

Mais les lois de décentralisation ont consacré, pour les communes et les départements, et reconnu, aux régions, la **clause de compétence générale** qui donne aux collectivités territoriales la capacité juridique de prendre, même en l'absence d'un texte spécifique, toute décision présentant un intérêt local (communal, départemental ou régional), qu'il s'agisse de créer un service public ou d'attribuer une subvention par exemple.

La loi du 7 janvier 1983 consacre en fait **deux mécanismes contradictoires**. En effet, elle se donne pour objectif de définir des blocs légaux de compétences, mais en même temps, en consacrant la clause de compétence générale, elle permet à toute collectivité territoriale d'intervenir dans un domaine légalement attribué à une autre catégorie de collectivités dès lors qu'un intérêt local le justifie et qu'aucune loi ne l'interdit. À la différence de l'Allemagne puisant aux sources du fédéralisme une saine complémentarité, la France se distingue par une « décentralisation concurrentielle ».

Comme le constate en 2009 le rapport Balladur sur la réforme des collectivités territoriales, « pratiquement toutes les compétences sont partagées, ce qui sert de prétexte commode aux financements croisés ». L'une des caractéristiques de l'administration locale est en effet la **prolifération des « cofinancements »**. Quant à la systématisation de la procédure contractuelle, elle vise à organiser et à rationaliser la multiplicité des interventions.

Depuis la révision du 28 mars 2003, les principes essentiels régissant les compétences territoriales figurent dans le **titre XII de la Constitution**. Selon le 2e alinéa de l'article 72 C, les collectivités territoriales ont « vocation à prendre les décisions pour l'ensemble des compétences qui peuvent le mieux être mises en œuvre à leur échelon ». Même s'il n'emploie pas le terme et s'il ne précise pas que les compétences doivent être attribuées au niveau le plus bas compatible avec leur exercice efficace, cet alinéa vise à transposer dans la répartition des compétences entre l'État et les collectivités territoriales le **principe de subsidiarité** déjà consacré en droit communautaire et en matière de déconcentration (voir Fiche 66).

Pour le Conseil constitutionnel, il résulte toutefois de la généralité des termes retenus que « le choix du législateur d'attribuer une compétence à l'État plutôt qu'à une collectivité territoriale ne pourrait être remis en cause, sur le fondement de cette disposition, que s'il était manifeste qu'eu égard à ses caractéristiques et aux intérêts concernés, cette compétence pouvait être mieux exercée par une collectivité territoriale » (Cons. const., 7 juillet 2005, 2005-516 DC, Loi de programme fixant les orientations de la politique énergétique).

La loi n° 2004-809 du 13 août 2004 vise à ordonner les responsabilités locales en revenant le plus possible à la logique première du **bloc de compétences** et en renforçant les vocations dominantes des trois catégories de collectivités : aux régions le développement économique et la formation professionnelle ; aux départements l'action sociale et médico-sociale ainsi que les routes ; aux communes la vie quotidienne.

Dans les domaines où la mobilisation de plusieurs collectivités territoriales se montre toutefois indispensable, l'article 72 al. 5 C prévoit que la loi peut autoriser l'une d'entre elles ou un de leurs groupements à organiser les modalités de leur action commune. Malgré l'interdiction de la tutelle entre collectivités territoriales également consacrée par l'article 72 al. 5 C, cette technique de la collectivité **chef de file ou pilote** risque de permettre à une collectivité ou à un groupement d'imposer sa volonté.

Lors de la préparation de la **réforme des collectivités territoriales**, le rapport Balladur reconnaît en 2009 la difficulté d'une clarification législative des compétences si « la question, autrement délicate, des structures de l'administration territoriale » n'est pas d'abord résolue. C'est pourquoi la loi n° 2010-1563 du 16 décembre 2010 vise surtout à simplifier le « millefeuille territorial » unanimement critiqué. Elle comprend aussi plusieurs mesures destinées à limiter l'enchevêtrement des compétences (notamment la spécialisation des compétences départementales et régionales) et le croisement des financements, mais toujours assorties d'exceptions ou de procédures de dérogation.

Mais la **loi MAPTAM n° 2014-58 du 27 janvier 2014** rétablit la clause de compétence générale des départements et des régions. Au niveau de chaque région, elle institue une conférence territoriale de l'action publique au sein de laquelle les élus locaux sont censés mettre en cohérence leurs compétences. Par ailleurs, elle confère aux régions le rôle de chef de file du développement économique et des aides aux entreprises, ainsi que la pleine responsabilité en matière de formation professionnelle et d'apprentissage. Et elle fait des départements les chefs de file de la solidarité territoriale.

Face au constat de la trop grande complexité, pour les citoyens et les entreprises, de la décentralisation, la **loi NOTRE n° 2015-991 du 7 août 2015** commence par… supprimer la clause de compétence générale restituée aux régions et aux régions par la loi MAPTAM ! Mais elle renforce notablement les compétences légales des régions, notamment en matière de développement économique, d'aménagement et de développement durable des territoires ainsi que de mobilité. Dans ces domaines, elle garantit l'exercice de leur pouvoir réglementaire et leur permet d'adopter des schémas prescriptifs. Quant aux départements, ils ne sont pas « dévitalisés » comme le souhaitait le Gouvernement pour préparer leur suppression. Leur compétence principale en matière de solidarité sociale et territoriale (notamment dans les zones rurales) est reconnue. Et ils conservent la gestion des collèges et des 381 500 km de routes que le projet de loi transférait aux régions. Enfin, la loi NOTRE enrichit la liste des compétences partagées entre les collectivités territoriales. Le « maquis » des compétences territoriales semble donc avoir encore un bel avenir devant lui.

POUR EN SAVOIR PLUS

- Comité pour la réforme des collectivités locales, *Il est temps de décider*, rapport au président de la République, mars 2009, 174 pages (disponible sur *www.ladocumentationfrancaise.fr*).
- *www.senat.fr/territoires* : sur ce site du Sénat représentant des Territoires, voir Accès thématiques.

LISTE DES FICHES

Fiche 46

Les principes des lois de décentralisation

A. Les blocs de compétences

1. En vertu de la théorie des « blocs de compétences », l'article 3 de la **loi du 7 janvier 1983** dispose que toutes les compétences relatives à tel ou tel domaine doivent être attribuées, « dans la mesure du possible », à une seule catégorie de collectivités (CGCT, art. L.1111-4). Le but est d'assurer la transparence et d'éviter l'ingérence d'une collectivité dans le champ de compétences d'une autre.

2. Selon l'article 34 C, seule la loi peut déterminer les principes fondamentaux relatifs aux compétences des collectivités territoriales. Entre 1982 et 1986, diverses lois ont effectivement **transféré** des blocs de compétences, par exemple en matière d'établissements scolaires et de ports (voir Fiche 50).

Par-delà la diversité des compétences attribuées, il est possible d'identifier les **vocations dominantes** des trois niveaux de la décentralisation territoriale :

- la maîtrise du sol (urbanisme) et la responsabilité des services ou équipements de proximité pour les communes ;
- les missions de solidarité sociale et territoriale pour les départements ;
- la réflexion et l'impulsion en matière d'aménagement du territoire ainsi que le développement économique pour les régions.

B. La clause de compétence générale

1. Dans sa **fonction externe**, la clause de compétence générale a traditionnellement pour effet d'habiliter les collectivités territoriales à prendre, même en l'absence d'un texte spécifique, toute décision présentant un intérêt local, qu'il s'agisse de créer un service public ou d'attribuer une subvention par exemple. En l'absence d'une définition précise et limitative de l'intérêt local, il appartient au conseil municipal, départemental ou régional d'en fixer les contours, dans le respect des lois et sous le contrôle du juge.

2. Selon une jurisprudence administrative abondante, l'existence d'un intérêt local suppose **trois conditions** (CE sect., 28 juillet 1995, Commune de Villeneuve-d'Ascq).

En premier lieu, l'intérêt recherché doit être **public** et non pas privé. Ainsi le juge administratif annule-t-il pour absence d'intérêt public une délibération créant et finançant une voie privée exclusivement destinée à une exploitation privée (CE, 11 octobre 1929, Berton).

En deuxième lieu, l'intervention doit avoir des retombées suffisamment directes pour la collectivité, notamment en termes de satisfaction des **besoins économiques, sociaux, culturels, etc., de la population** communale, départementale ou régionale.

En troisième lieu, l'intervention ne doit pas constituer une immixtion dans un **conflit** collectif du travail (une grève notamment), ni dans un conflit politique national ou international. Le juge administratif annule par conséquent des délibérations attribuant des subventions à des comités dans le but affiché de lutter contre « l'impérialisme américain » au Nicaragua (CE, 23 octobre 1989, Commune de Pierrefitte-sur-Seine, Commune de Saint-Ouen et Commune de Romainville).

En ce qui concerne les **conflits collectifs du travail**, la jurisprudence du Conseil d'État se montre parfois subtile (CE, 11 octobre 1989, Commune de Port-Saint-Louis-du-Rhône c. Préfet des Bouches-du-Rhône). Sont systématiquement jugées illégales les subventions versées à des organismes soutenant des travailleurs en grève (union syndicale, bourse du travail, comité d'entreprise, etc.). En revanche, le juge admet la légalité des aides sociales accordées directement aux familles des grévistes qui, en raison de la grève, connaissent une situation financière difficile (gratuité des cantines ou des transports scolaires pour les enfants, secours financiers modulés selon les revenus par ex.).

Les interventions des collectivités territoriales ne peuvent violer la **liberté du commerce et de l'industrie** qui réserve en principe les activités industrielles et commerciales à l'initiative privée. En dehors du champ des compétences légales, « les conseils municipaux ne peuvent ériger des entreprises de cette nature en services publics communaux que si, en raison de circonstances particulières de temps et de lieu, un intérêt public justifie leur intervention » (CE sect., 30 mai 1930, Chambre syndicale du commerce en détail de Nevers). Ces circonstances consistent dans une défaillance, quantitative ou qualitative, de l'initiative privée. Cette jurisprudence dite du « socialisme municipal » peut par exemple justifier la création d'une épicerie municipale (CE, 25 juillet 1986, Commune de Mercœur c. Morand).

Enfin, l'intérêt local ne saurait justifier une violation des **interdictions posées par le législateur**. Une collectivité territoriale ne peut donc subventionner des activités cultuelles sans méconnaître la loi du 9 décembre 1905 relative à la séparation des Églises et de l'État, ni subventionner un parti politique ou un candidat à une élection, le financement public des partis et des candidats relevant de la compétence exclusive de l'État depuis la loi n° 88-227 du 11 mars 1988.

Fiche 47

L'imbrication actuelle des interventions territoriales

A. Une confusion inévitable

1. La loi du 7 janvier 1983 consacre **deux mécanismes contradictoires**. En effet, elle se donne pour objectif de définir des blocs légaux de compétences, mais en même temps, en consacrant la clause de compétence générale, elle permet à toute collectivité territoriale d'intervenir dans un domaine légalement attribué à une autre catégorie de collectivités dès lors qu'un intérêt local le justifie et qu'aucune loi ne l'interdit.

L'exemple des **établissements d'enseignement** se montre particulièrement révélateur. D'après la loi, la création, la construction, l'aménagement, l'entretien et le fonctionnement des lycées relèvent de la compétence des régions. Or nombre de communes financent, de façon spontanée ou « suscitée », la construction des lycées qui sont implantés sur leur territoire. Il est vrai que l'exemple vient de haut, c'est-à-dire de l'État lui-même, qui fait prendre en charge par les collectivités territoriales la moitié au moins de ses plans d'investissements universitaires (par ex. plan Université pour le troisième millénaire – U3M – pour la période 2000-2006).

2. La **quasi-totalité des politiques publiques** fait l'objet d'interventions et de financements à la fois des collectivités territoriales et de l'État, voire d'autres acteurs publics (administrations de sécurité sociale, établissements publics, agences aux statuts divers...). Selon les domaines, les compétences peuvent être conjointes (codétenues par plusieurs titulaires), partagées (fractionnées entre plusieurs titulaires), parallèles (reconnues à plusieurs titulaires) ou concurrentes (revendiquées par plusieurs titulaires).

Il n'est possible d'identifier un niveau de collectivités territoriales principalement compétent que dans un **nombre très limité de matières**. Il en est ainsi de la formation professionnelle pour les régions, de l'aide sociale pour les départements et des règles d'urbanisme pour les communes et leurs groupements. C'est d'ailleurs dans ces domaines que l'action des collectivités territoriales est, de l'avis général, la plus appréciée des habitants.

B. La généralisation du partenariat

1. La coopération est donc devenue une nécessité, la codécision souvent la règle avec, en corollaire, un usage massif du contrat et des cofinancements, au point qu'on a pu parler de « dictature du partenariat ». La **systématisation de la procédure contractuelle** vise à organiser et à rationaliser la multiplicité des interventions. Dans tous les domaines, on assiste à une multiplication de dispositifs conventionnels ayant pour objet d'associer l'ensemble des partenaires territoriaux et étatiques à la mise en œuvre d'une même politique ou à la mise en place d'un même équipement.

La **sécurité locale** paraît ainsi exiger la mobilisation de toutes les énergies publiques (circulaire interministérielle du 28 octobre 1997 relative à la mise en place des contrats locaux de sécurité).

De même, la **politique de la ville** doit être partenariale, en raison de l'interdépendance des domaines concernés. Pour réduire la « fracture territoriale », il n'est pas possible de dissocier les questions du logement, de l'éducation, de la jeunesse, de l'aide sociale, de la sécurité… C'est pourquoi les contrats de ville de nouvelle génération (2014-2020) se présentent comme des « contrats portés par l'intercommunalité et fédérant l'ensemble des acteurs concernés par la politique de la ville » (circulaires du 30 juillet et du 15 octobre 2014).

2. Les contrats présentent d'incontestables **vertus**. Ils favorisent le dialogue, le rapprochement des acteurs locaux et la convergence des interventions. Les financements croisés permettent une mutualisation du coût de l'investissement qui se montre précieux pour les petites communes.

Mais ces mécanismes partenariaux ont aussi leurs **vices**, tels que l'opacité des décisions, la dilution des responsabilités (l'usager, donc l'électeur, ne sait plus qui fait quoi) et la lourdeur des procédures. Ils entraînent une mobilisation d'énergies et une multiplication de réunions pour des résultats parfois limités.

Le plus grave de ces vices est sans doute l'effet de tutelle. Dans son article 2, la loi du 7 janvier 1983 a interdit le phénomène de tutelle, « sous quelque forme que ce soit », entre les collectivités territoriales (CGCT, art. L.1111-3 et L.1111-4). Malgré cette interdiction aujourd'hui constitutionnalisée, des mécanismes de tutelle se développent, notamment entre les régions et les départements d'un côté, les petites communes de l'autre.

Enfin, le contrat constitue parfois le moyen par lequel l'État fait financer ses propres compétences par les collectivités territoriales, sans pour autant leur reconnaître un véritable pouvoir de décision. Ce constat peut s'appliquer aux contrats de plan État-région comme aux contrats locaux de sécurité.

Fiche 48

Les expérimentations des collectivités territoriales

A. Les expérimentations de l'article 37-1 C

1. Créé par la **loi constitutionnelle n° 2003-276 du 28 mars 2003**, le nouvel article 37-1 C habilite le législateur et le Gouvernement, c'est-à-dire l'État, à décider des expérimentations pour « un objet et une durée limités ». Le droit antérieur autorisait certes le recours à l'expérimentation. Par exemple, la régionalisation des transports ferroviaires a été expérimentée à partir de 1997 par six puis sept régions, avant d'être étendue à toutes les régions (sauf l'Île-de-France) par la loi n° 2000-1208 du 13 décembre 2000 relative à la solidarité et au renouvellement urbains. Mais la jurisprudence, du Conseil constitutionnel notamment, imposait aux dispositifs expérimentaux de strictes contraintes (Cons. const., 28 juillet 1993, 93-322 DC, Établissements universitaires dérogatoires).

2. La **loi du 13 août 2004** recourt à l'expérimentation pour éprouver l'opportunité d'un transfert de compétences et déterminer le bon niveau de décentralisation dans huit domaines de l'action publique tels que les aérodromes civils, la gestion des fonds structurels européens ou la protection judiciaire de la jeunesse. Ces expérimentations reposent sur le volontariat des collectivités territoriales qui signent une convention avec l'État. À la fin de l'expérimentation, une évaluation prenant généralement la forme d'un rapport gouvernemental remis, avec les observations des collectivités territoriales, au Parlement, permet de décider sa pérennisation, sa généralisation ou son abandon.

Par ailleurs, dans le cadre défini par la loi n° 2007-1223 du 21 août 2007, 34 puis 40 départements ont mis en place, à titre expérimental, le **revenu de solidarité active** dont la loi n° 2008-1249 du 1er décembre 2008 décide la généralisation à partir du 1er juin 2009.

Le développement de ces expérimentations obscurcit inévitablement la répartition des compétences territoriales : des collectivités limitrophes de même nature juridique exerceront, au moins temporairement, des compétences différentes.

B. Les expérimentations de l'article 72 al. 4 C

1. Également issu de la **loi constitutionnelle du 28 mars 2003**, l'article 72 al. 4 C autorise les collectivités territoriales elles-mêmes, « lorsque la loi ou le règlement l'a prévu, [à] déroger, à titre expérimental et pour un objet et une durée limités, aux dispositions législatives ou réglementaires qui régissent l'exercice de leurs compétences ».

Cette possibilité constitue une innovation assez remarquable, car le Conseil constitutionnel censurait avant 2003, en métropole du moins, la reconnaissance à une collectivité territoriale du pouvoir de déroger à des lois nationales (Cons. const., 17 janvier 2002, 2001-454 DC, Loi relative à la Corse). En effet, ces expérimentations contrarient les principes d'égalité devant la loi et d'indivisibilité de la République. L'article 72 al. 4 interdit cependant cette expérimentation normative décentralisée « lorsque sont en cause les conditions essentielles d'exercice d'une liberté publique ou d'un droit constitutionnellement garanti ».

2. De plus, la **loi organique du 1er août 2003** aménage un véritable protocole expérimental en réglant minutieusement les conditions de mise en œuvre du pouvoir normatif reconnu aux collectivités territoriales. D'abord, la durée de l'expérimentation ne peut excéder cinq ans (CGCT, art. LO.1113-1). Chaque collectivité territoriale répondant aux conditions légales est libre de demander, par délibération motivée, à bénéficier de l'expérimentation (CGCT, art. LO.1113-2).

Ensuite, les actes dérogatoires sont soumis à un contrôle administratif renforcé (voir Fiche 63). Ils n'entrent en vigueur qu'après leur transmission au représentant de l'État et leur publication au *Journal officiel* de la République française (CGCT, art. LO.1113-3). En cas de recours du préfet assorti d'une demande de suspension, l'acte contesté cesse immédiatement de produire ses effets jusqu'à ce que le tribunal administratif ait statué sur cette demande (CGCT, art. LO.1113-4). S'il n'a pas statué dans le délai d'un mois, l'acte redevient exécutoire.

Enfin, avant l'expiration de la durée de chaque expérimentation et au vu du rapport d'évaluation du Gouvernement assorti des observations des collectivités territoriales volontaires, la loi doit, soit prolonger ou modifier l'expérimentation pour une durée maximum de trois ans, soit généraliser les mesures prises à titre expérimental, soit abandonner l'expérimentation (CGCT, art. LO.1113-6).

> La seule expérimentation fondée sur l'article 72 al. 4 C résultait de l'article 142 de la loi de finances pour 2007 (abrogé par la loi du 1er décembre 2008 généralisant le RSA) qui autorisait les départements à déroger, pour une durée de trois ans, à certaines dispositions du Code du travail et du Code de l'action sociale et des familles en vue de favoriser le retour à l'emploi des Rmistes.

Fiche 49
La clarification des compétences territoriales

A. De 2004 à 2012

1. La **loi du 13 août 2004** vise à ordonner les responsabilités locales en revenant le plus possible à la logique première du **bloc de compétences** et en renforçant les vocations dominantes des trois catégories de collectivités : aux régions le développement économique et la formation professionnelle ; aux départements l'action sociale et médico-sociale ainsi que les routes ; aux communes la vie quotidienne (voir Fiche 50).

Dans les domaines où la mobilisation de plusieurs collectivités territoriales se montre toutefois indispensable, l'article 72 al. 5 C prévoit que la loi peut autoriser l'une d'entre elles ou un de leurs groupements à organiser les modalités de leur action commune. Malgré l'interdiction de la tutelle entre collectivités territoriales également consacrée par l'article 72 al. 5 C, cette technique de la collectivité **chef de file ou pilote** risque de permettre à une collectivité ou à un groupement d'imposer sa volonté.

2. La **loi du 16 décembre 2010** portant réforme des collectivités territoriales fixe le principe de la **spécialisation de l'action des départements et des régions** à partir du 1er janvier 2015. En contrepartie de la perte de la clause de compétence générale, dont les communes continuent de bénéficier, ces collectivités se voient reconnaître des compétences qui, en principe, sont exclusives et ne peuvent donc être exercées par une autre collectivité. Le législateur tempère toutefois la portée de cette réforme validée par le Conseil constitutionnel dans sa décision 2010-618 DC du 9 décembre 2010. Ainsi, il prévoit que certaines compétences peuvent, à titre exceptionnel, être **partagées** entre les communes, les départements et les régions, comme il le décide en matière de tourisme, de culture et de sport. Enfin, il encadre, avec beaucoup de circonspection et de dérogations, les **financements croisés**.

B. L'Acte III de la décentralisation

1. Conformément à l'engagement du président de la République, la loi MAPTAM du 27 janvier 2014 rétablit la **clause de compétence générale** des départements et des régions. Dans les domaines nécessitant le concours de plusieurs collectivités territoriales ou groupements de collectivités territoriales, elle définit le **rôle de chef de file** de chaque catégorie en faisant la part belle à la région (voir Chapitre 1).

Dans un objectif d'adaptation aux réalités locales, la loi MAPTAM généralise les **mécanismes de délégation** qui sont mis en forme par une convention. Contrairement à ce qui se passe en cas de transfert, les compétences sont alors exercées au nom et pour le compte du délégant.

Dans chaque région, la **conférence territoriale de l'action publique** est chargée de favoriser un exercice concerté des compétences des collectivités territoriales, de leurs groupements et de leurs établissements publics. Sous la présidence du président de conseil régional, cette CTAP comprend les présidents des conseils départementaux, les présidents des EPCI à fiscalité propre de plus de 30 000 habitants ayant leur siège dans la région, ainsi que des représentants élus des autres EPCI à fiscalité propre et des communes situés sur le territoire de chaque département. Le représentant de l'État peut participer aux séances.

La CTAP peut débattre et rendre des avis sur tous les sujets relatifs à l'exercice de compétences et à la conduite de politiques publiques nécessitant une coordination ou une délégation de compétences entre les collectivités territoriales et leurs groupements. Elle examine les projets de **convention territoriale d'exercice concerté d'une compétence** qui, pour une durée maximale de six ans, fixent les objectifs de rationalisation et les modalités de l'action commune pour chacune des compétences concernées. Mais leurs stipulations sont opposables aux seules collectivités territoriales et établissements publics signataires

2. La **loi NOTRE du 7 août 2015** commence par... supprimer la clause de compétence générale restituée aux **régions** par la loi MAPTAM ! Mais elle renforce leurs compétences légales au service du développement économique, de l'attractivité et du développement équilibré des territoires. Ainsi elles élaboreront et adopteront des schémas prescriptifs : schéma régional de développement économique, d'innovation et d'internationalisation (SRDEII) et schéma régional d'aménagement, de développement durable et d'égalité des territoires (SRADDET).

Les **départements** perdent également la clause de compétence générale. Mais leur compétence principale en matière de solidarité sociale et territoriale (notamment dans les zones rurales) est reconnue et ils conservent la gestion des collèges et des 381 500 km de routes départementales que le projet de loi transférait aux régions.

Enfin, la loi NOTRE consacre l'existence d'une **compétence partagée** pour les domaines de la culture, du sport, du tourisme, de la promotion des langues régionales et de l'éducation populaire, en favorisant la création de guichets uniques. Elle précise que les politiques publiques en faveur de la jeunesse peuvent être débattues au sein de la CTAP et pose un principe de cohérence entre les différentes interventions territoriales pour lutter contre la fracture numérique.

Fiche 50

Les principales compétences territoriales

A. Les compétences régionales

DOMAINE	RÉGIONS
Action sanitaire et sociale	Responsabilité des formations sociales et paramédicales
Aménagement du territoire Développement économique	Élaboration / adoption du schéma régional d'aménagement, de développement durable et d'égalité des territoires (SRADDET) Définition des orientations en matière de développement économique et élaboration / adoption du schéma régional de développement économique, d'innovation et d'internationalisation (SRDEII) Compétence exclusive pour la définition des aides aux entreprises (à l'exception des aides à l'immobilier d'entreprises) Participation à la coordination des acteurs du service public de l'emploi
Éducation Formation	Élaboration / adoption du schéma régional de l'enseignement supérieur, de la recherche et de l'innovation Propriété, création, construction, équipement, entretien et fonctionnement des lycées et des établissements d'éducation spéciale publics Recrutement et gestion des personnels techniciens, ouvriers et de service (TOS) des lycées publics Responsabilité de la politique d'apprentissage et de formation professionnelle des jeunes et des adultes
Environnement Urbanisme	Initiative de la création des parcs naturels régionaux et élaboration de leurs chartes Élaboration / approbation du plan régional de prévention et de gestion des déchets
Transports Voirie	Organisation des transports non urbains, routiers et ferroviaires (à l'exception des transports spécialement destinés aux élèves handicapés) Création et gestion des ports fluviaux et des voies d'eau navigables

B. Les compétences départementales

DOMAINE	DÉPARTEMENTS
Action sanitaire et sociale	Élaboration / adoption du schéma départemental d'organisation sociale et médico-sociale Définition et mise en œuvre de l'action sociale en faveur des personnes âgées, coordination des actions Définition et mise en œuvre de la politique d'action sociale, coordination des actions Protection sanitaire de la famille et de l'enfance Élaboration / adoption du règlement départemental d'aide sociale Prise en charge des prestations légales d'aide sociale : aide sociale à l'enfance, aide aux personnes âgées, aide aux handicapés, insertion sociale et professionnelle (gestion du RSA) Tutelle des établissements sociaux du département
Aménagement du territoire Développement économique	Programme d'aide à l'équipement rural Élaboration / adoption avec l'État du schéma départemental d'amélioration de l'accessibilité des services au public
Éducation Formation	Propriété, création, construction, équipement, entretien et fonctionnement des collèges publics Recrutement et gestion des personnels techniciens, ouvriers et de service (TOS) des collèges publics
Environnement Urbanisme	Institution et gestion des espaces naturels sensibles
Transports Voirie	Organisation des transports non urbains spécialement destinés aux élèves handicapés Création et entretien de la voirie départementale Création et gestion des ports maritimes de commerce et de pêche

C. Les compétences communales

DOMAINE	COMMUNES
Action sanitaire et sociale	Services municipaux de désinfection et services communaux d'hygiène et de santé Centre communal d'action sociale (facultatif dans les communes de moins de 1 500 habitants) : – constitution et transmission des dossiers de demande d'aide sociale légale et de RSA – institution et versement d'aides sociales facultatives – création et gestion d'établissements ou de services à caractère social ou médico-social
Aménagement du territoire Développement économique	Participation financière aux aides aux entreprises dans le cadre d'une convention avec la région Définition et attribution des aides à l'immobilier d'entreprises
Éducation Formation	Propriété, création, construction, équipement, entretien et fonctionnement des écoles publiques
Environnement Urbanisme	Collecte et traitement des ordures ménagères Distribution publique d'eau potable et financement de l'assainissement collectif Établissement du plan local d'urbanisme et, dans ce cas, délivrance des autorisations d'utilisation du sol
Transports Voirie	Élaboration du plan de déplacements urbains Organisation et fonctionnement des transports urbains (voyageurs et scolaires) Création et entretien de la voirie communale Création et gestion des ports de plaisance

CHAPITRE 11
LA FONCTION PUBLIQUE TERRITORIALE

Fin 2012, les collectivités territoriales et leurs établissements publics emploient **1,86 million d'agents de droit public**. Leurs effectifs qui, depuis 2002, ont progressé de 2,8 % en moyenne par an (+ 2 % sans les transferts liés à la décentralisation), représentent 35 % de l'emploi public.

Au nombre de 1,43 million, les **fonctionnaires** au sens strict sont des agents nommés dans un emploi permanent et titularisés dans un grade de la hiérarchie administrative. Même si, en principe, tout emploi permanent doit être pourvu par un titulaire (loi n° 83-634 du 13 juillet 1983, art. 3), le personnel territorial se caractérise par un taux de titularisation relativement faible.

Il existe près de 370 000 **non-titulaires** qui, soumis à un régime de droit public comme les bénéficiaires des contrats à durée indéterminée généralisés par les lois n° 2005-843 du 26 juillet 2005 et n° 2012-347 du 12 mars 2012 pour lutter contre la précarité dans la fonction publique, représentent 19,8 % des agents. De plus, les collectivités territoriales comptent des non-titulaires régis par le droit privé comme les apprentis et les 50 400 bénéficiaires d'emplois aidés (notamment contrats d'accompagnement dans l'emploi et, depuis la loi n° 2012-1189 du 26 octobre 2012, emplois d'avenir).

Contrairement aux non-titulaires qui se trouvent, quel que soit leur mode de recrutement, dans une situation contractuelle, les agents titulaires sont vis-à-vis de l'administration dans une situation statutaire et réglementaire. Le **statut** consiste dans l'ensemble des textes déterminant les règles relatives aux droits et aux obligations des fonctionnaires. On distingue un statut général et des statuts particuliers.

Le **statut général** de la fonction publique comprend quatre titres : le titre I définit les droits et les obligations applicables à l'ensemble des fonctionnaires (loi n° 83-634 du 13 juillet 1983 dite loi Le Pors). Le titre II comprend les dispositions statutaires relatives à la fonction publique de l'État, le titre III à la fonction publique territoriale (loi n° 84-53 du 26 janvier 1984) et le titre IV à la fonction publique hospitalière. Les **statuts particuliers** précisent, pour les différents corps et cadres d'emplois de fonctionnaires, les modalités d'application du statut général.

Il existe deux conceptions opposées de la fonction publique. Dans le système de l'emploi, répandu dans les pays anglo-saxons, le fonctionnaire est recruté pour un poste de travail déterminé en raison de ses capacités à l'occuper. En cas de suppression de l'emploi, il est licencié. Dans le **système de la carrière** consacré en 1983-1984, le fonctionnaire est intégré dans un corps ou cadre d'emplois au sein duquel il peut détenir un grade et accomplir toute sa vie professionnelle en occupant des emplois différents.

Tout fonctionnaire territorial appartient à un **cadre d'emplois** qui correspond au corps de la fonction publique étatique ou hospitalière (loi du 26 janvier 1984, art. 4). Le cadre d'emplois regroupe l'ensemble des agents soumis au même statut particulier et ayant vocation à détenir les mêmes grades, à occuper les mêmes emplois, c'est-à-dire à accomplir la même carrière. Il existe actuellement 54 cadres d'emplois (ceux des administrateurs, des attachés, des rédacteurs et des adjoints administratifs dans la filière administrative par ex.) regroupés dans huit **filières** correspondant à des activités de même type dans les grands secteurs de compétences (technique, administrative, médico-sociale, animation, culturelle, sécurité, incendie-secours, sportive).

Le statut général de la fonction publique répartit d'autre part les cadres d'emplois en trois **catégories** désignées par les lettres A, B et C (loi du 26 janvier 1984, art. 5). La catégorie se définit par le niveau de recrutement (licence ou plus ; bac ou bac +2 ; niveau inférieur au bac) ainsi que par la nature des fonctions (conception, encadrement, direction et coordination de services ; application et encadrement intermédiaire ; exécution). La fonction publique territoriale se caractérise par une forte proportion d'agents de catégorie C.

De la titularisation à la cessation définitive des fonctions, de nombreux mécanismes assurent aux fonctionnaires territoriaux **une mobilité et une progression de carrière** (positions, mutation, avancement d'échelon ou de grade…).

Le statut général garantit aux fonctionnaires territoriaux des **droits** individuels, comme le droit à une rémunération après service fait ou le droit à des congés, et des droits collectifs, comme le droit syndical ou le droit de grève qui doivent être conciliés avec les « lois du service public ».

Mais il comporte aussi des **obligations** relatives à l'exercice des fonctions, comme l'obligation de consacrer l'intégralité de son activité professionnelle au service public ou le devoir d'obéissance. De plus, des obligations relatives au comportement ont notamment pour effet de limiter la liberté d'expression des fonctionnaires (secret, discrétion, réserve). En cas de faute, le fonctionnaire engage sa **responsabilité** disciplinaire et, le cas échéant, civile ou pénale.

Enfin, la constitution d'une fonction publique territoriale malgré la multiplicité et l'autonomie des employeurs impose que certaines opérations de gestion soient effectuées dans un cadre collectif, soit par les centres départementaux ou interdépartementaux de gestion (**CDG ou CIG**), soit de manière secondaire par le Centre national de la fonction publique territoriale (**CNFPT**).

Entre 1987 et 2012, malgré l'annonce par le président de la République d'une « refondation de la fonction publique » en 2008, le Gouvernement fait le choix de **réformes successives et partielles** : loi n° 2009-972 du 3 août 2009 relative à la mobilité et aux parcours professionnels, loi n° 2010-751 du 5 juillet 2010 relative à la rénovation du dialogue social dans la fonction publique, loi n° 2012-347 du 12 mars 2012 relative à l'accès à l'emploi titulaire et à l'amélioration des conditions d'emploi des agents contractuels dans la fonction publique… Comme les mesures règlementaires prises dans le cadre de la révision générale des politiques publiques (RGPP), ces lois confortent le mouvement de « travaillisation » ou de « banalisation » du droit de la fonction publique qui se rapproche de plus en plus des règles du Code du travail.

Délibéré lors du conseil des ministres du 17 juillet 2013, trente ans après la loi Le Pors, le **projet de loi relatif à la déontologie et aux droits et obligations des fonctionnaires** n'a finalement pas été inscrit à l'ordre du jour très encombré du Parlement. Au printemps 2015, il est remanié et allégé (25 articles au lieu de 59) en vue d'une adoption avant la fin de l'année.

D'une part, le texte consacre les valeurs fondamentales qui fondent la spécificité de l'action des agents publics : dignité, impartialité, intégrité et probité. Dans l'exercice de leurs fonctions, ils sont tenus à l'obligation de neutralité et au respect du principe de laïcité. D'autre part, le projet de loi modernise les droits et obligations des fonctionnaires. Il renforce ainsi les outils déontologiques et la cohérence du dispositif de prévention des conflits d'intérêts en lien avec la loi du 11 octobre 2013 relative à la transparence de la vie publique. Il revisite les règles de cumul d'activités pour redonner toute sa portée à l'obligation des fonctionnaires de se consacrer intégralement à leurs fonctions. Il renforce et étend leur droit à la protection de l'administration. Et il améliore la situation des agents non titulaires. Enfin, le Gouvernement est habilité à moderniser par ordonnance les règles de mobilité et les positions statutaires des agents publics.

POUR EN SAVOIR PLUS

- Jean-François LEMMET et Pierre-Henri THOMAZO, *Le Statut des agents territoriaux. Fonctionnaires et non titulaires*, LGDJ, coll. « Systèmes », 2015, 240 pages.
- *www.cdg35.fr* : sur ce site du centre de gestion d'Ille-et-Vilaine, voir notamment Vivre sa carrière.

LISTE DES FICHES

Fiche 51

La carrière des fonctionnaires territoriaux

A. L'entrée dans la fonction publique territoriale

1. Selon l'article 5 de la loi du 13 juillet 1983, « nul ne peut avoir la qualité de fonctionnaire » s'il ne remplit **cinq conditions cumulatives** :

- possession de la nationalité française ou d'un autre État de l'Espace économique européen (seuls demeurent fermés aux étrangers communautaires les emplois dont les attributions sont inséparables de l'exercice de la souveraineté ou comportent une participation directe ou indirecte à l'exercice de prérogatives de puissance publique) ;
- jouissance des droits civiques (droits de vote et d'éligibilité notamment) ;
- absence de condamnation pour des infractions incompatibles avec l'exercice des fonctions ;
- position régulière au regard du Code du service national ;
- aptitude physique à l'exercice des fonctions compte tenu, depuis la loi n° 2005-102 du 11 février 2005, des possibilités de compensation du handicap.

2. Dans son article 36, la loi du 26 janvier 1984 pose le principe que « les fonctionnaires sont recrutés par voie de **concours**. » Chaque concours donne lieu à l'établissement d'une liste d'aptitude classant par ordre alphabétique les candidats admis par le jury (art. 44). Mais cette inscription ne vaut pas recrutement. Pour être recruté, le lauréat doit présenter sa candidature auprès des collectivités territoriales disposant de postes vacants. Le pouvoir de nomination relève en effet de la seule compétence des autorités territoriales.

Le lauréat recruté par une collectivité est nommé **stagiaire** (art. 46). Pendant cette période probatoire définie par le statut particulier (souvent un an), il exerce des fonctions correspondant au grade du concours de façon à faire la preuve de son aptitude professionnelle. À l'issue du stage, l'autorité territoriale titularise l'agent qu'elle juge apte à exercer les fonctions. Sinon, elle peut soit lui imposer une période probatoire supplémentaire d'une durée maximale fixée par les statuts particuliers, soit le licencier pour insuffisance professionnelle (avec retour dans le grade d'origine pour les fonctionnaires).

Par dérogation, la loi du 26 janvier 1984 prévoit que certains fonctionnaires peuvent être recrutés sans concours (art. 38 et suiv.). Le **recrutement direct** concerne par exemple les fonctionnaires de catégorie C lorsque le statut particulier le prévoit (adjoints administratifs ou techniques de 2e classe par ex.).

B. Le déroulement de la carrière du fonctionnaire

1. En principe, chaque cadre d'emplois est divisé en **grades**. L'article 12 de la loi du 13 juillet 1983 définit le grade comme un titre conférant à son titulaire vocation à occuper l'un des emplois définis par le statut particulier. Le grade exprime le niveau hiérarchique du fonctionnaire dans son cadre d'emplois mais, en principe définitivement acquis, il le protège aussi contre les aléas administratifs, politiques ou économiques.

Au cours de sa carrière, le fonctionnaire doit se trouver à tout moment dans une des **six positions** statutaires définies par l'article 55 de la loi du 26 janvier 1984, la position d'activité par exemple (pour leur définition, voir Chapitre 15).

La **mutation** est une décision de l'autorité territoriale modifiant les conditions d'emploi c'est-à-dire l'affectation d'un fonctionnaire. Au sein d'une même collectivité, l'intérêt du service public justifie les mutations d'office. Quant à la mutation sur demande du fonctionnaire, elle peut s'accompagner d'un changement d'employeur (art. 51).

La **loi du 3 août 2009** garantit aux fonctionnaires le droit au départ en mobilité et la reconnaissance des avantages de carrière acquis lors d'une mobilité.

2. On distingue deux catégories d'avancement (loi du 26 janvier 1984, art. 77 et suiv.). L'**avancement d'échelon** permet d'accéder à un indice supérieur et se traduit par une augmentation de traitement. Il se fait de façon continue (d'un échelon à l'échelon immédiatement supérieur) soit, de plein droit, à l'ancienneté maximale, soit, lorsque la valeur professionnelle du fonctionnaire le justifie, à l'ancienneté minimale.

L'**avancement de grade** se traduit par une élévation du rang hiérarchique au sein du cadre d'emplois et donc des responsabilités que le fonctionnaire a vocation à exercer. Le passage à un grade supérieur se fait généralement par inscription sur un tableau d'avancement par l'autorité territoriale (le cas échéant après une présélection par examen professionnel).

Depuis le 1er janvier 2015, le dispositif de l'**entretien professionnel** remplace l'ancienne procédure de notation pour apprécier la valeur professionnelle des fonctionnaires. Conduit chaque année par le supérieur hiérarchique direct, il doit notamment porter sur certains thèmes définis par décret (résultats professionnels obtenus, objectifs assignés pour l'année à venir, manière de servir, besoins de formation, perspectives d'évolution professionnelle…). Il fait l'objet d'un compte-rendu comportant une appréciation générale littérale de la valeur professionnelle du fonctionnaire selon des critères fixés en fonction de la nature de ses tâches et de son niveau de responsabilité. L'agent peut compléter ce compte rendu qui est ensuite transmis à l'autorité territoriale et versé dans son dossier individuel.

Fiche 52

Les droits des fonctionnaires territoriaux

A. Les droits individuels

1. Selon l'article 20 de la loi du 13 juillet 1983, les fonctionnaires territoriaux ont droit, après service fait, à une **rémunération** comprenant notamment l'élément de base appelé traitement dont le montant dépend de l'échelon de l'agent ainsi que les indemnités (ou primes) instituées par un texte législatif ou réglementaire et variables selon les collectivités et les cadres d'emplois concernés.

La loi n° 2007-209 du 19 février 2007 relative à la fonction publique territoriale consacre le **droit à la formation** professionnelle tout au long de la vie. La principale innovation est la reconnaissance d'un droit individuel de formation (DIF) fixé à 20 heures annuelles pouvant être cumulées pendant six ans.

Les fonctionnaires ont droit à différents **congés** énumérés par l'article 57 de la loi du 26 janvier 1984 comme le congé annuel, le congé de maladie ou le congé de maternité. Ils sont affiliés à des régimes spéciaux de retraite et de sécurité sociale.

Après avoir été admis à la retraite, soit à sa demande, soit d'office dès qu'il atteint la limite d'âge en vigueur, et radié des cadres, l'agent bénéficie d'une **pension** dans des conditions tendant à se rapprocher de celles applicables aux salariés (loi n° 2010-1330 du 9 novembre 2010 par ex.).

2. Selon l'article 11 de la loi du 13 juillet 1983, les fonctionnaires bénéficient d'une protection organisée par leur collectivité et comprenant **trois éléments** :

- protection par les moyens appropriés contre les menaces, violences, injures, etc., subies à l'occasion des fonctions, et réparation du préjudice éventuel ;
- paiement des frais d'avocat quand un fonctionnaire est poursuivi pénalement pour des faits n'ayant pas le caractère d'une faute personnelle ;
- prise en charge des dommages-intérêts auxquels est condamné un fonctionnaire n'ayant pas commis de faute personnelle.

Pour les collectivités publiques, la protection des fonctionnaires constitue une obligation dont seul un motif d'intérêt général peut les dispenser, sous peine d'engager leur responsabilité (CE sect., 24 juin 1977, Dme Deleuse).

B. Les droits collectifs

1. Pendant longtemps, la notion même de fonction publique a paru exclure les droits collectifs tels que celui de se syndiquer ou de faire grève. Dans un **arrêt Winkell** du 7 août 1909, le Conseil d'État considère qu'un agent public gréviste s'exclut par là même du service public et donc ne peut bénéficier des garanties disciplinaires. Mais ces deux droits font partie des principes politiques, économiques et sociaux consacrés par la Constitution du 27 octobre 1946. Et, sous la Ve République, le Conseil constitutionnel reconnaît à ces deux principes une **valeur constitutionnelle** (25 juillet 1979, 79-105 DC, Droit de grève à la radio et à la télévision).

L'article 8 de la loi du 13 juillet 1983 reconnaît aux fonctionnaires le **droit syndical**. L'article 100 de la loi du 26 janvier 1984 donne un contenu concret à son exercice : droit d'affichage et de distribution des documents syndicaux, autorisations d'absence, décharges d'activité de service, mise à disposition de locaux...

Le **droit de grève** est consacré par l'article 10 de la loi du 13 juillet 1983 « dans le cadre des lois qui le réglementent ». Mais le législateur se borne à interdire les grèves « tournantes » et les grèves « surprises », notamment en imposant un préavis d'au moins cinq jours francs donné par une organisation syndicale représentative et suivi d'une négociation. Pour les grévistes, l'absence de service fait entraîne une retenue proportionnelle sur le traitement et ses compléments.

Faute d'une réglementation d'ensemble, il appartient aux autorités territoriales de concilier le droit de grève avec le principe constitutionnel de continuité du service public et de prendre les mesures propres à « en éviter un usage abusif ou contraire aux nécessités de l'ordre public » (CE ass., 7 juillet 1950, Dehaene). En application de la jurisprudence Jamart (CE sect., 7 février 1936), les chefs de services, comme le maire ou le président de conseil, sont compétents pour fixer par avance la liste des emplois dont les titulaires, en raison de la particularité de leurs missions, doivent continuer d'assurer leurs fonctions en cas de grève.

2. Malgré l'existence depuis 1946 d'organes paritaires de participation (voir Fiche 55), le **dialogue social** occupe pendant longtemps une place résiduelle, limitée aux rémunérations. En effet, la conduite de négociations collectives paraissait incompatible avec la situation statutaire et réglementaire des fonctionnaires. En raison du décalage croissant entre l'état du droit et la pratique du dialogue social, la loi n° 2010-751 du 5 juillet 2010 ouvre la négociation à de nombreuses questions (par ex. déroulement des carrières et formation) et à tous les échelons. Mais, si elle définit les conditions de validité des accords, elle ne leur donne aucune valeur juridique : pour l'autorité administrative, ils continuent de représenter de simples engagements politiques.

Fiche 53
Les obligations des fonctionnaires territoriaux

A. Les obligations relatives à l'exercice des fonctions

1. L'article 25 de la loi du 13 juillet 1983 fait obligation au fonctionnaire de consacrer l'intégralité de son activité professionnelle aux tâches qui lui sont confiées. Il lui interdit d'exercer à titre professionnel une activité privée lucrative (de diriger une société commerciale par ex.). Le principe de **non-cumul** ne s'applique cependant pas à certaines activités élargies notamment par la loi n° 2007-148 du 2 février 2007 :

- activité accessoire, privée ou publique, lucrative ou non, si cette activité est compatible avec les fonctions et n'affecte pas leur exercice ;
- production des œuvres scientifiques, littéraires et artistiques ;
- création ou reprise d'une entreprise ;
- gestion du patrimoine personnel ou familial ;
- activité privée lucrative exercée par les agents employés pour une durée du travail inférieure ou égale à 70 % du temps complet.

2. Le fonctionnaire doit exercer de manière personnelle et continue ses fonctions. Quel que soit son rang, il est **responsable** de l'exécution des tâches qui lui sont confiées. En cas de faute, il engage sa responsabilité disciplinaire, pénale ou civile (voir Fiche 54).

Selon l'article 28 de la loi du 13 juillet 1983, il a l'obligation d'**obéir** aux instructions générales ou particulières de son supérieur hiérarchique. Il existe toutefois trois situations dans lesquelles la désobéissance est justifiée voire imposée.

En vertu d'une jurisprudence ancienne du Conseil d'État (Langneur, 10 novembre 1944) consacrée par l'article 28, le fonctionnaire doit désobéir à un « ordre manifestement illégal et de nature à compromettre gravement un intérêt public ».

En application d'une directive européenne du 12 juin 1989, le décret n° 2000-542 du 16 juin 2000 relatif à l'hygiène et la sécurité consacre et organise le droit pour un agent de se retirer d'une situation de travail présentant un danger grave et imminent pour sa vie ou sa santé. Ce droit de retrait est logiquement refusé aux fonctionnaires dont les missions consistent à assurer la sécurité des biens et des personnes en mettant leur vie en danger (par ex. sapeurs-pompiers).

Enfin, les articles 6 *ter* et 6 *quinquies* de la loi du 13 juillet 1983 légitiment la désobéissance aux abus d'autorité qui, directement ou indirectement, relèvent du harcèlement sexuel ou moral.

Les lois n° 2013-907 du 11 octobre 2013 et n° 2013-1117 du 6 décembre 2013 protègent les « **lanceurs d'alerte** » qui révèlent un soit un conflit d'intérêts soit un crime ou un délit dont ils ont eu connaissance dans l'exercice de leurs fonctions.

B. Les obligations relatives au comportement

1. L'article 6 de la loi du 13 juillet 1983 garantit aux fonctionnaires la **liberté d'opinion** et interdit toute discrimination directe ou indirecte en raison des opinions politiques, syndicales, philosophiques ou religieuses, mais aussi du sexe, de l'état de santé, de l'apparence physique, de l'âge, du handicap, de l'appartenance ethnique, de l'orientation sexuelle et du patronyme.

2. Pendant l'exercice de leurs fonctions, les fonctionnaires n'ont toutefois pas le droit d'exprimer leurs opinions en application du principe de **neutralité** du service public. Constitue ainsi une faute disciplinaire le port d'un signe ostensible d'appartenance religieuse, d'un foulard islamique par exemple (CE, avis, 3 mai 2000, Mlle Marteaux). En dehors du service, les fonctionnaires bénéficient en revanche du principe constitutionnel de « libre communication des pensées et des opinions » (DDHC de 1789, art. 11).

L'article 26 de la loi du 13 juillet 1983 définit cependant deux limites à cette liberté d'expression. D'une part, tous les fonctionnaires sont tenus au **secret professionnel**. S'ils divulguent en dehors des cas autorisés ou imposés par la loi une information confidentielle relative à un individu obtenue dans le cadre de leurs fonctions, ils sont passibles d'une sanction disciplinaire et d'une sanction pénale (Code pénal, art. 226-13).

D'autre part, ils doivent faire preuve de **discrétion professionnelle** en s'abstenant de divulguer les faits, informations ou documents relatifs à l'administration elle-même, sous peine de sanction disciplinaire. Mais l'autorité territoriale peut les délier de cette obligation, en vue notamment de satisfaire les demandes d'information du public (loi du 13 juillet 1983, art. 27).

La restriction la plus générale se montre d'origine jurisprudentielle (CE sect., 11 janvier 1935, Bouzanquet). Le **devoir de réserve** est l'obligation faite au fonctionnaire de modérer son expression et son comportement, pendant le service mais également en dehors du service. Des outrances dans l'expression (insultes contre le maire par ex.) ou des excès dans le comportement (par ex. participation à une manifestation interdite) justifient une sanction disciplinaire de l'autorité hiérarchique sous le contrôle du juge. Celui-ci donne à l'obligation de réserve une portée variable selon le rang hiérarchique et la nature des fonctions de l'agent. Les titulaires des emplois supérieurs dits fonctionnels (loi n° 84-53 du 26 janvier 1984, art. 53) doivent respecter une stricte réserve. En revanche, l'exercice d'une fonction syndicale exige une liberté d'expression accrue et donc un relâchement de l'obligation de réserve qui ne disparaît pas pour autant (CE, 23 avril 1997, Bitauld).

Fiche 54

La responsabilité disciplinaire des fonctionnaires territoriaux

A. La faute et la sanction disciplinaires

1. Le pouvoir disciplinaire appartient à l'**autorité territoriale** investie du pouvoir de nomination (maire, président de conseil départemental ou régional, etc.). Il lui revient d'apprécier si les faits reprochés à un agent constituent une faute. Le juge censure toute erreur dans cette qualification juridique des faits.

Contrairement à l'infraction, la **faute disciplinaire** n'est définie précisément par aucun texte. Elle consiste en tout manquement à une obligation définie par le statut (par ex. discrétion professionnelle) ou imposée par la jurisprudence (devoir de réserve par ex.). Ce manquement peut être commis dans l'exercice des fonctions (par ex. désobéissance) ou en dehors des fonctions (exercice d'une activité privée interdite par ex.).

2. L'article 89 de la loi du 26 janvier 1984 autorise neuf **sanctions** qui sont réparties en quatre groupes selon un ordre croissant de gravité. Celles du 1er groupe sont surtout morales (avertissement et blâme, plus exclusion temporaire de fonctions, communément appelée « mise à pied », pour une durée maximale de trois jours). L'abaissement d'échelon constitue une sanction du 2e groupe et la rétrogradation relève du 3e groupe. Les plus graves sont celles du 4e groupe : mise à la retraite d'office et révocation.

Dans le **choix de la sanction**, l'autorité compétente peut prendre en considération non seulement la gravité de la faute, mais encore le comportement général de l'agent, la nature de ses fonctions, sa place dans la hiérarchie, les précédents éventuels et les sanctions antérieures.

B. La procédure disciplinaire

1. Dans l'exercice de son pouvoir disciplinaire, l'autorité territoriale doit respecter des règles destinées d'une part à assurer le respect des droits de la défense et d'autre part à empêcher des décisions arbitraires.

Le respect des **droits de la défense** constitue à la fois un principe fondamental reconnu par les lois de la République et un principe général du droit (CE sect., 5 mai 1944, Dame Veuve Trompier-Gravier). Pour assurer ce respect, l'article 19 de la loi du 13 juillet 1983 institue deux garanties. D'abord, avant toute sanction même légère, l'administration doit, non pas communiquer à l'agent mis en cause son dossier individuel, mais l'informer qu'il a droit à cette communication.

Ensuite, elle doit l'informer qu'il peut se faire assister du défenseur de son choix, par exemple d'un avocat ou d'un représentant syndical, dans l'étude du dossier comme devant le conseil de discipline.

Avant toute sanction plus grave que celles du 1er groupe, l'autorité compétente a en effet l'obligation de consulter le **conseil de discipline** qui est une formation de la commission administrative paritaire compétente présidée par un magistrat de l'ordre administratif (loi du 26 janvier 1984, art. 90). Ce conseil a en principe deux mois pour rendre un avis motivé comprenant une proposition de sanction ou d'absence de sanction. Mais, si cet avis est obligatoire, il n'est pas conforme.

La **décision de sanction** est prise en opportunité par l'autorité territoriale. Le plus souvent celle-ci suit l'avis du conseil de discipline même si, juridiquement, elle n'y est nullement obligée. Comme l'avis, sa décision doit être motivée.

2. Pour contester un arrêté de sanction plus sévère que l'avis du conseil de discipline, le fonctionnaire peut mettre en œuvre un recours propre au contentieux disciplinaire en saisissant le **conseil de discipline de recours régional** (loi du 26 janvier 1984, art. 91). Composé paritairement de représentants des collectivités et des fonctionnaires et présidé par un magistrat de l'ordre administratif, ce conseil rend lui aussi un avis. Mais l'autorité territoriale ne peut cette fois maintenir une sanction plus sévère que celle de l'avis.

Le fonctionnaire peut aussi faire un recours pour excès de pouvoir contre l'arrêté. Le **juge administratif** s'assure d'abord que les règles de forme et de procédure ont été respectées, notamment celles qui concernent le respect des droits de la défense. Puis il vérifie que les faits reprochés sont matériellement exacts et qu'ils constituent bien une faute (contrôle de la qualification juridique des faits). Enfin, après s'être longtemps borné à censurer les erreurs manifestes d'appréciation (CE section, 9 juin 1978, Lebon), il exerce désormais un entier contrôle sur le caractère proportionné de la sanction (CE ass., 13 novembre 2013, M. B.).

En cas de violation de la légalité externe ou interne, l'arrêté est annulé. Le cas échéant, la carrière du fonctionnaire est reconstituée (CE, 26 décembre 1925, Rodière), après une éventuelle réintégration.

Fiche 55

Les institutions de la fonction publique territoriale

A. Les organes de participation

1. Au niveau national, le **Conseil supérieur de la fonction publique territoriale** est composé de représentants des organisations syndicales de fonctionnaires et des collectivités territoriales et présidé par un élu local qu'il désigne en son sein (loi du 26 janvier 1984, art. 8 et suiv.). Il est obligatoirement consulté sur les projets de loi, d'ordonnance et de décret réglementaire (comme les projets de statut particulier) relatifs à la FPT. Il examine toute question dont il est saisi par le ministre ou par un tiers de ses membres. Il peut aussi formuler des propositions. Depuis la loi du 5 juillet 2010, les représentants des employeurs et des fonctionnaires territoriaux votent séparément.

2. Au **niveau local**, trois organes de participation sont composés de représentants de l'administration et du personnel. La loi du 5 juillet 2010 supprime l'exigence du paritarisme numérique au sein du comité technique paritaire désormais dénommé **comité technique** (loi du 26 janvier 1984, art. 32 et suiv.). Créé dans chaque collectivité employant au moins 50 agents et auprès de chaque centre de gestion pour les autres collectivités, il exerce des attributions consultatives élargies en 2010 à de nouveaux domaines : organisation et fonctionnement des services, formation, problèmes d'hygiène et de sécurité, mais aussi politique indemnitaire et action sociale. L'avis est rendu lorsqu'ont été recueillis, d'une part, l'avis des représentants du personnel et, d'autre part, si une délibération le prévoit, l'avis des représentants de la collectivité.

La loi de 2010 prévoit la mise en place d'un **comité d'hygiène, de sécurité et des conditions du travail** dès 50 agents. S'il n'y a pas de CHSCT, ces domaines d'intervention relèvent du comité technique.

Une **commission administrative paritaire** est créée pour chaque catégorie (A, B, C) de fonctionnaires, soit auprès du centre de gestion, soit auprès de la collectivité si elle n'est pas affiliée (loi du 26 janvier 1984, art. 28 et suiv.). Présidée par l'autorité territoriale, elle comprend un nombre égal de représentants de l'administration et du personnel. Les CAP sont consultées sur les questions d'ordre individuel mentionnées par la loi du 26 janvier 1984, telles que le refus de titularisation, les avancements, la promotion interne, etc. En matière disciplinaire, elle siège en formation restreinte comme conseil de discipline.

B. Les organes de gestion

1. Les **centres de gestion** sont des établissements publics locaux à caractère administratif auxquels sont affiliés obligatoirement toutes les collectivités territoriales et leurs établissements employant moins de 350 fonctionnaires à temps complet (loi du 26 janvier 1984, art. 13 et suiv.). Pour les autres collectivités et établissements, l'affiliation est volontaire. Il existe un centre de gestion par département, sauf en Île-de-France où deux centres sont interdépartementaux (CIG de petite et grande couronne). Pour certaines de leurs missions, relatives notamment aux agents de catégorie A, les CDG s'organisent au niveau régional, interrégional ou national.

Chaque CDG est dirigé par un conseil d'administration qui est exclusivement composé de 15 à 30 élus représentant les collectivités et les établissements affiliés et qui désigne en son sein le président.

Comme le nom l'indique, les CDG remplissent des **missions** relatives à la gestion des personnels. Élargies par la législation récente, leurs compétences obligatoires comprennent notamment, pour les agents des trois catégories (à l'exception des A+), l'organisation des concours et examens professionnels, la publicité des créations et vacances d'emploi, le fonctionnement des organes de participation et la prise en charge des « incidentés de carrière ».

À la demande des collectivités et établissements, les CDG peuvent aussi exercer des missions facultatives consistant par exemple à assurer toute tâche administrative concernant la gestion des ressources humaines.

2. Le **Centre national de la fonction publique territoriale** est un établissement public national à caractère administratif regroupant l'ensemble des collectivités territoriales et de leurs établissements publics (loi du 26 janvier 1984, art. 12 et suiv.). Siégeant à Paris, il dispose de 29 délégations régionales ou interdépartementales possédant une certaine autonomie. Il est dirigé par un conseil d'administration de 34 membres comprenant un nombre égal de représentants des collectivités territoriales et des organisations syndicales de fonctionnaires territoriaux. Malgré cette composition paritaire, les élus locaux jouent un rôle prépondérant en exerçant la présidence et en votant seuls les décisions essentielles, notamment financières.

La loi du 19 février 2007 recentre le CNFPT sur sa principale **mission**, la mise en œuvre de la « formation professionnelle tout au long de la vie » à laquelle ont droit les agents territoriaux. Elle lui conserve toutefois quelques compétences en matière de gestion comme la reconnaissance de l'expérience professionnelle, la validation des acquis de l'expérience et la gestion des fonctionnaires de catégorie A+ des filières administrative, culturelle et technique (administrateurs, conservateurs et ingénieurs en chef).

DES DATES À RETENIR

LOI DU 19 OCTOBRE 1946 : premier statut républicain des fonctionnaires de l'État, fondé sur le système de la carrière.

LOI DU 28 AVRIL 1952 : ensemble de règles applicables à tous les agents communaux, soumis au système de l'emploi.

LOI DU 13 JUILLET 1983 : titre I du statut général de la fonction publique, portant droits et obligations des fonctionnaires étatiques, territoriaux et hospitaliers.

LOI DU 26 JANVIER 1984 : titre III du statut général de la fonction publique, ayant pour objet de définir le statut de la fonction publique territoriale, fondé sur le système de la carrière.

PROJET DE LOI DU 17 JUILLET 2013 : remanié et allégé par la lettre rectificative du 17 juin 2015, ce texte relatif à la déontologie et aux droits et obligations des fonctionnaires s'attache notamment à renforcer les valeurs qui fondent la spécificité de l'action des agents publics et à renforcer les outils déontologiques et le dispositif de prévention des conflits d'intérêt. Par ailleurs, il habilite le Gouvernement à moderniser par ordonnance les règles de mobilité et les positions statutaires des agents publics.

DES CHIFFRES À RETENIR

1,86 MILLION : fin 2012, nombre des agents territoriaux titulaires et non titulaires de droit public, soit 35 % de l'emploi public (les 2,37 millions d'agents étatiques en représentent 44 %).

369 653 : nombre des agents territoriaux non titulaires qui représentent 19,8 % de l'ensemble des agents territoriaux de droit public.

77,1 % : pourcentage des fonctionnaires de catégorie C dans la fonction publique territoriale (9,2 % en catégorie A et 13,6 % en catégorie B).

31 % : augmentation des effectifs des agents territoriaux entre 2002 et 2012 (+ 2,8 % en moyenne annuelle).

1 848 EUROS : en 2012, salaire mensuel net moyen d'un agent travaillant à temps complet dans la fonction publique territoriale (2 465 euros dans la FPE, 2 242 euros dans la FPH et 2 163 euros dans le secteur privé).

CHAPITRE 12
LES FINANCES LOCALES

Depuis la révision constitutionnelle du 28 mars 2003, l'article **72-2 C** est consacré aux ressources des collectivités territoriales. La plupart de ses dispositions constitutionnalisent des principes déjà reconnus par la loi, comme le pouvoir de fixer le taux et l'assiette des impôts perçus ou, en cas de transfert de compétences, l'obligation de transférer les ressources correspondantes.

Sa principale innovation est le principe selon lequel, pour chaque catégorie de collectivités, l'addition de ses recettes fiscales et des autres ressources propres doit représenter « une part déterminante de l'ensemble de leurs ressources ». Contrairement aux revendications des élus locaux, les ressources propres retenues par la **loi organique n° 2004-758 du 29 juillet 2004** relative à l'autonomie financière des collectivités territoriales comprennent non seulement les recettes notamment fiscales dont les collectivités territoriales peuvent maîtriser l'évolution, mais aussi les impôts dont la loi détermine, par collectivité, le taux ou une part locale d'assiette (par ex. cotisation sur la valeur ajoutée des entreprises ou CVAE). Une telle définition invite au partage d'impôts entre l'État et les collectivités territoriales (par ex. taxe intérieure de consommation sur les produits énergétiques ou TICPE). Comme le précise le Conseil constitutionnel dans sa décision 2009-599 DC du 29 décembre 2009 relative à la loi de finances pour 2010, la Constitution ne reconnaît pas aux collectivités territoriales le bénéfice d'une autonomie fiscale.

Par ailleurs, en l'absence de la définition de la « part déterminante » pour cause de censure du Conseil constitutionnel, la loi organique dispose seulement que cette part ne peut être inférieure au niveau constaté au titre de l'année 2003 (60,8 % pour les communes et les EPCI, 58,6 % pour les départements et 41,7 % pour les régions). Il n'est cependant pas sûr que cette définition soit pertinente car, si l'État diminue ses dotations, la part des ressources propres augmente automatiquement.

En matière d'impôts locaux, l'**État** joue un rôle essentiel et multiple. Il vote les lois de finances. Il effectue les opérations de calcul et de recouvrement. Il assure le paiement des impôts votés, même s'ils ne sont pas recouvrés. Dès le début de l'année, il avance par douzième le produit de ces impôts qui ne sont encaissés qu'en fin d'année. En contrepartie de ces opérations, il prélève une partie du produit de la fiscalité locale directe que les élus locaux jugent parfois excessive.

Créé par la loi n° 79-15 du 3 janvier 1979, le **comité des finances locales** (CFL), qui est composé de représentants du Parlement, des collectivités territoriales et de l'État, est l'instance essentielle du dialogue financier entre l'État et les collectivités territoriales.

Longtemps incapable de réformer une **fiscalité locale** dont la complexité et l'obsolescence étaient unanimement critiquées, l'État se bornait à réguler le dispositif en multipliant les dégrèvements et les allocations compensatrices. En 2013, ces contributions d'environ 12,3 Md€ représentent 15,8 % des recettes des collectivités territoriales au titre des taxes « ménages » et des impôts économiques.

Le remplacement de la taxe professionnelle jugée anti-économique par la **contribution économique territoriale** (CET) en application de la loi de finances pour 2010 s'accompagne d'une réforme d'ensemble marquée par une spécialisation des impôts locaux par niveau de collectivités et mise en place en 2011.

Les lois de finances pour 2004 et 2005 réforment profondément l'architecture des **concours financiers de l'État** aux collectivités territoriales. Instituée par la loi n° 79-15 du 3 janvier 1979, la dotation globale de fonctionnement (DGF) a pour caractéristique la plus novatrice, maintenue et renforcée par les réformes ultérieures, la globalisation des subventions de fonctionnement versées aux collectivités territoriales qui ensuite sont libres de leur emploi. La réforme de 2004 conforte son rôle de pivot des concours financiers de l'État.

Les élus locaux, qui ne maîtrisent pas l'évolution de ces dotations, compensations, etc., s'inquiètent de leur développement au détriment des recettes fiscales. Du moins l'État met-il en place depuis 1996 une programmation pluriannuelle de leur évolution. Mais la loi n° 2010-1645 du 28 décembre 2010 de programmation des finances publiques gèle au niveau de 2010 le montant d'une enveloppe de concours de l'État (dont la DGF). Le pacte de confiance et de responsabilité de juillet 2013 prévoit une baisse de 1,5 Md€ en 2014 et de nouveau en 2015. De plus, le programme de stabilité pour 2014-2017 prévoit une baisse de 11 Md€.

Le **budget** est l'acte par lequel une assemblée locale prévoit et autorise l'ensemble des recettes et des dépenses de la collectivité pour l'année. Si son adoption constitue un élément essentiel de la libre administration des collectivités territoriales, elle doit cependant respecter des règles nombreuses et minutieuses définies par le CGCT (art. L.1612-1 et suiv.) ainsi que par les instructions budgétaires et comptables (M14 dans les communes, M52 dans les départements et M71 dans les régions).

Si la préparation du budget est une responsabilité de l'organe exécutif, son vote constitue une prérogative que l'assemblée ne peut déléguer à aucun autre organe. Le budget adopté est transmis au préfet pour subir un **double contrôle** : un contrôle de légalité comme toutes les délibérations (voir Fiches 62 et 63) ; mais aussi un contrôle spécifique qui associe le préfet et la chambre régionale ou territoriale des comptes (CRTC).

Créées en 1982, 20 **chambres régionales des comptes**, auxquelles s'ajoutent 5 chambres territoriales des comptes dans les COM, interviennent dans ce contrôle budgétaire comme autorités administratives par des avis, des propositions ou des mises en demeure. Elles ont également pour mission de juger les comptes des comptables publics des collectivités territoriales et de leurs établissements publics et d'examiner la gestion des collectivités territoriales et de leurs « satellites ».

L'exécution du budget est dominée par le **principe de séparation des ordonnateurs et des comptables**. Dégagé dès 1822, il divise en deux fonctions la gestion des fonds publics : les ordonnateurs donnent l'ordre d'effectuer les dépenses et d'encaisser les recettes tandis que les comptables procèdent au paiement des dettes et au recouvrement des créances (décret n° 2012-1246 du 7 novembre 2012 relatif à la gestion budgétaire et comptable publique, art. 9). Dans le cadre de la décentralisation, il est cependant paradoxal que les comptables publics locaux soient des fonctionnaires étatiques.

En vertu de ce principe, il est interdit à l'ordonnateur – et à tout agent placé sous son autorité – de manier des deniers publics. Sinon, il se rend coupable de **gestion de fait**, ce qui constitue, non une infraction, mais une irrégularité aux règles budgétaires et comptables sanctionnée par la CRTC (Code des juridictions financières, art. L.231-3 et suiv.). Définitivement déclaré comptable de fait, il peut être condamné au paiement d'une amende et suspendu de sa qualité d'ordonnateur (confiée à un adjoint ou un vice-président désigné par le conseil) jusqu'à ce qu'il ait reçu quitus de sa gestion.

En pratique, le recouvrement des créances (par ex. tarifs d'entrée d'une piscine municipale) ou le paiement des dettes (dépenses d'une classe de neige par ex.) par le comptable n'est pas toujours possible. La **régie** (d'avances ou/et de recettes) consiste à donner à un agent désigné par un ordonnateur et agréé par un comptable l'autorisation de manier des fonds publics sous l'autorité du premier et pour le compte du second (CGCT, art. R.1617-1).

POUR EN SAVOIR PLUS

- Michel BOUVIER, *Les Finances locales*, LGDJ, coll. « Systèmes », 2013, 304 pages.
- *www.collectivites-locales.gouv.fr* : sur ce portail de l'État, voir Finances locales (abonnez-vous à la *Lettre d'information*).

LISTE DES FICHES

Fiche 56

Les principes budgétaires

A. Les principes relatifs à la présentation

1. Le **principe de l'unité** consiste dans la nécessité de faire figurer dans un document unique appelé budget primitif les recettes et les dépenses relatives à l'exercice. Il connaît toutefois des aménagements.

Le **budget primitif** est le seul acte obligatoire. Il comprend le budget principal et, éventuellement, un ou plusieurs budgets annexes pour les services publics (notamment industriels et commerciaux) exigeant une comptabilité distincte. Le budget principal contient lui-même quatre parties : informations générales sur le budget (données statistiques, fiscales ou financières) et modalités de vote du budget ; présentation générale du budget ; présentation des éléments de vote du budget, récapitulée par chapitres et détaillée par articles ; annexes à caractère informatif, comme l'état du personnel. La multiplication des annexes budgétaires, si elle tempère le principe classique d'unité, contribue au respect du **principe moderne de transparence** (CGCT, art. L.2313-1 par ex.).

Le budget primitif, qui est un acte de prévision, peut nécessiter en cours d'exercice des ajustements. Il appartient à l'assemblée locale de voter des délibérations appelées **décisions modificatives**, par exemple pour autoriser des dépenses nouvelles. Le budget supplémentaire est une décision modificative d'un caractère particulier : elle intègre au budget de l'exercice en cours les résultats déficitaires ou excédentaires de l'exercice précédent.

2. Le **principe de l'universalité** impose au budget de retracer l'ensemble des dépenses et des recettes. Il connaît toutefois des limites. En effet, les recettes et les dépenses correspondant aux services publics assurés par les « satellites » de la collectivité (établissements publics, sociétés d'économie mixte locales, sociétés publiques locales, associations) ne figurent pas dans le budget.

B. Les principes relatifs aux conditions temporelles

1. Le **principe de l'annualité** est le principe selon lequel la portée des autorisations budgétaires est limitée à une année civile : la collectivité territoriale doit chaque année voter un budget. Pour faciliter l'articulation entre les exercices successifs, ce principe connaît toutefois des aménagements relatifs notamment aux dépenses d'investissement qui peuvent obéir à une logique de programmation pluriannuelle (autorisations de programme).

2. Le **principe de l'antériorité** est le principe selon lequel le budget doit être établi avant le début de l'année à laquelle il se rapporte. En conséquence, une dépense ne peut être faite ou une recette perçue que si elle a fait l'objet d'une inscription budgétaire préalable. Dans la pratique, les budgets des collectivités territoriales sont rarement votés à la date du 1er janvier, car leur contenu dépend du budget de l'État (lui-même adopté fin décembre) et d'informations transmises par ses services. C'est pourquoi l'article L.1612-2 du CGCT autorise l'adoption du budget jusqu'au 15 avril (jusqu'au 30 avril l'année de renouvellement des conseils). Malgré l'absence éventuelle de budget en début d'année, différents mécanismes permettent à l'organe exécutif de recouvrer les recettes et d'engager, dans certaines limites, des dépenses.

C. Les principes relatifs au contenu

1. Comme le budget de l'État, les budgets locaux sont régis par le **principe de la spécialisation des crédits** qui vise à assurer la maîtrise de l'assemblée locale sur les finances de la collectivité. C'est pourquoi les autorisations de dépenses sont affectées à un objet particulier qui est défini de façon plus ou moins étroite par l'organe délibérant. Ce principe connaît des aménagements. Notamment, l'assemblée peut porter un crédit pour dépenses de fonctionnement ou d'investissement imprévues.

En revanche, les recettes, notamment fiscales, ne sont pas affectées. Mais ce **principe de l'unité de caisse** connaît aussi de nombreuses exceptions.

2. Contrairement au budget de l'État, les budgets locaux doivent être en **équilibre réel**, ce qui exige trois conditions (CGCT, art. 1612-4) :

- les budgets comprennent deux sections qui doivent chacune être votées en équilibre réel : la section de fonctionnement rassemble les dépenses et recettes revenant chaque année et nécessaires au fonctionnement des services (par ex. frais de personnel) ; la section d'investissement regroupe les dépenses et recettes relatives à des opérations non renouvelables à l'identique chaque année et modifiant de manière appréciable le patrimoine de la collectivité (construction d'un équipement par ex.). La loi autorisant les excédents, cette condition aboutit à interdire les déficits ;
- les prévisions de recettes et de dépenses doivent être sincères. Ce **principe de sincérité** interdit que l'équilibre résulte d'un artifice de présentation (par ex. recettes surestimées ou dépenses obligatoires absentes) ;
- les ressources propres doivent assurer le remboursement de la dette en capital. Cela signifie qu'une collectivité ne peut emprunter pour rembourser ses emprunts précédents.

Fiche 57

La procédure budgétaire

A. La préparation du budget

1. Les services étatiques transmettent à toutes les collectivités, avant le 31 mars, certaines informations indispensables à la préparation du budget, comme le montant des dotations ou différentes données fiscales.

Dans les départements, les régions et les communes de 3 500 habitants et plus, l'assemblée doit débattre d'un **rapport sur les orientations budgétaires**, les engagements pluriannuels envisagés ainsi que sur la structure et la gestion de la dette (CGCT, art. L.2312-1, L.3312-1 et L.4312-1). Dans les départements, les régions et les communes de plus de 10 000 habitants, ce rapport comporte, en outre, une présentation de la structure et de l'évolution des dépenses et des effectifs. Ce débat a lieu dans les deux mois précédant l'examen du budget, sauf dans les régions pour lesquelles la loi n° 98-135 du 7 mars 1998 a porté le délai à dix semaines en raison de la consultation obligatoire du conseil économique, social et environnemental régional. L'organe exécutif décide librement de tenir compte – ou non – des positions exprimées lors du débat : il reste maître du contenu du projet qui sera soumis à l'assemblée.

2. Les sections fonctionnement et investissement du budget comprennent des recettes (voir Fiche 58) et des dépenses. Il faut distinguer **trois catégories de dépenses**.

L'article L.1612-15 du CGCT définit deux types de **dépenses obligatoires** : les « dépenses nécessaires à l'acquittement des dettes exigibles » (dont le principe et le montant ne sont pas sérieusement contestés) et les « dépenses pour lesquelles la loi l'a expressément décidé ». Pour chaque catégorie de collectivités territoriales, le CGCT établit une liste hétérogène et non exhaustive de dépenses obligatoires dans laquelle on trouve toujours les frais de personnels (rémunération des agents, indemnités de fonction des élus…) et les dépenses liées au fonctionnement des services publics obligatoires, par exemple en matière d'éducation nationale (voir CGCT, art. L.2321-2, 32 dépenses obligatoires pour les communes). De nombreuses lois éparpillées complètent cette liste qui représentent donc une part très importante du volume des budgets locaux.

Le caractère obligatoire de la dépense est rendu effectif par la procédure d'inscription d'office (voir Fiche 60) et celle de mandatement d'office (voir Fiche 59).

En l'absence de toute liste des **dépenses interdites**, celles-ci résultent de lois éparses, comme celle du 9 décembre 1905 sur la séparation des Églises et de l'État, et de la jurisprudence administrative relative à la clause de compétence générale (voir Fiche 46).

Toutes les dépenses qui ne sont ni obligatoires ni interdites sont **facultatives**. Impossibles à recenser, elles relèvent des choix politiques effectués par les élus locaux compte tenu des disponibilités budgétaires.

B. Le vote du budget

1. Le vote est souvent précédé par un examen du projet de budget par la commission des finances qui peut seulement donner un avis. Ce vote constitue en effet une **prérogative de l'assemblée locale** qui ne peut la déléguer à un autre organe.

2. Pour préparer la séance, les conseillers reçoivent un rapport (départements et régions) ou une note explicative de synthèse (communes de 3 500 habitants et plus). Lors de l'examen du budget, une **entière liberté** est reconnue à l'assemblée locale qui peut modifier comme elle l'entend le projet présenté par l'exécutif. Le vote se fait par chapitre ou, si elle le décide, par article. Depuis la loi n° 80-10 du 10 janvier 1980, il lui appartient de fixer les taux des impôts directs locaux, comme le permet explicitement l'article 72-2 al. 2 C.

L'assemblée locale doit cependant respecter les principes budgétaires ainsi que les obligations, limitations ou interdictions légales en matière de dépenses et de fiscalité.

La **loi NOTRE du 7 août 2015** impose aux régions, aux départements et aux communes de plus de 10 000 habitants de joindre au budget primitif et au compte administratif une présentation brève et synthétique retraçant les informations financières essentielles afin de permettre aux citoyens d'en saisir les enjeux. Comme d'autres documents budgétaires, cette présentation est mise en ligne sur le site Internet de la collectivité lorsqu'il existe.

C. Le contrôle du budget

1. Pour devenir **exécutoire**, la délibération budgétaire doit être publiée et, au plus tard quinze jours après la date limite fixée par le législateur pour son adoption, transmise au préfet (CGCT, art. L.1612-8).

2. Le représentant de l'État exerce sur le budget un **double contrôle**. D'une part, il le soumet, comme les autres délibérations, à un contrôle administratif appelé **contrôle de légalité** (voir Fiches 62 et 63). Il vérifie que les règles de procédure ont été respectées, que toutes les dépenses sont légales, etc.

D'autre part, dans cinq cas, il exerce sur les décisions budgétaires un **contrôle spécifique** ayant pour objet, non leur annulation, mais leur réformation en association avec la chambre régionale ou territoriale des comptes (CRTC) dont les attributions sont définies par le Code des juridictions financières (CJF) et le CGCT (voir Fiche 60).

Fiche 58

Les ressources des collectivités territoriales

A. Les ressources propres

1. Les **impôts et taxes** représentent plus de la moitié des recettes des collectivités territoriales (125,6 Md€ d'euros sur 229,7 Md€ en 2013, dont 75,2 Md€ pour les contributions directes).

Depuis la loi du 10 janvier 1980, les assemblées locales votent des **taux** pour chacun des impôts directs locaux et perçoivent les produits correspondants. Cette liberté fiscale est toutefois encadrée par des règles de plafonnement et de variation qui diffèrent selon la collectivité et l'impôt concernés.

En 2013, les **trois impôts directs dits ménages** représentent 49,8 Md€ : taxe foncière sur les propriétés bâties (TFPB), taxe foncière sur les propriétés non bâties (TFNB), taxe d'habitation (TH).

À compter de 1999, la **taxe professionnelle** due chaque année par les personnes physiques ou morales exerçant à titre habituel une activité professionnelle non salariée (commerciale, artisanale, industrielle, libérale), qui était jugée anti-économique, fait l'objet de plusieurs réformes. Depuis le 1er janvier 2010, elle est remplacée, dans le cadre d'une refonte d'ensemble de la fiscalité locale, par une contribution économique territoriale (CET) à deux composantes : la cotisation foncière des entreprises (CFE) fondée sur les bases foncières ; la cotisation sur la valeur ajoutée des entreprises (CVAE) dont le taux est fixé au niveau national.

La loi de finances pour 2010 crée également un **impôt forfaitaire sur les entreprises de réseaux** (IFER) frappant les activités non délocalisables (énergie, télécommunications, transport ferroviaire).

Cette réforme s'accompagne d'une **spécialisation des impôts locaux**. Après une année de transition en 2010, chaque catégorie de collectivités territoriales se voit attribuer une fiscalité particulière :

- communes et EPCI : TH, TFPB, TFNB, CFE, CVAE (26,5 % du produit), IFER, taxe sur les surfaces commerciales ;
- départements : TFPB, CVAE (48,5 % du produit), taxe spéciale sur les conventions d'assurance, droits de mutation à titre onéreux, taxe intérieure de consommation sur les produits énergétiques ;
- région : CVAE (25 % du produit), IFER, taxe intérieure de consommation sur les produits pétroliers, taxes sur les cartes grises et les permis de conduire (le projet de loi de finances pour 2016 devrait assurer aux régions, à partir de 2017, 50 % du produit de la CVAE, le transfert provenant essentiellement des départements).

2. Les **ressources non fiscales** consistent notamment dans les produits d'exploitation et les produits du domaine. Peu importantes pour les régions et les départements, elles représentent environ 10 % des recettes des communes, davantage dans les grandes villes.

Les **produits d'exploitation** sont constitués de recettes provenant des services publics gérés par la collectivité : redevance d'enlèvement des ordures ménagères, tarifs des cantines scolaires, etc.

Les **produits du domaine** consistent notamment dans les recettes que procure l'exploitation du domaine public ou privé de la collectivité : redevances d'occupation privative du domaine public, ventes de coupes de bois...

B. Les ressources externes

1. En 2015, les **concours financiers de l'État** aux collectivités territoriales représentent 55,87 Md€, en diminution de 3,4 Md€ par rapport à 2014 dans le cadre du programme de stabilité pour 2014-2017. Les collectivités contribuent au redressement des finances publiques à hauteur de 451 M€ pour les régions, de 1,15 Md€ pour les départements et de 2,07 Md€ pour le bloc communal (1,45 Md€ pour les communes et 621 M€ pour les EPCI).

De nombreuses dotations alimentent les sections de fonctionnement et d'investissement des budgets locaux. La **dotation globale de fonctionnement,** qui devrait être prochainement réformée, représente une part prépondérante des subventions et dotations de fonctionnement puisque son montant s'élève à 36,6 Md€. Instituée par la loi n° 79-15 du 3 janvier 1979, elle a pour caractéristique la plus novatrice, maintenue et renforcée par les réformes ultérieures, la globalisation des subventions de fonctionnement versées aux collectivités territoriales qui ensuite sont libres de leur emploi. La DGF comprend une dotation forfaitaire garantissant des ressources stables et une dotation de péréquation qui permet de prendre en compte la situation de la collectivité conformément à l'objectif de péréquation fixé par l'article 72-2 C.

Mais les collectivités territoriales ne maîtrisent pas l'évolution de ces concours financiers, même si elle fait l'objet d'une programmation pluriannuelle qui peut prendre une forme contractuelle (par ex. pacte de confiance et de responsabilité de juillet 2013).

2. Depuis la loi n° 82-213 du 2 mars 1982, les assemblées locales peuvent librement décider de recourir à l'**emprunt** dans des conditions de plus en plus comparables à celles des entreprises privées. Il ne peut cependant servir à financer des dépenses de fonctionnement ni à rembourser le capital de la dette existante.

En 2013, les collectivités et leurs groupements empruntent 16,8 Md€. Le stock de leur dette atteint 137 Md€.

Fiche 59

L'exécution du budget

A. L'ordonnateur

1. Dans les limites des autorisations budgétaires, le maire ou le président de conseil engage, liquide et ordonne le paiement des **dépenses** de la collectivité :

- l'engagement est l'acte par lequel l'ordonnateur crée ou constate une obligation de laquelle résultera une dépense pour la collectivité (par ex. signature d'un contrat, d'un bon de commande ou de l'arrêté de nomination d'un agent) ;
- la liquidation est une opération ayant pour objet de vérifier la réalité et d'arrêter le montant de la dépense ;
- l'ordre donné au comptable de payer une dépense s'appelle un mandat de paiement.

Le maire ou le président de conseil constate, liquide et ordonne le recouvrement des **recettes** non fiscales de la collectivité (produits du domaine et des services, encaissement des emprunts, etc.). L'ordre donné au comptable d'encaisser une recette s'appelle un titre de recette.

2. Dans ses attributions relatives à l'exécution du budget, l'ordonnateur est soumis à différentes formes de contrôle, notamment du **comptable public** (voir plus loin).

À tout moment le **préfet** peut se substituer au maire ou au président pour donner au comptable l'ordre de payer (CGCT, art. L.1612-16). En effet, si une dépense obligatoire inscrite au budget n'est pas mandatée dans le mois suivant la mise en demeure du représentant de l'État (deux mois si la dépense est égale ou supérieure à 5 % des dépenses de fonctionnement de la collectivité), celui-ci procède au mandatement d'office.

Chaque année, l'ordonnateur doit présenter à son **assemblée** le compte administratif retraçant l'exécution du budget au cours de l'exercice précédent (CGCT, art. L.1612-12 et suiv.). Ce compte est examiné, débattu et arrêté par un vote qui doit intervenir au plus tard le 30 juin. Le vote porte également sur le compte de gestion tenu par le comptable de la collectivité. La séance est présidée par un conseiller élu spécialement et l'ordonnateur se retire au moment du vote. Les comptes sont arrêtés si une majorité de voix ne se dégage pas contre leur adoption. Dans la pratique, ce vote constitue souvent une simple formalité d'enregistrement. Le compte administratif doit être transmis au préfet au plus tard le 15 juillet.

Enfin, la responsabilité financière de l'ordonnateur peut être mise en cause par **deux juridictions financières** : de manière marginale par la Cour de discipline budgétaire et financière pour trois irrégularités graves comme la réquisition irrégulière du comptable (Code des juridictions financières, art. L.312-2) et de manière un peu moins rare par la chambre régionale ou territoriale des comptes en cas de gestion de fait.

B. Le comptable

1. Le comptable public est un **fonctionnaire de l'État** nommé par le ministre chargé du budget et relevant de la direction générale des finances publiques. Une réforme lancée en 2003 vise à en faire l'interlocuteur financier et fiscal unique de l'État pour les collectivités territoriales. Bien qu'il exécute les ordres de l'ordonnateur, il n'est nullement son subordonné.

Sa principale mission consiste à recouvrer la plupart des recettes (impôts directs, produits d'exploitation, produits du domaine...) et à payer les **dépenses** de la collectivité territoriale. Mais il doit d'abord s'assurer de la régularité financière du mandat de paiement (disponibilité des crédits, validité de la créance, etc.). Si la dépense paraît régulière, il a l'obligation de viser le mandat et de procéder au paiement.

Si la dépense semble irrégulière, il suspend son visa par une décision motivée notifiée à l'ordonnateur. Le plus souvent, celui-ci se conforme à la décision du comptable et corrige ou retire sa demande de paiement. Mais il peut aussi adresser au comptable un ordre de réquisition qui est notifié à la CRTC (CGCT, art. L.1617-3). En dehors de quelques cas énumérés par la loi tels que l'insuffisance des crédits disponibles ou l'absence totale de justification du service fait, le comptable doit effectuer la dépense contestée, la responsabilité pécuniaire de l'ordonnateur se substituant à la sienne.

Le comptable tient le **compte de gestion**, qui est une récapitulation de sa comptabilité, et le transmet à l'exécutif local au plus tard le 1er juin de l'année suivant l'exercice (CGCT, art. L.1612-12).

Il tient également le **compte** – non rémunéré – de la collectivité au Trésor, sur lequel elle est tenue, depuis un décret impérial du 27 février 1811, de déposer ses fonds libres. Confirmée par la loi organique n° 2001-692 du 1er août 2001 relative aux lois de finances (art. 26), cette règle connaît toutefois des dérogations élargies par la législation récente.

2. Les **chambres régionales et territoriales des comptes** jugent les comptes des comptables publics locaux à l'exception de ceux des plus petites collectivités (CJF, art. L.211-2 : population inférieure à 5 000 habitants ou recettes de fonctionnement inférieures à trois millions d'euros). Dans cette activité juridictionnelle, elles statuent sur la seule régularité des comptes

Fiche 60

Le contrôle budgétaire

Les CRTC concourent au contrôle des actes budgétaires des collectivités territoriales et de leurs établissements publics par des avis, des propositions ou des mises en demeure. Dans les **cinq hypothèses** définies par les articles L.1612-1 et suivants du CGCT, elles n'interviennent pas comme juridictions financières mais en qualité d'autorités administratives (538 saisines en 2013).

A. Le contrôle du budget adopté

1. Si le budget n'est **pas adopté** dans le délai imparti ou s'il n'est pas transmis dans les quinze jours suivant la date limite de vote, le préfet saisit sans délai la CRTC (CGCT, art. L.1612-2). Cette saisine suspend les pouvoirs financiers de l'assemblée locale. Dans le mois suivant, la chambre formule des propositions pour le règlement du budget dans un avis public qui est communiqué à l'assemblée. Puis le budget de la collectivité est réglé et rendu exécutoire par le préfet. S'il s'écarte des propositions de la chambre, il assortit sa décision d'une motivation explicite. La collectivité concernée est alors mise sous surveillance. Ainsi, les décisions modificatives et le budget primitif suivants sont transmis à la chambre régionale ou territoriale des comptes.

Faisant souvent preuve de souplesse, les préfets ne saisissent en général la CRTC qu'en cas de blocage de l'assemblée locale (84 saisines en 2013).

2. Aux termes de l'article L.1612-15, quand une **dépense obligatoire** n'est pas inscrite au budget ou l'est pour une somme insuffisante, le préfet, le comptable public ou toute personne y ayant intérêt peut saisir la CRTC. Dans le délai d'un mois, elle constate par un avis le défaut ou l'insuffisance d'inscription et adresse une mise en demeure à la collectivité territoriale. Si, dans le mois suivant, cette mise en demeure reste sans effet, elle demande au préfet d'inscrire la dépense au budget et propose, s'il y a lieu, la création de ressources ou la diminution de dépenses facultatives destinées à couvrir la dépense obligatoire.

Le préfet règle et rend exécutoire le budget rectifié en conséquence. S'il s'écarte des propositions de la chambre, il assortit sa décision d'une motivation explicite. Il peut même refuser l'inscription en raison de circonstances particulières, mais en cas de refus illégal constitutif d'une faute lourde, il engage la responsabilité de l'État.

Cette procédure a provoqué 181 saisines en 2013.

3. Lorsque le budget d'une collectivité territoriale n'est pas voté en **équilibre réel**, le préfet saisit la CRTC dans les trente jours suivant la réception de la délibération, dont l'exécution est suspendue (CGCT, L.1612-5). Dans un délai de trente jours, un avis de la chambre constate le déséquilibre, propose à la collectivité les mesures nécessaires au rétablissement de l'équilibre et demande une nouvelle délibération à son organe délibérant.

L'assemblée locale a un mois pour équilibrer son budget, sans être tenue de suivre les propositions de la CRTC. Si elle ne se prononce pas dans le délai prescrit ou si la CRTC juge insuffisantes les mesures de redressement dans les quinze jours suivant leur transmission, le budget est réglé et rendu exécutoire par le préfet. S'il s'écarte des propositions de la chambre, il doit assortir sa décision d'une motivation explicite. La collectivité est alors mise sous surveillance.

Les CRTC ont fait l'objet de 101 saisines en 2013.

B. Le contrôle du budget exécuté

1. Si l'arrêté des comptes fait apparaître dans l'exécution du budget, après vérification, un **déficit** égal ou supérieur à 10 % des recettes de fonctionnement pour les communes de moins de 20 000 habitants et à 5 % pour les autres collectivités, le préfet saisit la CRTC (CGCT, art. L.1612-14). Dans le délai d'un mois, la chambre propose des mesures de redressement à la collectivité territoriale qui les met librement en œuvre.

Toutefois, le budget primitif que l'assemblée locale adopte pour l'exercice suivant est transmis par le préfet à la CRTC. Si celle-ci constate l'absence ou l'insuffisance des mesures d'apurement, elle adresse dans le délai d'un mois de nouvelles propositions au préfet. Le préfet règle et rend exécutoire le budget de la collectivité en s'écartant éventuellement des propositions de la chambre par une décision motivée.

Cette procédure d'apurement des déficits, qui vise à éviter qu'une collectivité laisse sa situation financière se dégrader, a provoqué, en 2013, 107 saisines des CRTC.

2. La loi n° 98-546 du 2 juillet 1998 a institué un nouveau cas de saisine de la CRTC (art. L.1612-12 et L.1612-13 du CGCT). Lorsque le **compte administratif** fait l'objet d'un rejet de la part de l'assemblée locale, le préfet saisit sans délai la CRTC pour avis afin de substituer le projet de compte administratif, s'il est conforme au compte de gestion, au compte administratif dans différentes procédures.

En 2013, les CRTC ont connu 47 saisines.

DES CHIFFRES À RETENIR

233,63 MD€ : en 2013, montant en euros des dépenses des collectivités territoriales et de leurs groupements à fiscalité propre (100,75 Md€ pour les communes, 41,14 Md€ pour les EPCI à fiscalité propre, 72,39 Md€ pour les départements, 28,70 Md€ pour les régions).

20,9 % : en 2013, part de la dépense publique effectuée par les administrations publiques locales.

58,8 % : en 2013, part de l'investissement public réalisée par les administrations publiques locales.

125,6 MD€ : en 2013, produit de la fiscalité locale dont 75,2 Md€ pour les contributions directes.

101,4 MD€ : en 2015, montant des transferts financiers de l'État aux collectivités territoriales, en baisse de 1,2 % par rapport à 2014.

DES ANALYSES À MÉDITER

« Les collectivités territoriales bénéficient de ressources dont elles peuvent disposer librement dans les conditions fixées par la loi.

Elles peuvent recevoir tout ou partie du produit des impositions de toutes natures. La loi peut les autoriser à en fixer l'assiette et le taux dans les limites qu'elle détermine.

Les recettes fiscales et les autres ressources propres des collectivités territoriales représentent, pour chaque catégorie de collectivités, une part déterminante de l'ensemble de leurs ressources. La loi organique fixe les conditions dans lesquelles cette règle est mise en œuvre.

Tout transfert de compétences entre l'État et les collectivités territoriales s'accompagne de l'attribution de ressources équivalentes à celles qui étaient consacrées à leur exercice. Toute création ou extension de compétences ayant pour conséquence d'augmenter les dépenses des collectivités territoriales est accompagnée de ressources déterminées par la loi.

La loi prévoit des dispositifs de péréquation destinés à favoriser l'égalité entre les collectivités territoriales. » (article 72-2 de la Constitution du 4 octobre 1958 issu de la révision constitutionnelle du 28 mars 2003)

CHAPITRE 13
LES CONTRÔLES SUR LES COLLECTIVITÉS TERRITORIALES

Si, dans son 3e alinéa, l'article **72 C** dispose que les collectivités territoriales « s'administrent librement », il comprend un 6e alinéa préservant les prérogatives de l'État. Dans les collectivités territoriales de la République, le représentant de l'État, représentant de chacun des membres du Gouvernement – en principe le préfet – « a la charge des intérêts nationaux, du **contrôle administratif** et du respect des lois ». En effet, la libre administration ne signifie pas le libre gouvernement. Malgré les progrès de la décentralisation, la France demeure un État unitaire et une République indivisible (art. 1er C), ce qui implique l'exercice d'un contrôle effectif sur les collectivités territoriales (Cons. const., 25 février 1982, 82-137 DC, Loi de décentralisation).

Dans l'ensemble, les lois de décentralisation n'ont guère modifié les modalités du **contrôle étatique sur les élus et les organes locaux**. Malgré un effort d'harmonisation, ce contrôle continue d'être plus strict pour les maires et les adjoints qui, agents déconcentrés de l'État, peuvent être suspendus ou/et révoqués. Par ailleurs, la dissolution d'un conseil municipal, général ou régional incapable de fonctionner normalement peut être décidée par décret motivé en conseil des ministres.

Si la loi n° 82-213 du 2 mars 1982 remplace la « tutelle » administrative et financière par des « contrôles », elle ne fait qu'alléger la tutelle technique. Le contrôle **administratif** ou contrôle de légalité concerne tous les actes administratifs, y compris les actes budgétaires. Les procédures du contrôle **budgétaire** s'appliquent exclusivement, comme le nom l'indique, aux actes budgétaires (voir Fiche 60).

Quant à la « tutelle **technique** », elle désigne un ensemble de pratiques par lesquelles l'État oblige ou pousse les collectivités territoriales à conformer leurs décisions, dans certains domaines comme l'organisation des services publics locaux, à des modèles ou actes types (contrat ou règlement type par exemple).

Le **contrôle de légalité** représente donc la forme la plus générale de contrôle. Son organisation résulte notamment de la loi n° 82-623 du 22 juillet 1982 (CGCT, art. L.2131-1 et suiv., L.3131-1 et suiv., L.4141-1 et suiv.). Les principales innovations concernent le moment, les motifs et les acteurs. Alors que la tutelle antérieure intervenait ***a priori*** et relevait du seul préfet qui pouvait obéir à des considérations d'opportunité, le contrôle actuel intervient en principe ***a posteriori***, c'est-à-dire après l'entrée en vigueur de l'acte, pour des raisons de légalité et relève du juge administratif saisi par le préfet.

Forme ancienne et poussée de tutelle, la **substitution** permet au préfet d'agir en lieu et place d'une collectivité territoriale défaillante qui doit en supporter la charge financière et la responsabilité juridique. Ainsi, en cas de carence dans l'exercice des pouvoirs de police, il peut se substituer au maire mais aussi au président de conseil général (voir Fiches 14 et 30). Traditionnellement, l'autre grand domaine de la substitution concerne les finances locales (voir Fiches 59 et 60).

Mais les transferts de compétences aux collectivités territoriales se sont accompagnés de nouvelles possibilités de substitution d'action, par exemple en matière de logement social (Code de la construction et de l'habitation, art. L.302-9-1 : après constat de la carence d'une commune, conclusion d'une convention avec un organisme en vue de la construction ou l'acquisition des logements sociaux nécessaires).

L'obligation faite aux autorités territoriales de transmettre les actes administratifs importants pris au nom de leur collectivité doit permettre au préfet d'exercer son contrôle de légalité. En présence d'un acte illégal, il peut faire un recours pour excès de pouvoir appelé **déféré** devant le juge administratif, à condition d'informer la collectivité territoriale et, le cas échéant, de lui adresser un recours gracieux. En réalité, cette **phase administrative** de concertation préalable est aujourd'hui la principale modalité du contrôle de légalité. Par ailleurs, devant certains excès de la décentralisation, le législateur a renforcé dans les années 1990 les prérogatives du préfet dans le cadre du déféré, notamment en matière de référé-suspension.

En juillet 2003 et février 2007, deux **audits** d'inspections générales de l'administration font les mêmes constats que le Conseil d'État dans son rapport public en 1993 : le contrôle de légalité comporte de nombreuses brèches et inégalités en raison notamment du nombre et de la complexité des actes, de l'absence de cadre stratégique national ou local, du besoin croissant des préfets de ménager les élus locaux et d'une organisation administrative médiocre.

Pour améliorer l'efficacité du contrôle administratif, la loi n° 2004-809 du 13 août 2004 relative aux libertés et responsabilités locales réduit le nombre des actes transmissibles et permet la télétransmission. La révision générale des politiques publiques – et sans doute prochainement la modernisation de l'action publique – vise aussi à **recentrer** le contrôle de légalité sur les actes importants et les domaines sensibles, en définissant un cadre stratégique au niveau national comme départemental. Depuis 2004 également, des réformes de nature administrative ont renforcé l'efficacité des services préfectoraux, notamment en mutualisant les compétences.

Mais ces réformes s'accompagnent, dans le cadre de la RGPP comme de la MAP, d'une forte réduction du nombre des agents qui a diminué de 36,5 % entre 2008 et 2012. Et le taux global de contrôle des actes (de 33,3 % en 2010 à 22,6 % en 2013) comme le nombre des recours gracieux et des déférés ne cessent de diminuer. Pourtant, le Gouvernement continue de proclamer l'efficacité d'un contrôle caractérisé par un ciblage sur les actes aux plus forts enjeux et par le développement d'une action préventive, la Cour des comptes dénonce en juillet 2013 une « **atrophie du contrôle de la légalité** ». Et, dans son rapport de janvier 2012, le sénateur Jacques Mézard conclut que « le contrôle de légalité est devenu une véritable passoire ». Le constat est d'autant plus préoccupant que, dans ses missions de contrôle, le préfet engage la responsabilité pécuniaire de l'État s'il commet une faute lourde génératrice d'un dommage.

En raison des lacunes persistantes du contrôle étatique se développe aujourd'hui un **contrôle citoyen**. Notamment, lorsqu'ils sont confrontés à un acte administratif illégal, les habitants, les contribuables, les usagers, éventuellement regroupés en associations, peuvent intenter un **recours pour excès de pouvoir**, c'est-à-dire demander au juge administratif son annulation (CE ass., 17 février 1950, Dame Lamotte). Largement ouvert, ce recours donne lieu à un contrôle de la légalité externe aussi bien qu'interne des actes contestés.

Malgré les réformes et les progrès accomplis dans le début des années 2000 (division par deux du délai prévisible moyen de jugement au cours des 25 dernières années), le principal défaut de la justice administrative demeure sa **lenteur**, qui peut signifier une complète inefficacité quand le juge intervient trop tard pour faire cesser une situation illégale, et qui a valu à la France plusieurs condamnations par la Cour européenne des droits de l'homme (9 juin 1998, Cazenave de la Roche c. France).

POUR EN SAVOIR PLUS

- Philippe PONDAVEN, *Contrôle de légalité et collectivités territoriales*, Berger-Levrault, coll. « Pratiques locales », 2011, 265 pages.
- *www.conseil-etat.fr* : sur ce site du Conseil d'État, voir Organisation et Missions du Conseil d'État ainsi que des Tribunaux & cours (abonnez-vous à *La Lettre de la justice administrative*).

LISTE DES FICHES

Fiche 61

Le contrôle de l'État sur les élus et les organes locaux

A. Le contrôle sur les élus locaux

1. Les maires et les adjoints peuvent être **suspendus**, pour une durée n'excédant pas un mois, par un arrêté du ministre de l'Intérieur, ou/et **révoqués** par un décret motivé pris en conseil des ministres (CGCT, art. L.2122-16). Avant toute sanction, ils doivent être entendus ou invités à fournir des explications écrites sur les faits qui leur sont reprochés.

Il peut s'agir de **fautes** commises dans l'exercice des fonctions communales ou étatiques. Par exemple, en 1977 le maire de Lifou (Nouvelle-Calédonie) est légalement suspendu puis révoqué pour avoir insulté la France et les anciens combattants lors d'une cérémonie commémorant le 11 novembre 1918 (CE ass., 27 février 1981, Wahnapo).

Le juge administratif valide également la suspension d'un mois prononcée contre le maire de Bègles pour avoir célébré un mariage entre deux personnes de même sexe malgré l'opposition formée par le procureur de la République (TA Bordeaux, 9 juillet 2004, Noël Mamère c. Ministre de l'Intérieur).

> Presque dix ans plus tard, la loi n° 2013-404 du 17 mai 2013 ayant ouvert le mariage aux personnes de même sexe, le ministre de l'Intérieur détaille les « conséquences du refus illégal de célébrer un mariage de la part d'un officier d'état civil », telles que la suspension ou la révocation disciplinaires (circulaire du 13 juin 2013). Dans sa décision 2013-353 QPC du 18 octobre 2013, le Conseil constitutionnel valide l'absence de clause de conscience pour les élus.

Des faits étrangers aux fonctions mais inconciliables avec celles-ci peuvent également justifier une suspension ou une révocation. Une condamnation pénale pour attentat à la pudeur sur mineures de moins de 15 ans prive par exemple un maire de l'autorité morale nécessaire à l'exercice de ses fonctions (CE, 12 juin 1987, Chalvet).

La révocation emporte de plein droit l'**inéligibilité** aux fonctions de maire ou d'adjoint (mais non de conseiller municipal) pendant une durée d'un an à compter du décret de révocation, à moins qu'il ne soit procédé auparavant au renouvellement général des conseils municipaux.

2. Certaines **inéligibilités et incompatibilités** frappant un conseiller municipal, départemental ou régional après son élection (interdiction des droits civiques ou exercice d'une profession interdite par ex.) conduisent à une démission d'office immédiatement prononcée par le préfet de département ou de région (C. élect., art. L.205 et L.210, L.236 et L.239, L.341 et L.344). Toutefois, la saisine du juge possède le plus souvent un effet suspensif.

B. Le contrôle sur les organes locaux

1. La dissolution d'un conseil municipal, départemental ou régional peut être prononcée par **décret** motivé rendu en conseil des ministres (CGCT, art. L.2121-6, L.3121-5 et L.4132-3). S'il s'agit d'un conseil départemental ou régional, le Gouvernement en informe le Parlement dans le plus bref délai.

D'après la jurisprudence, le **motif** doit consister dans la nécessité d'assurer le fonctionnement de l'assemblée locale (CE, 19 janvier 1990, Bodin). Cette condition est notamment remplie quand des dissensions internes graves empêchent le conseil d'élire le maire ou de voter le budget. La dissolution apparaît alors comme la seule issue au blocage de la collectivité.

En revanche, un motif « politicien » serait censuré pour détournement de pouvoir. Dans le même ordre d'idées, le CGCT interdit explicitement la dissolution, par voie de mesure générale, de l'ensemble des conseils départementaux ou régionaux.

Chaque année, une douzaine de dissolutions sont prononcées. Si l'on excepte la « dissolution de convenance » de l'assemblée de la Polynésie française en 2004 et celle imposée par la loi organique n° 2007-1719 du 7 décembre 2007 tendant à renforcer la stabilité des institutions et la transparence de la vie politique en Polynésie française (voir Fiche 43), elles concernent presque exclusivement les petites **communes**.

Par ailleurs, en cas d'urgence, le préfet peut suspendre par arrêté motivé un conseil municipal, pour une durée maximum d'un mois (CGCT, art. L.2121-6).

2. Quelle que soit l'assemblée concernée, la dissolution provoque dans les deux mois la tenue de **nouvelles élections**. Mais, dans l'intervalle, la situation des collectivités n'est pas identique.

Dans les communes, le préfet constitue une **délégation spéciale** comprenant, selon la taille de la commune, trois à sept membres librement choisis par lui (CGCT, art. L.2121-35 et suiv.). Les pouvoirs de cette délégation sont limités aux actes de pure administration conservatoire et urgente. En aucun cas, il ne lui est permis d'engager les finances municipales au-delà des ressources disponibles de l'exercice courant. Elle procède par ailleurs à l'élection de son président qui fait office de maire.

Dans les départements et les régions, le **président du conseil** est chargé de l'expédition des affaires courantes (CGCT, art. L.3121-6 et L.4132-4). Mais ses décisions ne sont exécutoires qu'avec l'accord du préfet de département ou de région.

Fiche 62

La phase administrative du contrôle de légalité

A. Les obligations des autorités territoriales

Le CGCT exclut du contrôle de légalité les actes relevant du droit privé ou pris au nom de l'État. Il distingue **deux catégories d'actes** susceptibles d'être contrôlés par l'État.

1. Certains actes entrent en vigueur quand **deux conditions** sont remplies :

- ils ont fait l'objet d'une mesure de publicité qui consiste en une publication pour un règlement ou une notification à l'intéressé pour une décision individuelle ;
- ils ont été transmis, traditionnellement par courrier ou par coursier, au préfet ou au sous-préfet.

Il appartient au maire ou au président de conseil de certifier, sous sa responsabilité, le caractère exécutoire des actes. La preuve de leur réception peut être apportée par tout moyen, le mode le plus usuel étant l'accusé de réception immédiatement délivré par les services préfectoraux.

> La loi NOTRE n° 2015-991 du 7 août 2015 confirme que cette transmission peut s'effectuer par la **voie électronique** qu'elle rend obligatoire, dans un délai de cinq ans, pour les régions, les départements et les communes de plus de 50 000 habitants.

L'**obligation de transmission** concerne des actes importants limitativement énumérés par la loi. Trois textes récents (loi n° 2004-809 du 13 août 2004, loi n° 2007-1787 du 20 décembre 2007, ordonnance n° 2009-401 du 17 novembre 2009) ont réduit cette liste pour permettre aux préfets de concentrer leur contrôle sur les actes essentiels :

- délibérations des assemblées locales (sauf si elles portent sur certaines questions de voirie routière ou de fonction publique) ;
- principales conventions (marchés et accords-cadres sauf si leur montant est inférieur à 209 000 euros HT, emprunts, délégations de service public, contrats de partenariat) ;
- décisions individuelles relatives à la nomination des fonctionnaires ainsi qu'au recrutement et au licenciement des non-titulaires ;
- actes à caractère réglementaire pris par les autorités locales ;
- ordres de réquisition du comptable par l'exécutif ;
- décisions du maire dans l'exercice de son pouvoir de police (sauf celles relatives à la circulation et au stationnement) ;
- autorisations relatives à l'occupation du sol (permis de construire notamment) délivrées par le maire ou le président de l'EPCI compétent… (CGCT, art. L.2131-2, L.3131-2, L.4141-2)

L'obligation de transmission doit permettre au préfet d'exercer son contrôle sur les actes concernés. Mais il peut aussi prendre connaissance d'un acte par une personne lésée demandant le contrôle de sa légalité ou par toute autre voie. En vertu du **droit d'évocation** ouvert par la loi du 13 août 2004, il peut enfin demander la communication de tout acte.

2. En revanche, tous les **autres actes** administratifs, en principe de moindre importance, par exemple un avertissement sanctionnant un agent ou une décision individuelle d'aide sociale, deviennent exécutoires dès leur publication ou leur notification.

B. Le rôle du préfet

1. À compter de la réception de l'acte ou de la saisine par la personne lésée, le préfet a **deux mois** pour vérifier la légalité de l'acte. Cependant, en cas de demande de documents complémentaires, le délai imparti pour déférer l'acte au tribunal administratif court soit de la réception de ces documents, soit de la décision explicite ou implicite par laquelle l'autorité locale refuse de compléter la transmission initiale. Le juge considère en effet que la transmission doit comporter non seulement le texte intégral de l'acte mais également les documents annexes nécessaires pour apprécier la portée et la légalité de cet acte (CE sect., 13 janvier 1988, Mutuelle générale des personnels des collectivités locales et de leurs établissements).

En cas d'illégalité, le préfet peut directement **déférer** cet acte au juge administratif. La loi l'oblige alors à informer sans délai la collectivité en lui communiquant les illégalités invoquées.

2. Dans la pratique, avant de saisir le juge administratif, les préfets préfèrent en général adresser à la collectivité une lettre d'observations dans laquelle ils lui signalent les illégalités décelées et lui demandent le cas échéant, par un **recours gracieux**, de retirer ou de modifier la décision contestée. De plus, dans la circulaire du 17 janvier 2006, le ministre de l'Intérieur recommande aux préfets d'informer par un entretien personnalisé l'autorité locale avant l'envoi d'une lettre d'observations.

En tout état de cause, le recours gracieux proroge le délai de recours contentieux, même lorsque celui-ci a déjà été prorogé par une demande de pièces complémentaires (CE, 4 novembre 1996, Département de la Dordogne). Si elle consacre l'importance de la concertation préalable entre le préfet et les collectivités territoriales, cette jurisprudence relative à la double prorogation a pour effet de prolonger bien au-delà de deux mois le délai de recevabilité des déférés et donc l'incertitude pesant sur les actes locaux.

Les **statistiques** mettent en évidence le rôle essentiel de la phase administrative du contrôle de légalité. Sur les 5,2 millions d'actes transmis en 2013, 22,6 % sont contrôlés (mais 93,2 % des actes prioritaires le sont). 2,4 % des actes contrôlés font l'objet d'un recours gracieux et 0,059 % d'un déféré préfectoral.

Fiche 63

La phase contentieuse du contrôle de légalité

A. Le déféré préfectoral

1. Si la collectivité territoriale maintient la décision que le préfet estime illégale, celui-ci a la faculté, et non l'obligation, de saisir le juge administratif compétent. S'il peut donner délégation pour signer les lettres d'observation valant recours gracieux, il ne peut déléguer son pouvoir de déférer (décret n° 2004-374 du 29 avril 2004, art. 38 et 43). Sa **décision discrétionnaire** de ne pas déférer un acte ne peut être contestée par la voie du recours pour excès de pouvoir (CE sect., 25 janvier 1991, Brasseur).

2. Le déféré préfectoral s'analyse comme une **variante du recours pour excès de pouvoir** ouvert aux administrés. Toutefois, les lois de décentralisation ont voulu privilégier le préfet.

Ainsi, le déféré permet au préfet d'attaquer devant le juge de l'excès de pouvoir de simples mesures préparatoires ou des contrats administratifs des collectivités territoriales, alors que les recours des particuliers contre ces actes sont normalement irrecevables.

Les **prérogatives préfectorales** concernent surtout la procédure de sursis à exécution devenue, depuis la loi n° 2000-597 du 30 juin 2000 relative au référé devant les juridictions administratives, le référé-suspension, et aujourd'hui régie par le Code de justice administrative (CJA).

B. Le référé-suspension

1. En principe, un recours juridictionnel ne suspend pas l'exécution d'une décision administrative qui bénéficie d'une présomption de légalité. Il existe toutefois une procédure d'urgence par laquelle le juge suspend provisoirement l'exécution d'un acte administratif faisant l'objet d'un recours principal. Cependant, même lorsque les deux conditions législatives sont remplies (urgence justifiant la suspension de l'exécution de l'acte et existence d'une raison sérieuse de douter de sa légalité), le juge administratif n'est pas tenu de suspendre l'exécution de la décision contestée (CJA, art. L.521-1).

Dans le cadre de la suspension sur déféré, le préfet se distingue des autres requérants à un double titre : dès lors que la seule condition relative au doute sérieux sur la légalité de l'acte attaqué est remplie, le juge a l'obligation de lui accorder la suspension (CJA, art. L.554-1).

2. De plus, le préfet bénéficie d'une « **procédure accélérée** ». D'une part, quand il demande la suspension, le juge est tenu de statuer dans le délai d'un mois. Cette disposition ajoutée par la LOATR du 6 février 1992 ne prévoit cependant aucune sanction en cas de dépassement du délai.

D'autre part, dans le cadre d'une procédure d'extrême urgence issue de la loi du 2 mars 1982, le juge administratif doit statuer dans les 48 heures lorsque l'acte attaqué est de nature à compromettre l'exercice d'une liberté publique ou individuelle telle que la liberté de réunion (CJA, art. L.554-3).

La LOADT du 4 février 1995 a institué la « **suspension automatique** ». Quand, en matière d'urbanisme, de marchés, de contrats de partenariat ou de délégation de service public, le préfet fait la demande de suspension dans les dix jours suivant la réception de l'acte, cela provoque de plein droit un effet suspensif d'un mois (CJA, art. L.554-2). Si le juge n'a pas statué à l'expiration de ce délai, l'acte redevient exécutoire.

La suspension automatique a été récemment étendue aux actes pris en vertu d'une autorisation d'expérimentation (voir Fiche 48). En cas de recours du préfet assorti d'une demande de suspension, l'acte contesté cesse immédiatement de produire ses effets jusqu'à ce que le tribunal administratif ait statué sur cette demande (CGCT, art. LO.1113-4). S'il n'a pas statué dans le délai d'un mois, l'acte redevient exécutoire.

Ces procédures se rapprochent des formes de tutelle antérieures à 1982 puisqu'elles permettent au préfet de provoquer par sa seule intervention la suspension de l'acte d'une collectivité territoriale. Elles s'en différencient toutefois par la limitation dans le temps de la suspension, par le nombre réduit d'actes concernés et par la compétence du juge administratif pour accorder ou refuser la demande de suspension. De plus, en raison de la brièveté du délai imparti pour contrôler l'acte, les préfets les mettent rarement en œuvre.

C'est dans des conditions identiques à celles des autres requérants que, depuis la loi n° 92-10 du 4 janvier 1992, le **référé précontractuel** permet au préfet de saisir le juge administratif avant la conclusion d'un marché public, d'un contrat de partenariat public-privé ou d'une convention de délégation de service public, lorsqu'une collectivité territoriale méconnaît les obligations relatives à la publicité et à la mise en concurrence (CJA, art. L.551-1 et suiv.). Cette saisine interdit à l'autorité territoriale de signer avant la notification de la décision du juge à qui la loi reconnaît un pouvoir d'injonction. Comme son nom l'indique, le référé précontractuel vise à empêcher la conclusion d'un contrat en méconnaissance des règles qui la régissent.

Enfin, la loi organique n° 2003-705 du 1er août 2003 relative au **référendum local** met en place un contrôle de légalité renforcé (voir Fiche 39).

Fiche 64
La modernisation du contrôle de légalité

A. Les limites du contrôle de légalité

1. En juillet 2003 et février 2007, deux **audits** d'inspections générales de l'administration font les mêmes constats que le Conseil d'État dans son rapport public pour 1993, *Décentralisation et ordre juridique*. Les services étatiques doivent traiter une grande masse d'actes dans des délais courts et stricts. Or ils le font de manière peu coordonnée et avec des moyens obsolètes. Le résultat est que le contrôle est exercé de façon gravement hétérogène, souvent tardive et parfois incompétente.

L'**hétérogénéité** du contrôle résulte principalement de l'absence d'encadrement stratégique national et des attitudes diverses des préfets. Si certains estiment que l'illégalité doit, en principe, conduire à déférer, les autres reconnaissent qu'ils tiennent largement compte des intérêts locaux ou des considérations proprement politiques. C'est que, soumis au Gouvernement, ils sont aussi les partenaires des collectivités territoriales, notamment des grandes collectivités, sur de nombreuses politiques publiques.

2. Dans l'exercice du contrôle de légalité comme du contrôle budgétaire, le préfet engage pourtant la **responsabilité** pécuniaire de l'État s'il commet une faute lourde génératrice d'un dommage (CE, 6 octobre 2000, Ministre de l'intérieur c. Commune de Saint-Florent et autres).

B. La réforme du contrôle de légalité

1. La loi du 13 août 2004 du 13 août 2004 impose un **délai de quinze jours** pour la transmission des actes individuels des collectivités territoriales en vue d'écarter la menace que fait peser sur le recours gracieux et donc sur la phase administrative du contrôle de légalité un récent revirement de jurisprudence (CE ass., 26 octobre 2001, M. Ternon : le retrait d'un acte administratif individuel créateur de droits ne peut intervenir que dans un délai de quatre mois à compter de sa signature).

Cette loi vise également à permettre la transmission par **voie électronique** des actes des collectivités territoriales. Malgré les défauts de l'application informatique ACTES, 34 % des actes sont télétransmis en 2013.

Entre 1982 et 2004, le nombre d'actes transmis a plus que triplé, au point de submerger les services préfectoraux. C'est pourquoi les lois du 13 août 2004 et du 20 décembre 2007, ainsi que l'ordonnance du 17 novembre 2009 suppriment de la liste des actes transmissibles des **catégories d'actes** relevant de la gestion quotidienne des collectivités territoriales (voir Fiche 62), notamment :

- la plupart des délibérations relatives à la voirie ainsi que les décisions réglementaires et individuelles relatives à la police de la circulation et du stationnement ;
- les décisions individuelles relatives à la carrière des agents territoriaux, à l'exception de celles relatives à la nomination des fonctionnaires ainsi qu'au recrutement et au licenciement des non-titulaires ;
- les certificats de conformité en matière d'urbanisme.

De 2004 à 2013, le nombre d'actes transmis est ainsi passé de 8,3 à 5,2 millions. Celui des lettres d'observations valant recours gracieux est passé de 99 370 à 28 466 et celui des actes déférés au juge administratif de 1 424 à 696.

L'**objectif** est de permettre aux préfectures de concentrer le contrôle de légalité sur les actes importants ou les domaines sensibles. Selon la circulaire du ministre de l'Intérieur du 25 janvier 2012, la stratégie du contrôle de légalité est structurée en trois blocs : les priorités nationales, les priorités locales et les actes non prioritaires. En ce qui concerne les trois priorités nationales (urbanisme, commande publique et fonction publique territoriale), la circulaire établit une liste précise d'actes soumis à l'obligation de contrôle. Le préfet doit par ailleurs élaborer une stratégie départementale de contrôle appuyée sur les enjeux spécifiques au territoire et formalisée dans un rapport annuel.

2. **L'organisation administrative** du contrôle a fait aussi l'objet de réformes en vue de maximiser les compétences. Dans la circulaire du 23 juillet 2009, le ministre de l'Intérieur définit ainsi les principes conduisant à une **centralisation** du contrôle de légalité au sein des préfectures. Les sous-préfectures continuent toutefois de procéder au tri et à la première orientation des actes qu'elles réceptionnent (et les sous-préfets à la signature des recours gracieux). Elles développent aussi leur rôle de conseil juridique aux élus locaux, des petites communes notamment.

Pour mutualiser les compétences et professionnaliser le contrôle, les préfets sont chargés de mettre en place des **pôles de compétences** interministériels structurés ou informels auxquels sont particulièrement associés les services de l'équipement (notamment pour contrôler les documents et actes d'urbanisme), des finances publiques ainsi que de la concurrence et de la répression des fraudes. Les préfets de province peuvent aussi saisir le **pôle interrégional** d'appui au contrôle de légalité (PIACL) de Lyon ou, en dernier ressort, pour les questions de principe, l'administration centrale.

En juillet 2013, la Cour des comptes dénonce cependant une « **atrophie du contrôle de la légalité** ».

Fiche 65

Le contrôle citoyen sur les actes des collectivités territoriales

A. Les procédures contentieuses

1. En présence d'un acte administratif illégal, les habitants, les contribuables, les usagers, éventuellement regroupés en associations, peuvent intenter un **recours pour excès de pouvoir**, c'est-à-dire demander au juge administratif son annulation (CE ass., 17 février 1950, Dame Lamotte).

Pour que le recours soit recevable, trois sortes de **conditions** doivent être remplies. En premier lieu, l'acte administratif doit être unilatéral et faire grief, c'est-à-dire produire des effets juridiques. Ainsi le recours contre une mesure préparatoire ou contre un vœu adopté par une assemblée locale n'est pas recevable (CE sect., 29 décembre 1997, SARL Enlem).

En deuxième lieu, le requérant doit être capable d'agir en justice et avoir intérêt à agir, que cet intérêt soit moral ou matériel, direct ou indirect, individuel ou collectif. La simple qualité de contribuable communal, départemental ou régional donne ainsi intérêt à agir contre toute décision de la collectivité ayant un effet sur ses finances ou son patrimoine (CE, 29 mars 1901, Casanova).

Enfin, le recours doit respecter des conditions de forme qui sont peu contraignantes et être intenté dans les deux mois suivant la publication ou la notification de l'acte (avec des prolongations et des réouvertures possibles).

Le juge administratif contrôle la légalité externe (respect des règles de compétence, régularité des formes et des procédures) comme interne (respect du droit, absence de détournement de pouvoir) des actes administratifs. L'intensité du **contrôle** exercé sur la légalité interne, qui peut être minimum, normal ou maximum, varie selon la nature des actes (voir Fiche 14).

En cas d'illégalité, le juge annule l'acte. Cette **annulation** bénéficie de l'autorité absolue de la chose jugée (elle vaut à l'égard de tous) et d'un caractère rétroactif (l'acte est censé n'avoir jamais existé). Le juge administratif se reconnaît cependant le droit de limiter les conséquences excessives de cette rétroactivité (CE ass., 11 mai 2004, Association AC !). Pour assurer l'exécution de ses jugements, il peut adresser à l'administration des injonctions éventuellement assorties d'une astreinte, c'est-à-dire d'une condamnation à verser une somme déterminée par unité de temps de retard dans cette exécution (par ex. 1 000 euros par jour de retard).

2. Depuis 1884, lorsqu'une **commune** refuse ou néglige d'exercer une action juridictionnelle possédant une chance de succès et présentant un intérêt matériel suffisant (elle ne cherche pas à récupérer d'importantes créances par ex.), un contribuable peut demander au tribunal administratif statuant comme autorité administrative l'**autorisation de plaider**, à ses risques et périls, au nom de la collectivité (CGCT, art. L.2132-5 et suiv.).

Tombée dans une relative désuétude en raison notamment de sa complexité juridique et de ses risques financiers, cette procédure connaît depuis le début des années 1990 un regain d'intérêt (CE ass., 26 juin 1992, Mme Lepage-Huglo et autres). Le contribuable peut au demeurant être un élu de l'opposition municipale.

C'est pourquoi la loi n° 2000-321 du 12 avril 2000 étend la procédure aux **départements** (CGCT, art. L.3133-1) et aux **régions** (CGCT, art. L.4143-1), comme la loi n° 99-586 du 12 juillet 1999 l'avait fait pour les **EPCI** (CGCT, art. L.5211-58).

B. Les juridictions administratives

1. Les 42 **tribunaux administratifs** (dont 11 outre-mer) sont juges en premier ressort de droit commun. Depuis le décret n° 2003-543 du 24 juin 2003, ils statuent en premier et dernier ressort sur les litiges mineurs. Ils sont en principe compétents pour connaître des litiges entre les administrés et les collectivités territoriales ou encore des déférés préfectoraux. Ils exercent également des fonctions non juridictionnelles, par exemple lorsqu'ils autorisent le contribuable local à plaider au nom de sa collectivité.

2. Créées en 1987, les huit **cours administratives d'appel**, qui ne possèdent pas d'attributions consultatives, représentent le juge d'appel de droit commun.

3. Institué en 1799 mais devenu une véritable juridiction administrative avec la loi du 24 mai 1872, le **Conseil d'État** est d'une part le conseiller juridique du Gouvernement et d'autre part la cour suprême de l'ordre juridictionnel administratif.

D'abord, il juge les pourvois en cassation formés, notamment, contre les arrêts des CAA, dont il vérifie la seule régularité juridique. Ensuite, il juge les appels formés contre les jugements des tribunaux administratifs notamment dans le contentieux des élections municipales ou départementales. Enfin, il juge en premier et dernier ressort certaines affaires comme le contentieux des élections régionales.

En 2014, le CE juge 12 252 affaires, les CAA 29 930 et les TA 188 295. Devant ces juridictions, les délais prévisibles moyens de jugement s'élèvent respectivement à 8 mois, 11 mois et 1 jour, 10 mois et 1 jour.

DES DATES À RETENIR

LOI DU 22 JUILLET 1982 : après la censure partielle de la loi du 2 mars 1982, loi définissant les modalités du contrôle de légalité actuellement en vigueur sur les actes des collectivités territoriales.

LOATR DU 6 FÉVRIER 1992 : institution au bénéfice du préfet du sursis à exécution (aujourd'hui appelé suspension) accéléré, qui oblige le juge administratif à statuer dans le délai d'un mois.

LOADT DU 4 FÉVRIER 1995 : institution au bénéfice du préfet du sursis à exécution (aujourd'hui appelé suspension) automatique en matière d'urbanisme, de marchés, de contrats de partenariat et de délégation de service public.

LOIS ORGANIQUES DU 1er AOÛT 2003 : institution au bénéfice du préfet d'une suspension automatique en matière d'actes pris dans le cadre d'une expérimentation et d'un contrôle renforcé sur les délibérations décidant l'organisation d'un référendum local.

LOI DU 13 AOÛT 2004 : édiction de trois mesures destinées à renforcer l'efficacité du contrôle de légalité : réduction de la liste des actes transmissibles, fixation d'un délai de quinze jours pour la transmission des décisions individuelles et autorisation de la télétransmission.

DES CHIFFRES À RETENIR

8,3 MILLIONS : en 2004, nombre d'actes transmis aux préfets dans le cadre du contrôle de légalité, contre 5,54 millions en 1990 (+ 50 % entre 1990 et 2004).

5,2 MILLIONS : en 2013, nombre des actes transmis aux préfets dans le cadre du contrôle de légalité.

22,6 % : en 2013, proportion des actes transmis ayant été contrôlés (mais le taux de contrôle est de 93,2 % pour les actes prioritaires).

2,4 % : en 2013, proportion des actes contrôlés ayant fait l'objet d'un recours gracieux (à ces 28 466 recours, il faut ajouter 38 645 autres interventions : lettres pédagogiques, mails, contacts téléphoniques).

0,059 % : en 2013, proportion des actes contrôlés ayant fait l'objet d'un déféré préfectoral (71,8 % des décisions juridictionnelles ont été favorables à l'État).

CHAPITRE 14
L'ADMINISTRATION TERRITORIALE DE L'ÉTAT

Selon une distinction proclamée dans un décret du 25 mars 1852, si « on peut gouverner de loin », « on n'administre bien que de près ». Pour rapprocher les décisions des administrés, la France combine deux techniques d'organisation qui ne doivent surtout pas être confondues : la décentralisation et la **déconcentration** (toutes deux distinctes de la délocalisation : voir Chapitre 15). Selon le décret n° 2015-510 du 7 mai 2015, cette dernière consiste à « confier aux échelons territoriaux des administrations civiles de l'État le pouvoir, les moyens et la capacité d'initiative pour animer, coordonner et mettre en œuvre les politiques publiques définies au niveau national et européen, dans un objectif d'efficience, de modernisation, de simplification, d'équité des territoires et de proximité avec les usagers et les acteurs locaux ».

Tandis que la décentralisation bénéficie à des collectivités territoriales ou des établissements publics dotés d'une personnalité juridique propre, la déconcentration se déploie au sein d'une personne morale unique qui est l'État. Les décisions sont prises par des agents locaux qui agissent en son nom, en engageant sa responsabilité, et qui demeurent soumis au **contrôle hiérarchique** du pouvoir central.

Pour organiser l'action de ses services déconcentrés, l'État possède des **circonscriptions administratives** générales ou spécialisées c'est-à-dire spécifiques à certaines administrations (par ex. académie pour l'éducation nationale). Les circonscriptions générales sont l'arrondissement, le département, et, de création plus récente, la région.

Dans chaque circonscription, l'État possède ses propres agents qui sont distincts des autorités décentralisées (en revanche, dans la commune, le maire peut agir au nom de l'État : voir Fiche 12). La déconcentration **verticale** bénéficie à des agents en charge de secteurs spécialisés (par ex. recteur d'académie ou directeur départemental des finances publiques) et la déconcentration **horizontale** à des agents polyvalents dotés de compétences variées (préfets et sous-préfets).

Depuis le milieu du XIXe siècle, bien des efforts de déconcentration ont été faits. Pourtant, au début des années 1990 l'État continue d'apparaître trop concentré. D'autant que les progrès de la décentralisation appellent une déconcentration vigoureuse : chaque collectivité territoriale doit avoir un interlocuteur étatique capable de décider et d'agir rapidement.

La loi d'orientation n° 92-125 du 6 février 1992 sur l'administration territoriale de la République (LOATR) complétée par le décret n° 92-604 du 1er juillet 1992 portant charte de la déconcentration programme une sorte de révolution juridique. En vertu du **principe de subsidiarité**, la compétence des services déconcentrés de l'État devient la règle et celle des administrations centrales l'exception.

Dans son rapport thématique de novembre 2003, la Cour des comptes dresse toutefois un bilan mitigé de la politique engagée dix ans plus tôt. C'est pourquoi la construction d'« un nouvel État territorial » constitue un des chantiers les plus ambitieux et complexes de la révision générale des politiques publiques conduite entre 2007 et 2012 – sous le nom de réforme de l'administration territoriale de l'État (RÉATE) – comme de la modernisation de l'action publique (MAP) depuis 2012.

Pour améliorer la cohérence de l'action étatique, les réformes intervenues depuis 2004 renforcent la **région** qui constitue désormais le niveau de pilotage de droit commun des politiques de l'État sur le territoire. Dans le cadre de sa mission de pilotage, le préfet de région reçoit autorité sur les préfets de **départements** qui sont chargés de la mise en œuvre des politiques étatiques au plus près des administrés et des territoires.

L'**organisation des services déconcentrés** est rationalisée et simplifiée. Si les huit services régionaux continuent de reposer sur les grands découpages ministériels, les services déconcentrés départementaux sont réorganisés depuis le 1er janvier 2010 en fonction des besoins des citoyens sur le territoire et des priorités identifiées à cette échelle, avec notamment la mise en place de deux ou trois directions départementales interministérielles.

Les **préfets** sont institués par Napoléon Bonaparte. La loi du 28 pluviôse an VIII (17 février 1800) relative à la division du territoire de la République et à l'organisation des administrations locales dispose qu'il y a dans chaque département un préfet « seul chargé de l'administration ». Comme le gouvernement de Vichy et celui de la Libération, le décret n° 64-251 du 14 mars 1964 institue le préfet de région qui est le préfet du département où se trouve le chef-lieu de la région.

Les préfets de département ou de région constituent un corps de fonctionnaires dont le **statut particulier**, défini par le décret n° 64-805 du 29 juillet 1964, déroge sur bien des points au statut général de la fonction publique. En effet, ils sont soumis à une obligation de loyalisme et presque d'allégeance envers le Gouvernement qui a pour effet de les priver de garanties de carrière comme de libertés individuelles ou collectives reconnues aux autres fonctionnaires.

Définies par deux décrets du 14 mars 1964 remplacés par deux décrets du 10 mai 1982, les **attributions des préfets de région et de département** sont maintenant précisées par un texte unique, le décret n° 2004-374 du 29 avril 2004 notamment modifié par celui du 16 février 2010, et concrétisées dans la Directive nationale d'orientation (DNO) des préfectures 2010-2015.

Pendant presque deux siècles, le préfet a symbolisé l'État centralisateur organisé par Napoléon Bonaparte. Paradoxalement, les progrès de la décentralisation, loin de l'amoindrir, ont accru son importance grâce au développement de la déconcentration, comme le confirme l'Acte II de la décentralisation. Quant aux réformes de l'organisation territoriale mises en place dans le cadre de la RGPP, elles renforcent notamment le préfet de région.

En juillet 2013, le rapport thématique de la Cour des comptes dresse un bilan sévère de la RÉATE : « l'organisation territoriale de l'État demeure trop complexe et insuffisamment efficiente ». Lors du **comité interministériel pour la MAP** du 17 juillet 2013, le Gouvernement fait cependant « le choix de concentrer désormais les énergies sur la rénovation des modalités de pilotage et de fonctionnement de l'administration déconcentrée, plutôt que de se lancer dans une nouvelle réorganisation, alors que les précédentes se sont révélées brutales et n'ont pas encore été assimilées ».

Mais au début de 2014, la réforme de l'administration territoriale est relancée, parallèlement à la revue des missions de l'État et à la modification de la carte des régions (voir Chapitre 1). La **circulaire du Premier ministre du 16 septembre 2014** identifie les principaux chantiers de la feuille de route 2015-2017 : rénovation de la charte de la déconcentration, déconcentration de la gestion des moyens humains et des crédits budgétaires, rénovation des relations entre administrations centrales et services déconcentrés, adoption d'une nouvelle carte des sous-préfectures...

Enfin, le décret du 7 mai 2015 portant charte de la déconcentration crée auprès du Premier ministre une **conférence nationale de l'administration territoriale de l'État**. Présidée par le secrétaire général du Gouvernement, elle réunit notamment les préfets de région et les secrétaires généraux des ministères. Chargée de veiller à la bonne articulation des relations entre les administrations centrales et les services déconcentrés et au respect des principes de déconcentration, elle peut proposer au Premier ministre tout projet de modification législative ou réglementaire et établit chaque année un rapport public qui présente l'ensemble des actions conduites par les préfets de région et les secrétaires généraux des ministères pour simplifier et moderniser les services déconcentrés.

POUR EN SAVOIR PLUS

- Cour des comptes, *L'Organisation territoriale de l'État*, rapport public thématique, juillet 2013, 294 pages (disponible sur *www.ccomptes.fr*).
- *www.modernisation.gouv.fr* : portail de la modernisation de l'action publique (MAP) lancée à l'automne 2012 pour remplacer la RGPP.

LISTE DES FICHES

66. Les caractéristiques de la déconcentration
67. Les modalités de la déconcentration
68. L'institution préfectorale
69. Les attributions spécifiques du préfet de région
70. Les attributions spécifiques du préfet de département

Fiche 66

Les caractéristiques de la déconcentration

A. Le pouvoir hiérarchique

1. En vertu d'un **principe général de droit public**, tout chef ou supérieur exerce sur ses subordonnés un contrôle (ou pouvoir) hiérarchique, même si aucun texte ne le prévoit explicitement (CE sect., 30 juin 1950, Quéralt). Ce contrôle comprend deux catégories de prérogatives.

En ce qui concerne les **hommes**, le supérieur peut donner des instructions générales, par voie de circulaires notamment, et des ordres particuliers aux agents placés sous son autorité. Et ceux-ci, soumis au devoir d'obéissance hiérarchique, sont tenus de les suivre (par ex. loi n° 83-634 du 13 juillet 1983 portant droits et obligations des fonctionnaires, art. 28). Toute désobéissance constitue une faute pouvant justifier une sanction disciplinaire.

2. En ce qui concerne les **actes**, le supérieur hiérarchique possède le pouvoir de modifier ou d'annuler une décision prise par un subordonné. En revanche, il ne peut prendre la décision à sa place que si un texte lui attribue ce pouvoir de substitution. Dans son pouvoir de modification ou d'annulation, le supérieur peut agir de sa propre initiative ou à la demande d'un administré, auteur d'un recours dit hiérarchique. Il peut se fonder sur des raisons de légalité (par ex. une décision individuelle méconnaît une loi), mais aussi d'opportunité.

B. Le principe de subsidiarité

1. Depuis le milieu du XIXe siècle, bien des efforts de déconcentration ont été faits. Sous le **Second Empire**, par exemple, les décrets du 25 mars 1852 et du 13 avril 1861 transfèrent aux préfets 113 attributions auparavant exercées par les ministres. Selon la circulaire relative au premier de ces décrets, il s'agit – déjà ! – de « rapprocher l'administrateur de l'administré », de « simplifier l'instruction des affaires », d'« en rendre l'administration plus prompte » et, par là, de « mettre un terme aux plaintes qui s'élèvent de toute part contre les complications et les lenteurs de l'administration ».

En dépit de ces mesures, au début des années 1990 l'État continue d'apparaître trop concentré. Dans son discours du 29 novembre 1990, le Premier ministre **Michel Rocard** déplore que la déconcentration, « toujours souhaitée, annoncée, proclamée », n'ait jamais été entreprise (voir circulaire du 23 février 1989 relative au renouveau du service public).

Tous les **gouvernements ultérieurs** ont également fait de la déconcentration un élément essentiel de la réforme de l'État. D'autant que les progrès de la décentralisation appellent une déconcentration vigoureuse : chaque collectivité territoriale doit avoir un interlocuteur étatique capable de décider et d'agir rapidement.

2. La LOATR du 6 février 1992 programme une sorte de révolution juridique résumée par l'article 1 du décret du 7 mai 2005 : « la déconcentration constitue la règle générale de répartition des attributions et des moyens entre les échelons centraux et territoriaux des administrations civiles de l'État ». En vertu du **principe de subsidiarité**, les compétences décisionnelles ne doivent en effet remonter à un niveau supérieur que si les autorités locales ne sont pas en mesure de les exercer efficacement : l'intervention de l'autorité supérieure n'est plus que subsidiaire. La LOATR limite donc les compétences des administrations centrales aux seules missions qui présentent un caractère national ou dont l'exécution, en vertu de la loi, ne peut être déléguée à un échelon territorial.

Annoncé par la LOATR, le décret portant **charte de la déconcentration**, qui est publié le 1er juillet 1992 puis rénové le 7 mai 2015, définit ces missions de caractère national : conception, animation, appui des services déconcentrés, orientation, évaluation et contrôle. Comme les services à compétence nationale créés en application du décret n° 97-464 du 9 mai 1997, les administrations centrales peuvent également se voir confier des missions opérationnelles présentant un caractère national. Les autres missions, notamment celles qui intéressent les relations entre l'État et les collectivités territoriales, doivent normalement être exercées par les services déconcentrés, sauf si la loi l'interdit.

Le **décret n° 97-34 du 15 janvier 1997** prévoit ainsi que les autorités déconcentrées, le préfet de département en principe, deviennent compétentes pour prendre toutes les décisions individuelles des administrations civiles de l'État (décision attributive de subvention, autorisation administrative, etc.), à l'exception de celles qui concernent les agents publics ou qui, limitativement définies par décrets, continuent de relever du pouvoir central. Différentes mesures de déconcentration financière sont également prises.

Dans son rapport de novembre 2003 sur « La déconcentration des administrations et la réforme de l'État », la **Cour des comptes** dresse toutefois un bilan mitigé de la politique engagée dix ans plus tôt : « les progrès de la déconcentration des compétences ont été inégaux et ceux de la déconcentration des crédits relativement modestes ».

C'est pourquoi la construction d'« un **nouvel État territorial** » constitue un des chantiers les plus ambitieux et complexes de la révision générale des politiques publiques conduite entre 2007 et 2012 comme de la modernisation de l'action publique lancée en octobre 2012.

Fiche 67

Les modalités de la déconcentration

A. Les circonscriptions administratives

1. Une **circonscription administrative** se définit comme une portion de territoire dépourvue de toute personnalité juridique et servant de cadre à l'organisation des services déconcentrés de l'État.

Il existe des circonscriptions générales et des **circonscriptions spécialisées**, c'est-à-dire spécifiques à certaines administrations étatiques, comme l'académie pour l'éducation nationale ou la zone de défense et de sécurité.

Les **circonscriptions générales** sont l'arrondissement, le département, et, de création plus récente, la région.

> La **commune** constitue le cadre de plusieurs services publics de proximité, notamment de l'état civil. Le maire agit alors comme agent déconcentré de l'État. Quant au **canton**, il n'est plus utilisé comme circonscription administrative, mais constitue la circonscription électorale des conseillers départementaux (voir Fiche 21).

Comme la commune, le département et la région présentent la particularité d'être à la fois des circonscriptions administratives de l'État et des **collectivités territoriales**, dont les territoires se confondent. En revanche, il n'existe aucune collectivité territoriale au niveau de l'arrondissement.

2. La **charte de la déconcentration** définit le rôle des différents échelons territoriaux.

La **région** constitue le niveau de pilotage de droit commun, chargé d'animer et de coordonner les politiques de l'État. Dans certaines matières comme la culture, l'emploi, la recherche, le développement économique et social et l'aménagement durable du territoire, elle met également en œuvre les politiques nationales ou européennes.

Sauf disposition contraire prévue par une loi ou un décret en Conseil d'État, le **département** est l'échelon territorial chargé de mettre en œuvre, au plus près des administrés et des territoires, les politiques nationales et européennes.

Enfin, l'**arrondissement** est le cadre territorial de l'animation du développement local et de l'action administrative locale.

B. Les services déconcentrés

1. Dans chaque circonscription, à l'exception de la commune (voir Fiche 12), l'État possède ses propres agents qui sont distincts des autorités décentralisées.

La déconcentration peut prendre deux formes. La déconcentration **verticale** bénéficie à des agents en charge de secteurs spécialisés (par ex. recteur d'académie et directeur régional ou départemental des finances publiques) et la déconcentration **horizontale** à des agents polyvalents dotés de compétences variées (préfets et sous-préfets).

Pour simplifier l'organisation administrative dans la région en constituant un état-major resserré autour du préfet de région et renforcer l'échelon régional, le décret n° 2004-1053 du 5 octobre 2004 remplace la vingtaine de services ministériels régionaux par huit pôles régionaux auxquels la RÉATE subsitue **six directions régionales**, plus le rectorat d'académie et l'agence régionale de santé (ARS) :

- direction régionale des finances publiques (DRFIP) ;
- direction régionale des entreprises, de la concurrence, de la consommation, du travail et de l'emploi (DIRECCTE) ;
- direction régionale de l'alimentation, de l'agriculture et de la forêt (DRAAF) ;
- direction régionale de l'environnement, de l'aménagement et du logement (DREAL) ;
- direction régionale de la jeunesse, des sports et de la cohésion sociale (DRJSCS) ;
- direction régionale des affaires culturelles (DRAC).

Depuis le 1er janvier 2016, l'administration régionale de l'État correspond aux nouvelles régions définies par la loi n° 2015-29 du 16 janvier 2015, avec des aménagements pour l'éducation nationale notamment.

Depuis le 1er janvier 2010, les services déconcentrés départementaux sont réorganisés en fonction des besoins des citoyens sur le territoire. Sauf en Île-de-France et en outre-mer, ils comprennent, en plus des services de la préfecture, trois **directions départementales interministérielles** placées sous l'autorité du préfet de département :

- direction départementale des territoires et, le cas échéant, de la mer (DDT ou DDTM) ;
- direction départementale de la protection des populations (DDPP) ;
- direction départementale de la cohésion sociale (DDCS).

Dans la quarantaine de départements de moins de 400 000 habitants, les deux dernières sont regroupées dans une direction départementale de la cohésion sociale et de la protection des populations (DDCSPP).

Cette nouvelle organisation comporte aussi la direction départementale des finances publiques, les services départementaux de l'éducation nationale, les services chargés de la sécurité intérieure et trois unités territoriales de directions régionales (par ex. l'UT de la DIRECCTE). En vertu du **principe de « modularité »** consacré par la charte de la déconcentration, elle peut faire l'objet d'adaptations, selon les caractéristiques départementales, au terme d'une procédure déconcentrée.

Les **avantages** attendus de la RÉATE étaient nombreux : économie de moyens et de personnel, développement de la coordination et des mutualisations dans un cadre interministériel, renforcement de l'autorité préfectorale, simplification pour les usagers… Mais la Cour des comptes constate en juillet 2013 que « l'organisation territoriale de l'État demeure trop complexe et insuffisamment efficiente ».

Fiche 68

L'institution préfectorale

A. Un statut commun

1. Les préfets de département ou de région constituent un corps de fonctionnaires dont le **statut particulier** défini par le décret n° 64-805 du 29 juillet 1964 déroge sur bien des points au statut général de la fonction publique. Plus que tout autre, leur emploi est laissé à la discrétion ou, selon la formule consacrée par le législateur, « à la décision du Gouvernement » (loi n° 84-16 du 11 janvier 1984, art. 25).

L'article 13 C prévoit qu'ils sont nommés en conseil des ministres, en vertu d'un décret signé par le président de la République sur proposition du Premier ministre et du ministre de l'Intérieur. Si la liberté du pouvoir exécutif est grande, elle n'est pas entière. En effet, les préfets doivent, dans la proportion des deux tiers au moins, être choisis parmi certains hauts fonctionnaires, les sous-préfets justifiant d'une certaine ancienneté notamment (décret du 29 juillet 1964, art. 2 et suiv.). Pour le tiers restant, le pouvoir exécutif peut nommer toute personne de son choix, qu'elle appartienne ou non à la fonction publique.

2. Pendant le déroulement de leur **carrière**, les préfets ne bénéficient pas des mêmes garanties que les autres fonctionnaires de l'État (décret du 29 juillet 1964, art. 15). Leur avancement, leur mutation comme leur mise en « disponibilité dans l'intérêt du service » (après un changement de majorité politique par ex.) relèvent de décisions discrétionnaires prises pour des raisons d'opportunité. Même les sanctions les plus graves peuvent leur être infligées sans l'intervention d'un conseil de discipline, à condition toutefois qu'ils aient pu présenter utilement leur défense (CE, 5 juillet 2000, Mermet).

Les préfets ne bénéficient pas de certaines **libertés individuelles** garanties par le statut général de la fonction publique. L'inscription dans leur dossier de leurs opinions politiques, philosophiques ou religieuses est légale, de même que les mesures discriminatoires fondées sur ces opinions. En effet, les préfets sont soumis à une obligation de loyalisme et presque d'allégeance envers le Gouvernement.

De même, pour défendre leurs intérêts **collectifs**, les préfets ne possèdent pas le droit de participer à des instances du dialogue social, de faire grève ou de créer des organisations syndicales. Ils peuvent toutefois se regrouper dans des associations du type loi du 1er juillet 1901.

B. Les attributions communes

1. En premier lieu, le préfet est « **dépositaire de l'autorité de l'État** » dans la région ou le département (décret du 29 avril 2004, art. 1er). Il représente l'État dans les cérémonies officielles et surtout dans la vie juridique : négociation et conclusion des conventions, action en justice, exercice du contrôle administratif…

2. En second lieu, le préfet est le **représentant du Premier ministre et de chacun des ministres** (art. 1er). Du point de vue **politique**, il informe le pouvoir central de la situation dans sa circonscription ; en sens inverse, il communique et défend la politique gouvernementale auprès des administrés.

Du point de vue **administratif**, il assure la cohérence de l'action gouvernementale dans la région ou le département. Depuis 1982, il exerce, sous l'autorité de chacun des ministres concernés, la **direction des services déconcentrés** (art. 1er) ainsi qu'une autorité directe sur leurs chefs (art. 17). Certaines administrations (militaires et juridictionnelles par ex.) et certaines attributions (notamment activités pédagogiques de l'éducation nationale, assiette et recouvrement des impôts, paiement des dépenses publiques, attributions des agences régionales de santé) échappent cependant à son autorité (art. 32 et 33).

Pour assumer cette fonction de direction, le préfet dispose de nombreuses **prérogatives**. Seul il a qualité pour recevoir les délégations ministérielles ainsi que les pouvoirs nouvellement déconcentrés (art. 16). Consulté sur les projets de budget des services déconcentrés des administrations civiles de l'État dans sa circonscription, il est leur unique ordonnateur secondaire (art. 20 et 23). La charte de la déconcentration prévoit que certains actes relatifs à la situation individuelle des agents publics exerçant leurs fonctions dans les services déconcentrés peuvent être délégués au préfet.

D'autres prérogatives sont sans doute moins importantes, comme la présidence de droit des commissions administratives intéressant les services étatiques dans la région ou le département (art. 57), l'obligation pour la correspondance entre les ministères et leurs services – « quelle qu'en soit la forme » – de transiter par la préfecture (art. 55 et 56) et ses pouvoirs d'information ou de proposition relatifs à la carrière des chefs de services déconcentrés (art. 30 et 31).

Enfin, conformément aux orientations des ministres et après consultation des chefs des services, le préfet arrête l'**organisation fonctionnelle et territoriale des services déconcentrés** placés sous son autorité (art. 26 et suiv.). Si plusieurs services concourent à la mise en œuvre d'une même politique de l'État, il peut désigner un chef de projet chargé d'animer et de coordonner l'action de ces services pour une durée limitée. Pour la conduite durable d'actions communes, il peut depuis 1999 constituer un pôle de compétence ou créer une délégation interservices.

Fiche 69

Les attributions spécifiques du préfet de région

A. Les compétences du préfet

1. Une innovation du décret du 29 avril 2004 consiste à confier au préfet de région une **compétence générale** pour garantir la cohérence de l'action des services étatiques dans la région (art. 2). Il arrête ainsi un document intitulé la stratégie de l'État en région fixant pour trois ans les priorités d'action dans la région (circulaire du Premier ministre du 28 octobre 2014).Et le décret du 16 février 2010 lui donne « autorité sur les préfets de département », sauf en matière de contrôle administratif, d'ordre public et de police des étrangers.

Le préfet de région est **responsable du pilotage et de l'adaptation des politiques** de l'État dans la région (sous réserve des compétences de l'agence régionale de santé) ainsi que des politiques communautaires relevant de la compétence étatique. À cet effet, les préfets de département prennent leurs décisions conformément aux instructions qu'il leur adresse.

Dans certains domaines comme la culture, l'emploi, la recherche, le développement économique et social et l'aménagement durable du territoire, il assure la **mise en œuvre des politiques** nationales ou européennes.

Enfin, le décret du 16 février 2010 lui reconnaît un **droit d'évocation** des sujets relevant des préfets de département pour lesquels une coordination régionale renforcée apparaît indispensable. Il prend alors les décisions correspondantes à la place des préfets de département. Ce droit d'évocation se distingue du pouvoir d'évocation permettant au supérieur hiérarchique d'annuler et de réformer les actes d'un subordonné, car cela aurait conduit à faire du préfet de région l'instance d'appel des décisions du préfet de département.

2. Le préfet de région joue un rôle essentiel dans la programmation et la répartition des crédits de l'État ainsi que dans la contractualisation des programmes pluriannuels entre l'État et des collectivités territoriales (par ex. contrats de plan État-région 2015-2020).

Son rôle est important en matière de **fonctionnement des services** de l'État dans la région. Il arrête la stratégie immobilière de l'État dans la région et, à ce titre, approuve les schémas pluriannuels de stratégie immobilière (SPSI) proposés par les préfets de département. Il arrête aussi un programme organisant les mutualisations de moyens entre services régionaux de l'État. Enfin, il arrête le plan interministériel de gestion prévisionnelle en matière de ressources humaines.

B. Les auxiliaires du préfet

1. Pour l'assister, le préfet de région dispose de nombreux auxiliaires, à la préfecture comme en dehors de la préfecture (décret du 29 avril 2004, art. 8).

D'une part, le **secrétariat général pour les affaires régionales** (SGAR) est une équipe d'agents issus de ministères différents. Il est dirigé par un secrétaire général dont le décret n° 2009-587 du 25 mai 2009 renforce les attributions. Sous l'autorité du préfet, celui-ci exerce notamment les fonctions suivantes : il coordonne l'action des services régionaux de l'État et veille à son articulation avec l'action des services départementaux ; il anime l'action des services régionaux de l'État en matière d'études, d'évaluation et d'utilisation des technologies de l'information et de la communication ; il coordonne la mise en œuvre des actions d'information et de communication de l'État relatives aux politiques publiques dans la région ; il anime et coordonne l'organisation et la mise en œuvre des fonctions mutualisées des services de l'État en région ; il organise et anime une plate-forme d'appui interministériel à la gestion des ressources humaines.

D'autre part, les **chefs des services déconcentrés** au niveau régional sont des auxiliaires directs à qui le préfet de région peut donner une délégation de signature (art. 38).

2. Ces auxiliaires font partie du **comité de l'administration régionale** qui est une instance collégiale instituée par le décret du 29 avril 2004 pour constituer l'état-major du préfet de région (art. 35 et suiv.). Présidé par ce dernier, le CAR comprend notamment les préfets de département, les directeurs régionaux, le recteur d'académie et le secrétaire général des affaires régionales.

Le CAR assiste le préfet de région dans l'exercice de ses attributions. Il se prononce sur les orientations stratégiques de l'État dans la région et examine les moyens nécessaires à la mise en œuvre des politiques étatiques. À ce titre, il est consulté sur l'utilisation de tous les crédits ouverts au profit des services de l'État dans la région, par exemple sur la répartition des emplois et des crédits entre les départements, sur le plan interministériel de gestion prévisionnelle en matière de ressources humaines et sur la stratégie immobilière de l'État dans la région.

En raison de sa composition élargie et de ses attributions étendues, le CAR devient le lieu de pilotage de l'action territoriale de l'État et le point de passage obligé entre le niveau politique du préfet et le niveau technique représenté par les directeurs régionaux.

Fiche 70

Les attributions spécifiques du préfet de département

A. Les compétences du préfet

1. Sous l'**autorité du préfet de région**, le préfet de département met en œuvre les politiques nationales et communautaires au contact direct des administrés et des partenaires de l'État.

Par ailleurs, le décret du 16 février 2010 lui conserve des **missions propres**. Il demeure seul responsable de trois missions régaliennes :

- ordre public, sécurité des populations, sécurité nationale ;
- entrée et séjour des étrangers, droit d'asile ;
- contrôle administratif du département, des communes, des établissements publics locaux et des EPCI du département (voir Fiches 62 et 63).

2. La sécurité publique relève exclusivement du niveau départemental. Responsable de l'ordre public, le préfet possède d'importants pouvoirs de **police administrative**. En charge de nombreuses polices spéciales (par ex. des étrangers), il est aussi une autorité de police administrative générale. Il lui appartient notamment de prendre les mesures nécessaires à la tranquillité, à la sécurité et à la salubrité publiques quand leur champ d'application excède le territoire d'une seule commune ou quand un maire fait preuve de carence (voir Fiche 14).

> À Paris, le **préfet de police** est depuis 1800 l'autorité de droit commun en matière de police, en agissant au nom soit de la commune soit de l'État. Le décret n° 2012-1151 du 15 octobre 2012 institue un préfet de police des Bouches-du-Rhône.

Confortée en 2009 et 2011, la loi n° 2003-239 du 18 mars 2003 pour la sécurité intérieure charge le préfet d'animer et coordonner la prévention de la délinquance et l'ensemble du dispositif de **sécurité intérieure**, à l'exception des missions de police judiciaire. Dans ce cadre, il dirige l'action des services de la police et de la gendarmerie nationales. Après consultation du procureur de la République notamment, il arrête le plan de prévention de la délinquance qui fixe les priorités de l'État dans le département (Code de la sécurité intérieure, art. D.132-13).

En cas de catastrophe, de sinistre ou d'accident locaux, le préfet joue un rôle essentiel conforté par la loi n° 2004-811 du 13 août 2004 de modernisation de la **sécurité civile**. Notamment, il arrête, active et, le cas échéant, dirige le dispositif ORSEC (Organisation de la Réponse de SEcurité Civile) qui est un système polyvalent de gestion de la crise (notamment d'organisation des secours).

Enfin, le préfet est responsable de la préparation et de l'exécution des mesures de sécurité intérieure, civile et économique qui concourent à la **sécurité nationale**. Il est tenu informé par l'autorité militaire de toutes les affaires qui peuvent avoir une importance particulière dans le département.

B. Les auxiliaires du préfet

1. Pour l'assister dans ses multiples fonctions, le préfet dispose de nombreux **auxiliaires**, à la **préfecture** (secrétaire général, directeur de cabinet, éventuellement sous-préfet chargé de mission pour la politique de la ville ou, depuis le décret n° 2005-1621 du 22 décembre 2005, préfet délégué pour l'égalité des chances...), mais aussi en dehors de la préfecture (art. 13).

En effet, les **chefs des services déconcentrés**, notamment les directeurs départementaux interministériels et les responsables des unités territoriales des directions régionales, sont ses auxiliaires directs. Pour n'être pas submergé par les affaires à instruire et les documents à signer, le préfet leur donne des délégations de signature pour les questions relevant de leur spécialité.

Quant aux **sous-préfets**, ils sont les délégués du préfet dans les arrondissements. Hauts fonctionnaires soumis aux mêmes contraintes statutaires que le préfet, ils possèdent une mission d'animation et de coordination de l'action des services étatiques. Mais les réformes de la RGPP (centralisation du contrôle de légalité en préfecture, création de l'Agence nationale des titres sécurisés ou ANTS, etc.) réduisent notablement leurs attributions effectives qui risquent de se résumer prochainement au « conseil aux élus locaux ». Le préfet de département ou de région peut toutefois leur confier des missions particulières, temporaires ou permanentes, d'intérêt départemental ou régional (par ex. responsabilité de la politique de la ville dans tout le département).

La **modernisation de l'action publique** doit conduire à la modernisation de la carte des sous-préfectures et, dans certains territoires, au regroupement des services de proximité (sous-préfectures, directions départementales ou régionales, etc.) dans des « maisons de l'État ».

2. Depuis 1992, un **collège des chefs de service** présidé par le préfet et composé de ses principaux auxiliaires constitue son état-major réuni en formation plénière ou dans une composition restreinte déterminée en fonction de l'ordre du jour (art. 40 et suiv.).

Le collège des chefs de service examine les modalités de mise en œuvre des politiques de l'État dans le département ainsi que les modalités d'organisation et de fonctionnement des services étatiques en vue de la réalisation d'actions communes et de la mutualisation de leurs moyens. Le préfet doit le consulter avant d'arrêter le schéma pluriannuel de stratégie immobilière (SPSI).

DES DATES À RETENIR

LOI DU 28 PLUVIÔSE AN VIII (17 FÉVRIER 1800) : création du préfet de département.

DÉCRETS DU 14 MARS 1964 : renforcement des pouvoirs du préfet de département et création du préfet de région.

LOI DU 6 FÉVRIER 1992 : consécration dans l'organisation administrative de l'État du principe de subsidiarité qui est mis en œuvre dans le décret du 1er juillet 1992 portant charte de la déconcentration.

DÉCRET DU 29 AVRIL 2004 : rationalisation et nouveau renforcement des pouvoirs du préfet de département et surtout de région conforté par le décret du 16 février 2010.

DÉCRET DU 7 MAI 2015 : rénovation de la charte de la déconcentration arrêtée par le décret du 1er juillet 1992.

DES CHIFFRES À RETENIR

35 : avant la RÉATE, nombre des directions, services ou délégations relevant de l'administration étatique aux niveaux régional et départemental.

250 : en 2013, nombre des préfets, dont 127 seulement sont affectés à un poste territorial.

27 143 : nombre des emplois budgétés dans les préfectures et sous-préfectures en 2015 (-262 emplois par rapport à 2014).

3 112 : nombre des emplois supprimés dans les préfectures et sous-préfectures depuis 2010 (soit 11 % des effectifs).

1,72 MILLIARD D'EUROS : montant des crédits de paiements pour le programme Administration territoriale dans le budget 2015 (-0,4 % par rapport à 2014).

CHAPITRE 15

LEXIQUE TERRITORIAL

AFFECTATION : désignation d'un fonctionnaire dans un emploi, c'est-à-dire dans un poste de travail. L'autorité territoriale (par ex. le maire dans une commune) affecte librement le fonctionnaire dans un des emplois correspondant à son grade. Un changement d'affectation peut notamment résulter d'une mutation.

ARRÊTÉ : décision exécutoire édictée par une autorité administrative centrale (ministre notamment), déconcentrée (par ex. préfet) ou décentralisée (maire par ex.). En principe auteurs de décrets, le président de la République et le Premier ministre prennent également des arrêtés pour constituer et organiser leurs services.

AUTORISATIONS D'ABSENCE : droit reconnu à tous les élus locaux de s'absenter de leur travail, sans être rémunérés, pour participer à diverses séances et réunions énumérées par le CGCT.

AVIS : point de vue officiellement exprimé par une personne, un organe ou les électeurs. L'avis peut être facultatif ou obligatoire selon que la consultation est librement demandée ou imposée par les textes. En fonction de sa portée, il peut être simple (l'autorité consultante n'est pas tenue de le suivre) ou conforme (elle doit le suivre). Un avis n'est conforme que si un texte le prévoit expressément.

BASE (D'IMPOSITION) : assiette ou élément sur lequel est appliqué le taux de l'impôt pour calculer son montant.

BLOC DE COMPÉTENCES : technique de répartition des compétences qui consiste, pour le législateur, à affecter en totalité les compétences concernant un domaine à une catégorie déterminée de collectivités territoriales.

BUDGET : acte par lequel une assemblée locale prévoit et autorise pour l'année civile l'ensemble des recettes et des dépenses de la collectivité. Le budget primitif, seul obligatoire, peut être corrigé en cours d'exercice par le budget supplémentaire ou par d'autres décisions modificatives.

BUREAU : dans un département, une région ou un établissement public de coopération intercommunale, réunion du président et des élus l'assistant dans ses fonctions exécutives (en principe les vice-présidents). Sa composition exacte comme la nature de ses attributions dépendent du type de personne publique.

CADRE D'EMPLOIS : ensemble des fonctionnaires territoriaux soumis au même statut particulier et ayant vocation à détenir les mêmes grades, à occuper les mêmes emplois, c'est-à-dire à accomplir la même carrière. Les fonctions publiques étatique, hospitalière et parisienne sont divisées, non en cadres d'emplois, mais en corps.

CATÉGORIE : le statut général de la fonction publique répartit les cadres d'emplois en trois catégories désignées par les lettres A, B et C. La catégorie se définit par le niveau de recrutement (bac +3 et plus ; bac ou bac +2 ; niveau inférieur au bac) ainsi que par la nature des fonctions (conception, encadrement, direction et coordination de services ; application et encadrement intermédiaire ; exécution). Dans la filière administrative territoriale, par exemple, les administrateurs et les attachés sont des fonctionnaires de catégorie A, les rédacteurs de catégorie B et les adjoints administratifs de catégorie C.

CIRCONSCRIPTION : portion de territoire dépourvue de toute personnalité juridique et servant de cadre à l'organisation d'une administration ou d'une élection. Les circonscriptions administratives permettent à une administration de répartir ses services et ses agents sur l'ensemble de son territoire. C'est ainsi que les services déconcentrés de l'État sont implantés dans des circonscriptions générales (arrondissement, département, région) ou spécialisées (académie pour l'éducation nationale par ex.). La circonscription électorale peut se confondre avec une circonscription administrative et/ou le territoire d'une collectivité territoriale (par ex. élections régionales dans les régions).

CLASSE : dans le droit de la fonction publique, la classe est assimilée au grade lorsqu'elle s'acquiert selon la procédure fixée pour l'avancement de grade (par ex. éducateur territorial des activités physiques et sportives principal de 2e classe et de 1re classe).

CLAUSE DE COMPÉTENCE GÉNÉRALE : disposition de valeur non pas constitutionnelle mais législative caractérisant traditionnellement les collectivités territoriales et possédant deux fonctions. Dans sa fonction interne, la clause de compétence générale habilite l'organe délibérant à prendre toute décision relative aux affaires de la collectivité dès lors qu'aucun texte n'attribue cette compétence à un autre organe. Elle donne donc aux conseils élus une compétence de droit commun. Dans sa fonction externe, elle a pour effet d'habiliter les collectivités territoriales à prendre toute décision qui présente un intérêt local, même en l'absence d'un texte leur attribuant cette compétence, qu'il s'agisse par exemple de créer un service public ou d'attribuer une subvention. Dans un souci de clarification des compétences territoriales, la loi NOTRE du 7 août 2015 retire aux départements et aux régions cette clause dont les communes continuent de bénéficier.

CODE GÉNÉRAL DES COLLECTIVITÉS TERRITORIALES (CGCT) : ensemble de lois (depuis la loi du 21 février 1996) et de règlements (depuis le décret du 7 avril 2000) applicables aux collectivités territoriales et à leurs groupements en matière institutionnelle et financière. Le CGCT comprend aujourd'hui sept parties : dispositions générales ; la commune ; le département ; la région ; la coopération locale ; les collectivités d'outre-mer (depuis la loi organique du 21 février 2007) ; les autres collectivités régies par l'article 73 C (en application de la loi organique du 11 juillet 2011).

COLLECTIVITÉ D'OUTRE-MER (COM) : catégorie de collectivités territoriales créée par la loi constitutionnelle du 28 mars 2003 (art. 74 C). Caractérisées par le principe de spécialité législative, elles bénéficient chacune d'un statut particulier défini par une loi organique. Cette catégorie comprend aujourd'hui deux anciens territoires d'outre-mer (Polynésie française, Wallis-et-Futuna), une ancienne collectivité territoriale à statut particulier (Saint-Pierre-et-Miquelon) et, depuis la loi organique du 21 février 2007, deux anciennes communes rattachées à la Guadeloupe (Saint-Barthélemy et la partie française de l'île de Saint-Martin). L'article 74 C prévoit que certaines collectivités d'outre-mer sont dotées de l'autonomie, ce qui pour l'instant concerne trois d'entre elles (Polynésie française, Saint-Barthélemy, Saint-Martin).

COLLECTIVITÉ TERRITORIALE : personne publique administrée librement par un conseil élu et traditionnellement dotée d'une compétence générale dans le cadre d'un territoire déterminé (toutefois la loi NOTRE du 7 août 2015 spécialise les compétences des départements et des régions). Depuis la loi constitutionnelle du 28 mars 2003, l'expression « collectivités territoriales » doit être préférée à celle de « collectivités locales » qui auparavant pouvait également s'employer. Dans son 1er alinéa, l'article 72 C distingue cinq catégories de collectivités territoriales : les communes, les départements, les régions, les collectivités (métropolitaines) à statut particulier et les collectivités d'outre-mer. Toute autre collectivité territoriale est créée par la loi, le cas échéant en lieu et place d'une ou de plusieurs des collectivités précédentes (la Martinique et la Guyane depuis décembre 2015 par ex.).

COMITÉ CONSULTATIF : organe créé par le conseil municipal qui en détermine librement la composition, le fonctionnement et les attributions. Présidé par un conseiller municipal mais comprenant des personnes extérieures au conseil (notamment des représentants des associations locales), il n'a qu'une fonction d'avis et de proposition sur des questions d'intérêt communal (relatives aux services publics et aux équipements de proximité notamment) : il ne peut prendre de décision. Consacré par la LOATR du 6 février 1992, il peut prendre des formes diverses : comité de quartier, commission extra-municipale ou municipale élargie, conseil des Anciens…

COMMISSION MUNICIPALE : formation restreinte du conseil municipal qui détermine librement ses règles de fonctionnement et son domaine de compétence. Présidée de droit par le maire et composée exclusivement de conseillers municipaux qui, dans les communes de plus de 1 000 habitants, sont désignés à la représentation proportionnelle, elle a pour fonction d'étudier les questions qui seront soumises au conseil municipal. Simple organe consultatif, elle ne peut décider ou délibérer. Sous des noms variables, de telles formations se rencontrent dans les conseils départementaux et régionaux.

COMMISSION PERMANENTE : formation restreinte de l'assemblée départementale ou régionale. Composée du président, de quatre à quinze vice-présidents et d'autres membres, elle reflète la pluralité politique de l'assemblée. La loi lui attribuant peu de compétences propres, elle a surtout vocation à exercer les compétences déléguées par l'assemblée départementale ou régionale. Il peut s'agir de dossiers ponctuels ou de catégories d'affaires, à l'exception des compétences budgétaires. Elle constitue donc un organe délibérant par délégation sans équivalent dans les communes (où seul le maire peut recevoir délégation du conseil municipal).

COMPTABLE DE FAIT : personne qui manie sans habilitation des deniers publics.

COMPTABLE PUBLIC : fonctionnaire de l'État habilité à titre principal au maniement des deniers publics.

COMPTE ADMINISTRATIF : document établi par l'ordonnateur et ayant pour objet de présenter, après la clôture de l'exercice, les résultats de l'exécution du budget.

COMPTE DE GESTION : document établi par le comptable et ayant pour objet de retracer, pour ce qui le concerne, l'exécution du budget.

CONCOURS : mode de recrutement selon lequel un jury indépendant de l'administration organisatrice arrête, en fonction du nombre d'emplois mis au concours, la liste des candidats ayant subi de façon satisfaisante une série d'épreuves. Ces candidats sont appelés des lauréats. Le concours externe est ouvert aux candidats possédant un niveau de diplôme ou d'études déterminé, tandis que le concours interne est réservé aux agents publics justifiant d'une certaine durée de services publics effectifs. À côté de ces concours traditionnels, la loi du 3 janvier 2001 permet l'organisation de troisièmes concours qui sont réservés aux candidats ayant exercé pendant une durée déterminée des activités professionnelles, des responsabilités associatives ou un mandat électif local.

CONTRIBUTION : participation financière d'une commune à un syndicat de communes auquel elle adhère. Le montant de la participation est fixé par le comité syndical en fonction d'une clé de répartition généralement définie dans les statuts (nombre d'habitants, tonnage d'ordures collectées, etc.). En fonction du choix des syndicats et des communes, la contribution peut être budgétaire ou fiscalisée. Dans le premier cas, la commune inscrit chaque année dans son budget les crédits nécessaires au règlement de sa contribution. Dans le second, les sommes sont directement prélevées sur les contribuables communaux et versées au syndicat sans transiter par le budget de la commune.

COOPÉRATION LOCALE : ensemble des activités menées de concert par plusieurs collectivités territoriales. Le CGCT permet deux sortes de coopération : les collectivités concernées peuvent passer une convention en vue de mettre en commun des moyens ou des services (coopération conventionnelle) ou créer des organismes de coopération dans les formes et conditions prévues par la législation en vigueur (coopération structurelle), par exemple un établissement public de coopération intercommunale. La coopération impliquant des collectivités de même nature juridique est dite horizontale (communauté de communes ou entente interrégionale par ex.). Celle qui engage des collectivités de nature juridique différente est dite verticale (par ex. syndicat mixte associant des communes, des départements, des régions et des établissements publics).

CRÉDIT D'HEURES : nombre d'heures trimestriel et forfaitaire, non payé par l'employeur, dont les élus locaux exerçant une activité professionnelle peuvent disposer librement afin de le consacrer aux tâches de préparation et d'administration liées à leur mandat.

DÉCENTRALISATION : technique d'organisation administrative consistant à reconnaître d'importantes compétences décisionnelles à des institutions distinctes de l'État, dotées de la personnalité morale et bénéficiant d'une autonomie de gestion. La décentralisation fonctionnelle ou technique donne naissance à des établissements publics régis par le principe de spécialité et compétents pour gérer un ou plusieurs services publics spécifiques (universités par ex.). La décentralisation territoriale bénéficie à des collectivités territoriales qui sont traditionnellement dotées d'une compétence générale dans le cadre d'un territoire déterminé. La loi constitutionnelle du 28 mars 2003 inscrit dans l'article 1er de la Constitution le principe selon lequel l'organisation de la France est décentralisée mais ne propose aucune définition de la décentralisation.

DÉCISION EXÉCUTOIRE : acte administratif unilatéral modifiant l'état du droit (par ex. arrêté d'un maire réglementant la circulation ou nommant un fonctionnaire).

DÉCISION INDIVIDUELLE : décision exécutoire applicable à une ou plusieurs personnes nominativement désignées (arrêté de nomination par ex.).

DÉCISION MODIFICATIVE : délibération d'une assemblée locale présentée selon les mêmes formes que le budget primitif et ayant pour objet de le modifier, par exemple en prévoyant et en autorisant des dépenses non prévues. Le budget supplémentaire est une décision modificative ayant particulièrement pour objet d'intégrer au budget de l'exercice en cours les résultats déficitaires ou excédentaires de l'exercice précédent.

DÉCISION MUNICIPALE : décision que le maire prend en principe personnellement au lieu et place du conseil municipal sur l'habilitation – révocable à tout moment – de celui-ci. La loi du 13 août 2004 relative aux libertés et responsabilités locales autorise cependant la subdélégation du maire à un adjoint ou à un conseiller municipal en l'absence de disposition contraire de la délibération d'habilitation. Le CGCT énumère limitativement 26 attributions susceptibles de délégation. Le maire a l'obligation de rendre compte au plus proche conseil municipal des décisions prises.

DÉCONCENTRATION : technique d'organisation consistant à reconnaître au sein d'une même administration d'importantes compétences décisionnelles à des autorités subordonnées en poste dans des circonscriptions territoriales. Dans le cadre de l'administration étatique, la déconcentration verticale bénéficie à des agents en charge de secteurs spécialisés (par ex. recteur d'académie) et la déconcentration horizontale à des agents polyvalents dotés de compétences variées (préfet de département ou de région).

DÉCRET : décision exécutoire édictée par le président de la République ou le Premier ministre (décret promulguant une loi ou nommant un préfet par ex.).

DÉFÉRÉ PRÉFECTORAL : recours pour excès de pouvoir formé par le préfet devant le juge administratif contre l'acte estimé illégal d'une collectivité territoriale ou d'un établissement public local. Attention : le **référé** désigne une procédure d'urgence permettant au justiciable d'obtenir du juge, dans les meilleurs délais, des mesures présentant un caractère provisoire.

DÉLÉGATION : mécanisme juridique par lequel une autorité locale habilite un élu ou un agent à exercer, concurremment avec elle, une ou plusieurs de ses attributions, sous sa surveillance et sa responsabilité. Dans les collectivités territoriales, on distingue les délégations de fonctions accordées à des élus (le maire aux adjoints par ex.) et les délégations de signature au bénéfice d'agents (par ex. le maire au directeur général des services de mairie).

DÉLOCALISATION : déplacement d'une administration en dehors du siège de la personne publique dont elle relève. Pour l'État, elle implante en dehors de Paris, c'est-à-dire en banlieue ou en province, un service central (par ex. le service des Français à l'étranger du ministère des Affaires étrangères à Nantes), un ministère (celui de l'Équipement à La Défense par ex.) ou un établissement public national (par ex. l'École nationale d'administration à Strasbourg).

DÉLIBÉRATION : au sens large, une délibération est un acte voté par une assemblée locale à la majorité des suffrages exprimés. Cet acte peut être soit une décision exécutoire (délibération au sens strict), soit un avis, soit un vœu sur une question d'intérêt local. Enfin, la délibération désigne également la discussion précédant l'adoption d'une décision, d'un avis ou d'un vœu.

DISCRÉTION PROFESSIONNELLE : interdiction faite à tous les fonctionnaires de divulguer en dehors des cas autorisés ou imposés par l'autorité territoriale des faits, informations ou documents relatifs à l'administration, même s'ils ne sont pas couverts par le secret professionnel. Cette obligation vise essentiellement à protéger l'intérêt de l'administration et la réputation du service public. En cas de violation, le fonctionnaire encourt une sanction disciplinaire.

DOSSIER INDIVIDUEL : ensemble des pièces intéressant la situation administrative du fonctionnaire. Elles doivent être enregistrées, numérotées et classées sans discontinuité. Dans les conditions définies par la loi, tout fonctionnaire a accès à son dossier individuel qui peut être dématérialisé.

DOUZIÈME : avance mensuelle faite par l'État aux collectivités territoriales, dès le mois de janvier, sur le produit des impôts directs locaux.

ÉCHELON : subdivision du grade correspondant à un niveau de rémunération. L'avancement d'échelon en échelon au sein du grade se fait en fonction à la fois de l'ancienneté et du mérite, c'est-à-dire de la valeur professionnelle du fonctionnaire, selon les conditions définies par les statuts particuliers. Par exemple, en ce qui concerne les attachés territoriaux, le grade d'attaché comprend 12 échelons, celui d'attaché principal 10 et celui de directeur territorial 7. L'abaissement d'échelon constitue une sanction disciplinaire du 2e groupe.

ÉLECTORAT : capacité juridique à participer à un vote par le suffrage.

ÉLIGIBILITÉ : capacité juridique à être candidat à une élection.

EMPLOI : l'emploi désigne à la fois un poste de travail, c'est-à-dire des tâches confiées à un fonctionnaire, et un poste budgétaire, c'est-à-dire des crédits ouverts pour rémunérer ce fonctionnaire. Le fonctionnaire n'est pas titulaire de son emploi qui appartient à l'administration. Si l'intérêt du service l'exige, celle-ci peut changer l'affectation d'un agent ou même supprimer son emploi (elle doit alors l'affecter à un autre emploi correspondant à son grade).

ENGAGEMENT : acte par lequel l'ordonnateur crée ou constate une obligation de laquelle résultera une dépense pour la personne publique (signature d'un contrat, d'un bon de commande, d'un arrêté de nomination d'un fonctionnaire, etc.).

ENTENTE INTERRÉGIONALE : établissement public créé par décret en Conseil d'État et associant, à leur demande, plusieurs régions limitrophes. L'entente interrégionale exerce les compétences énumérées dans la décision institutive au lieu et place des régions membres.

ENTRETIEN PROFESSIONNEL : dispositif remplaçant depuis le 1er janvier 2015 l'ancienne procédure de notation pour apprécier la valeur professionnelle des fonctionnaires. Conduit par le supérieur hiérarchique direct, cet entretien annuel doit notamment porter sur certains thèmes définis par décret (résultats professionnels obtenus, objectifs assignés pour l'année à venir, manière de servir, besoins de formation, perspectives d'évolution professionnelle…). Il fait l'objet d'un compte-rendu comportant une appréciation générale littérale de la valeur professionnelle du fonctionnaire selon des critères fixés en fonction de la nature de ses tâches et de son niveau de responsabilité. L'agent peut compléter ce compte-rendu qui est ensuite transmis à l'autorité territoriale et versé dans son dossier individuel.

ÉTABLISSEMENT PUBLIC : personne publique chargée de gérer, en vertu du principe de spécialité, un ou plusieurs services publics déterminés. Conformément au principe de rattachement, les établissements publics nationaux, les universités par exemple, sont rattachés à l'État et les établissements publics locaux à des collectivités territoriales (centres communaux d'action sociale, caisses des écoles, services départementaux d'incendie et de secours…).

ÉTABLISSEMENT PUBLIC DE COOPÉRATION INTERCOMMUNALE (EPCI) : organisme public de coopération créé par deux ou plusieurs communes afin de gérer ensemble certaines compétences. Depuis la loi du 22 mars 1890 créant les syndicats de communes, le législateur a institué plusieurs catégories d'établissements publics de coopération intercommunale. Au 1er janvier 2015, on compte 11 710 EPCI répartis en sept catégories relevant soit d'une intercommunalité associative, soit d'une intercommunalité fédérative : syndicat intercommunal à vocation unique et syndicat intercommunal à vocation multiple d'un côté ; communauté de communes, communauté d'agglomération, communauté urbaine, métropole et syndicat d'agglomération nouvelle de l'autre.

FILIÈRE : notion née de la pratique administrative, la filière regroupe les 54 cadres d'emplois dans huit grands secteurs de compétences correspondant à des activités de même type (filières administrative, technique, médico-sociale, culturelle, sportive, animation, sécurité, incendie-secours).

FISCALITÉ PROPRE : mode de financement de certains établissements publics de coopération intercommunale dotés d'un pouvoir fiscal comparable à celui des collectivités territoriales. La forme la plus intégrée était la taxe professionnelle unique (TPU) que la loi de finances pour 2010 remplace, après une année de transition, par la cotisation économique territoriale unique (CÉTU) également payée par les entreprises.

FONCTIONNAIRE : personne nommée dans un emploi permanent et titularisée dans un grade de la hiérarchie des administrations étatiques, territoriales ou hospitalières. Ces administrations emploient également des agents non titulaires, qui sont dans une situation contractuelle, et des stagiaires, qui ont vocation à devenir fonctionnaires. Tous les fonctionnaires sont vis-à-vis de l'administration dans une situation statutaire et réglementaire, ce qui les distingue traditionnellement des salariés du secteur privé.

GESTION DE FAIT : maniement de deniers publics par une personne non habilitée qui est dite comptable de fait.

GRADE : titre conférant à son titulaire vocation à occuper l'un des emplois définis par le statut particulier de son cadre d'emplois. Le grade exprime le niveau hiérarchique du fonctionnaire dans son cadre d'emplois mais, en principe définitivement acquis, il le protège aussi contre les aléas administratifs, politiques ou économiques. Le cadre d'emplois des attachés territoriaux comprend ainsi trois grades : le grade initial d'attaché et deux grades d'avancement (attaché principal, directeur territorial). La rétrogradation constitue une sanction disciplinaire du 3e groupe.

GRÈVE : cessation concertée et collective du travail en vue de défendre des intérêts professionnels. Pour les fonctionnaires, le droit de grève garanti par la Constitution doit se concilier avec le principe constitutionnel de continuité du service public : il est donc limité par la législation et, sous le contrôle du juge administratif, par les autorités locales. Du fait de l'absence de service fait, une retenue proportionnelle à la durée de la grève est effectuée sur le traitement du gréviste.

HIÉRARCHIQUE (POUVOIR OU CONTRÔLE) : ensemble de prérogatives exercées par tout supérieur sur ses subordonnés, même si aucun texte ne les prévoit explicitement. D'une part, le chef peut donner des instructions générales et des injonctions particulières aux hommes placés sous son autorité. D'autre part, il possède le pouvoir de modifier ou d'annuler les décisions prises par ses subordonnés.

IDENTITÉ LÉGISLATIVE (PRINCIPE D') : principe caractérisant les départements et les régions d'outre-mer, en vertu duquel les lois et les règlements nationaux sont applicables de plein droit, même s'ils peuvent faire l'objet d'adaptations tenant aux caractéristiques et contraintes particulières de ces collectivités (art. 73 C). Il est également appelé principe d'assimilation législative.

INCOMPATIBILITÉ : interdiction de cumuler une fonction ou un mandat électifs avec d'autres mandats, fonctions ou activités. La personne concernée peut se présenter et être régulièrement élue. Mais elle doit alors, soit démissionner de sa fonction ou de son mandat électifs, soit renoncer aux mandats, fonctions ou activités incompatibles. La loi peut aussi décider du sens de la régularisation.

INÉLIGIBILITÉ : situation entraînant l'incapacité d'être valablement candidat à une élection et élu. Une inéligibilité absolue rend inéligible dans toutes les circonscriptions électorales et pour toutes les élections (interdiction des droits civiques par ex.). Une inéligibilité relative concerne seulement des élections et/ou des circonscriptions déterminées (par ex. l'agent salarié municipal ne peut être élu au conseil municipal de la commune qui l'emploie).

INTERCOMMUNALITÉ ASSOCIATIVE : forme souple d'intercommunalité structurelle permettant à des communes de gérer ensemble des activités ou des services publics qu'elles déterminent librement et dont elles assurent le financement.

INTERCOMMUNALITÉ FÉDÉRATIVE : forme intégrée d'intercommunalité structurelle tendant à regrouper les communes autour d'un projet de développement et se caractérisant par des compétences légales (obligatoires ou optionnelles) ainsi que par une fiscalité propre.

JURIDICTIONS FINANCIÈRES : ensemble formé par la Cour des comptes, la Cour de discipline budgétaire et financière et les chambres régionales ou territoriales des comptes.

LIBRE ADMINISTRATION (PRINCIPE DE) : en vertu d'un principe de valeur constitutionnelle (art. 72 al. 3 C), les collectivités territoriales s'administrent librement par des conseils élus et sont dotées de compétences effectives ainsi que des moyens, notamment normatifs et financiers, nécessaires à leur exercice. Depuis la révision du 28 mars 2003, un nouvel article 72-2 C consacre explicitement l'autonomie financière des collectivités territoriales.

LIQUIDATION : opération de l'ordonnateur ayant pour objet de vérifier la réalité de la dette ou de la créance et d'arrêter le montant exact de la dépense ou de la recette.

« LOIS DE SOUVERAINETÉ » : ensemble des lois et des règlements qui, en raison de leur objet, sont nécessairement destinés à s'appliquer de plein droit sur tout le territoire de la République, et donc dans les collectivités d'outre-mer malgré le principe de spécialité législative. Il s'agit par exemple des textes intéressant les pouvoirs publics constitutionnels et les institutions centrales de la République, les juridictions supérieures et la défense nationale.

MAJORITÉ : technique permettant de dégager une décision collective, dans une assemblée ou au sein du corps électoral, en fonction de la volonté du plus grand nombre. La majorité peut être calculée par rapport à l'ensemble des personnes en droit de participer au scrutin, aux votants (même si leurs bulletins sont blancs ou nuls) ou aux suffrages régulièrement exprimés. Elle peut être simple ou relative (le plus grand nombre de voix), absolue (plus de la moitié des voix) et qualifiée ou renforcée (2/3, 3/4, etc.). La majorité électorale désigne l'âge fixé par la loi (18 ans accomplis depuis 1974) à partir duquel un individu acquiert la capacité juridique de voter lors d'une élection politique. Enfin, l'ensemble des membres d'une assemblée locale soutenant l'organe exécutif constitue la majorité politique.

MANDAT DE PAIEMENT : titre émis par l'ordonnateur et donnant au comptable l'ordre de payer une dépense. Le mandatement est aussi appelé « ordonnancement ».

MODE DE SCRUTIN : ensemble des règles techniques destinées à départager les candidats à une élection. Traditionnellement, le scrutin majoritaire s'oppose à la représentation proportionnelle. De manière plus récente, des modes de scrutin mixte s'efforcent de combiner les avantages des deux systèmes.

MUNICIPALITÉ : ensemble constitué par le maire et par les adjoints dont la réunion est souvent appelée bureau municipal.

MUTATION : décision unilatérale de l'autorité territoriale modifiant les conditions d'emploi d'un fonctionnaire (sa résidence, ses fonctions, sa rémunération). La mutation peut intervenir soit sur la demande du fonctionnaire, soit sur l'initiative de l'autorité territoriale dans l'intérêt du service, par exemple pour pourvoir un poste vacant (mutation d'office). Toutefois, le changement de collectivité (mutation externe) exige une demande du fonctionnaire.

NOUVELLE BONIFICATION INDICIAIRE (NBI) : instituée en 1991, la nouvelle bonification indiciaire permet de mieux rémunérer les agents exerçant des fonctions d'une responsabilité, technicité ou difficulté particulières (par ex. fonctionnaires occupant certains emplois administratifs de direction ou responsables d'une régie d'avances et/ou de recettes).

ORDONNATEUR : autorité territoriale ayant compétence pour émettre des mandats de paiement et des titres de recettes (par ex. le maire dans une commune).

ORDRE DU JOUR : ensemble des questions inscrites au programme de la séance d'une assemblée ou d'un organe collégial.

PANACHAGE : dans un scrutin de liste, cette modalité de vote permet à l'électeur de choisir des candidats présents sur des listes différentes.

PERSONNE PUBLIQUE : personne morale soumise au moins en partie aux règles du droit public. Il existe traditionnellement trois catégories de personnes publiques : l'État, les collectivités territoriales et, dès le milieu du XIXe siècle, les établissements publics. Dans un arrêt GIP Habitat et interventions sociales du 14 février 2000, le Tribunal des conflits juge que le législateur a entendu faire des groupements d'intérêt public (GIP) des personnes publiques soumises à un régime juridique spécifique, distinct de celui des établissements publics.

PÔLE D'ÉQUILIBRE TERRITORIAL ET RURAL : syndicat mixte créé par la loi MAPTAM du 27 janvier 2014 et constitué par accord entre plusieurs EPCI à fiscalité propre au sein d'un périmètre d'un seul tenant et sans enclave. En plus d'un comité syndical et d'un président, le pôle compte deux organes consultatifs : la conférence des maires, qui regroupe les maires des communes situées sur son périmètre, et le conseil de développement territorial, qui réunit les représentants des acteurs économiques, sociaux, culturels, éducatifs, scientifiques et associatifs. Dans un projet de territoire, il définit les conditions du développement économique, écologique, culturel et social. Il précise les actions en matière de développement économique, d'aménagement de l'espace et de promotion de la transition écologique conduites par les EPCI ou, en leur nom et pour leur compte, par le pôle. Pour la mise en œuvre du projet de territoire, le pôle, les EPCI qui le composent et, le cas échéant, les conseils départementaux et régionaux associés à son élaboration, concluent une convention territoriale.

PÔLE MÉTROPOLITAIN : syndicat mixte créé par la loi du 16 décembre 2010 et regroupant des EPCI à fiscalité propre en vue d'actions d'intérêt métropolitain, afin de promouvoir un modèle d'aménagement, de développement durable et de solidarité territoriale. L'un de ces EPCI doit compter plus de 100 000 habitants (plus de 50 000 s'il est limitrophe d'un État étranger). La loi MAPTAM du 27 janvier 2014 permet aux départements et aux régions d'adhérer à un pôle métropolitain.

POLICE : le mot possède un sens matériel, propre aux juristes, et un sens organique, connu de tous. Du point de vue matériel, la police désigne un ensemble d'activités ayant pour objet le maintien de l'ordre public. Du point de vue organique, elle désigne le personnel chargé d'exécuter ces activités.

POLICE ADMINISTRATIVE : contrairement à la police judiciaire, qui a pour objet de constater les infractions et de rechercher leurs auteurs pour les punir, donc de réprimer, la police administrative possède un caractère préventif : elle consiste à agir pour empêcher que se produisent des atteintes à l'ordre public. Cette police administrative peut être générale ou spéciale. Les polices spéciales se rapportent, comme l'adjectif l'indique, à des aspects particuliers de l'ordre public (par ex. moralité) et/ou à certaines catégories d'administrés (chasseurs par ex.), de situations (par ex. édifices menaçant ruine) ou d'activités (baignades et activités nautiques par ex.). Elles résultent en principe de textes particuliers qui leur aménagent des règles spécifiques. La police administrative générale a pour objet d'assurer la tranquillité, la sécurité et la salubrité publiques. Sauf à Paris, le maire exerce la police municipale, c'est-à-dire la police administrative générale dans la commune, mais possède aussi des pouvoirs de police spéciale exercés au nom de la commune (circulation et stationnement par ex.) ou de l'État.

POLICE DE L'ASSEMBLÉE : ensemble des pouvoirs à l'égard du public permettant au maire ou au président de conseil d'assurer le bon ordre de la séance et la sérénité des débats de l'assemblée locale.

POSITION : situation juridique du fonctionnaire qui doit se trouver dans une des six positions définies par le statut général de la fonction publique :

- activité à temps complet ou partiel (fonctionnaire exerçant effectivement dans son cadre d'emplois des fonctions correspondant à son grade) ;
- détachement (fonctionnaire placé hors de son cadre d'emplois d'origine, par exemple pour exercer un mandat syndical, mais continuant de bénéficier dans ce cadre d'emplois de ses droits à l'avancement et à la retraite) ;
- hors cadres (variété de détachement ne permettant pas au fonctionnaire de continuer à bénéficier dans son cadre d'emplois de ses droits à l'avancement et à la retraite) ;
- disponibilité (fonctionnaire placé hors de son cadre d'emplois d'origine et cessant de bénéficier de ses droits à l'avancement et à la retraite, par exemple pour convenances personnelles) ;
- congé parental (fonctionnaire placé hors de son administration d'origine pour élever son enfant) ;
- accomplissement du service national et des activités de réserve opérationnelle, de réserve sanitaire ou de réserve civile de la police nationale.

PROMULGATION : décret par lequel le président de la République constate l'adoption régulière d'une loi et la rend exécutoire comme loi de l'État après sa publication au *Journal officiel* de la République française.

PUBLICITÉ : opération par laquelle une décision administrative est portée à la connaissance de l'administration et des administrés en vue de son entrée en vigueur ou de son opposabilité. Il existe deux modes de publicité. Les règlements font l'objet d'une publicité impersonnelle appelée publication (par ex. dans le recueil des actes administratifs d'un département), à laquelle peut être assimilé l'affichage (en mairie par ex.), et les décisions individuelles d'une publicité personnelle à l'intéressé appelée notification (par ex. lettre recommandée avec accusé de réception).

QUORUM : nombre des conseillers devant être physiquement présents lors de l'ouverture ou de la reprise de la séance, ainsi que lors de la mise en discussion de chaque point de l'ordre du jour, pour qu'une assemblée locale puisse valablement délibérer. Si le quorum (en règle générale, la majorité des membres en exercice) n'est pas atteint, l'assemblée ne peut se tenir. Pour éviter la paralysie des assemblées, une seconde réunion peut ultérieurement se dérouler sur le même ordre du jour sans condition de quorum.

RECENTRALISATION : au sens propre, opération consistant à retirer une compétence à une collectivité territoriale pour la transférer à l'État (par exemple, la loi du 13 août 2004 restitue à l'État la lutte contre les « grandes maladies » transférée aux départements en 1982-1983). Dans un sens figuré, la recentralisation désigne un ensemble de réformes fiscales consistant, à partir du milieu des années 1990, à remplacer, dans les ressources des collectivités territoriales, des produits fiscaux par des contributions étatiques. Pour stopper cette mise en cause de la libre administration, la loi constitutionnelle du 28 mars 2003 relative à l'organisation décentralisée de la République inscrit dans un nouvel article 72-2 C le principe d'autonomie financière.

RECOURS : action visant à obtenir d'une autorité ou d'une juridiction administratives l'examen d'une demande juridique (par ex. annulation ou abrogation d'un acte administratif). Le recours peut être contentieux ou juridictionnel, s'il est adressé à un juge, ou administratif. Dans ce second cas, il est gracieux quand il est adressé à l'autorité administrative dont émane la décision contestée ou hiérarchique quand le requérant porte sa demande devant un supérieur de cette autorité.

RECOURS POUR EXCÈS DE POUVOIR : recours contentieux par lequel une personne ayant intérêt à agir demande au juge administratif d'annuler, en raison de son illégalité, une décision exécutoire de l'administration. Formalisé par un décret du 2 novembre 1864, le recours pour excès de pouvoir vise donc à assurer le respect des normes supérieures. C'est pourquoi un principe général du droit (CE ass., 17 février 1950, Dame Lamotte) l'ouvre même sans texte contre toute décision exécutoire.

RÉFÉRENDUM : vote par lequel les électeurs se prononcent par *oui* ou par *non* sur une question, sur l'adoption d'un texte particulièrement. Le référendum peut prendre des formes très différentes selon son initiative, son caractère obligatoire ou facultatif, son objet et sa portée. Dans le cadre de la décentralisation, le référendum peut être, selon sa portée, décisionnel (le vote des électeurs entraîne l'adoption ou le rejet du texte) ou consultatif (les électeurs donnent seulement un avis sur le texte). Le référendum est d'initiative populaire quand il intervient à la demande des électeurs eux-mêmes.

RÉGIE : en droit administratif, le terme sert à désigner différents modes de gestion des services publics (régie simple, autonome, intéressée, personnalisée...). En finances publiques, la régie est une procédure habilitant un agent qui n'a pas la qualité de comptable public à manier des deniers publics. Cet agent appelé régisseur est désigné par l'ordonnateur et agréé par le comptable. Il encaisse des recettes (régie de recettes) ou paye des dépenses (régie d'avances) sous l'autorité du premier, mais sous le contrôle et pour le compte du second.

RÈGLEMENT : décision exécutoire édictant des normes de caractère général et impersonnel (par ex. arrêté municipal réglementant la circulation nocturne des mineurs de moins de 13 ans).

RÈGLEMENT INTÉRIEUR : document défini et adopté par une assemblée locale en vue de fixer ses règles d'organisation et de fonctionnement. Obligatoire dans les régions, les départements et les communes de 3 500 habitants et plus, il doit comprendre quatre points : conditions de consultation des projets de contrat et de marché de service public ; régime des questions orales ; conditions d'organisation du débat d'orientation budgétaire ; pluralisme de l'expression dans les bulletins d'information générale de la collectivité. Dans les régions, les départements et les communes de 50 000 habitants et plus, il définit aussi l'organisation et le fonctionnement de la mission d'information et d'évaluation. Dans les régions et les départements, il fixe les modalités de réduction des indemnités de fonction des conseillers selon leur participation aux séances de l'assemblée et des commissions. Pour le reste, son contenu relève de la libre administration des collectivités territoriales.

RÉMUNÉRATION : ensemble des sommes d'argent touchées par un fonctionnaire après service fait. La rémunération comprend le traitement, l'indemnité de résidence (destinée à compenser les différences de coût de vie selon les lieux géographiques) et les indemnités instituées par un texte législatif ou réglementaire. Ces indemnités (ou primes) se montrent variables selon les collectivités et les cadres d'emplois concernés. S'y ajoutent éventuellement les prestations familiales obligatoires et le supplément familial de traitement (supplément des allocations familiales versé aux agents ayant au moins un enfant à charge).

REPRÉSENTATION PROPORTIONNELLE : mode de scrutin consistant à répartir les sièges à pourvoir dans la circonscription électorale au prorata des suffrages obtenus par les différentes listes. Cette répartition se fait en utilisant le quotient électoral qui est obtenu en divisant le total des suffrages exprimés par le nombre de sièges à pouvoir. Une méthode complémentaire est nécessaire pour attribuer les sièges non pourvus au moyen du quotient électoral. Il peut s'agir de la méthode de la plus forte moyenne, qui avantage les listes arrivées en tête, ou de la méthode du plus fort reste, qui ne privilégie aucunement les listes ayant obtenu le plus de suffrages.

RÉSERVE (OBLIGATION OU DEVOIR DE) : obligation pour tous les fonctionnaires de modérer leur expression et leur comportement, pendant le service mais également en dehors du service, afin de ne pas nuire à la réputation de leur administration. Tout manquement à cette obligation d'origine jurisprudentielle est passible d'une sanction disciplinaire.

RESPONSABILITÉ : obligation de répondre de ses actes, notamment lorsqu'ils créent un préjudice ou constituent une faute. La responsabilité peut notamment être pécuniaire et se traduire par le versement de dommages-intérêts (responsabilité civile pour les agents et administrative pour les collectivités territoriales), pénale et conduire à des peines (notamment d'amende et d'emprisonnement) ou disciplinaire et déboucher sur des sanctions (allant de l'avertissement à la révocation pour un fonctionnaire).

SANCTION DISCIPLINAIRE : mesure punitive infligée à un agent public ayant commis une faute à l'occasion de l'exercice de ses fonctions. Le pouvoir disciplinaire appartient, sous le contrôle du juge administratif, à l'autorité investie du pouvoir de nomination (le maire dans une commune par ex.) qui peut seulement retenir une des neuf sanctions autorisées par le statut général. Ces sanctions sont réparties en quatre groupes selon un ordre croissant de gravité (de l'avertissement à la révocation). L'autorité locale doit respecter les règles de la procédure disciplinaire qui sont notamment destinées à assurer le respect des droits de la défense et à empêcher des décisions arbitraires. Après s'être longtemps borné à censurer les erreurs manifestes d'appréciation, le Conseil d'État exerce depuis un arrêt d'assemblée du 13 novembre 2013 un entier contrôle sur le caractère proportionné de la sanction.

SCRUTIN MAJORITAIRE UNINOMINAL : mode de scrutin consistant à attribuer le siège à pourvoir au candidat arrivé en tête dans la circonscription électorale. Généralement, la majorité absolue est exigée au(x) premier(s) tour(s), tandis que la majorité relative ou simple suffit au dernier.

SCRUTIN MIXTE : mode de scrutin combinant majorité et proportionnalité pour permettre à la fois de dégager une majorité dans l'assemblée locale et de représenter la pluralité des listes. Inauguré par la loi du 19 novembre 1982 pour les communes de 3 500 habitants et plus (la loi du 17 mai 2013 abaisse ce seuil à 1 000 habitants), le scrutin mixte a été étendu aux élections régionales par la loi du 19 janvier 1999 réformée par la loi du 11 avril 2003.

SECRET PROFESSIONNEL : interdiction faite à tous les fonctionnaires, sous peine de sanction disciplinaire, pénale et éventuellement civile, de divulguer en dehors des cas autorisés ou imposés par la loi une information confidentielle relative à un individu et obtenue dans l'exercice de leurs fonctions.

SÉPARATION DES ORDONNATEURS ET DES COMPTABLES : principe selon lequel les opérations financières des collectivités territoriales, et d'une façon générale des personnes publiques, sont assurées par deux ordres d'agents distincts et séparés : les ordonnateurs et les comptables. Les fonctions d'ordonnateur sont incompatibles avec celles de comptable.

SERVICE PUBLIC : activité d'intérêt général, assurée ou contrôlée par une personne publique et soumise au moins partiellement au droit administratif. Un service public peut être administratif (SPA) ou industriel et commercial (SPIC). Les SPIC se caractérisent par la nature de leur activité (susceptible d'être exploitée par une entreprise privée), leur financement (principalement les redevances payées par les usagers en contrepartie de la prestation reçue) et leurs conditions de fonctionnement (analogues à celles du droit privé) : eau, assainissement, chauffage urbain… Tous les autres services publics sont administratifs : cantines scolaires, archives, état civil…

SPÉCIALITÉ LÉGISLATIVE (PRINCIPE DE) : principe caractérisant les territoires d'outre-mer puis, après la révision constitutionnelle du 28 mars 2003, les collectivités d'outre-mer, en vertu duquel ne sont applicables que les lois et les règlements nationaux comportant une mention expresse à cette fin (art. 74 C). La spécialité législative connaît certaines limites, notamment avec les « lois de souveraineté ».

STAGE : période probatoire obligatoire prenant place entre le recrutement et la décision de titularisation qui seule confère un grade et ouvre une carrière à l'agent. Pendant ce temps d'essai, le fonctionnaire potentiel doit apporter la preuve de son aptitude professionnelle et, le cas échéant, recevoir une formation adaptée à ses futures fonctions. Il n'a aucun droit mais seulement vocation à la titularisation. Si, à l'issue du stage, les résultats sont satisfaisants, l'agent est titularisé. Sinon, le stage peut être prorogé ou l'agent licencié (avec retour dans le grade d'origine pour les fonctionnaires).

STATUT : ensemble des textes déterminant les règles relatives aux droits et aux obligations des fonctionnaires. On distingue un statut général et des statuts particuliers. Le statut général de la fonction publique comprend quatre titres. Le titre I définit les droits et les obligations applicables à l'ensemble des fonctionnaires (loi du 13 juillet 1983). Le titre II comprend les dispositions statutaires relatives à la fonction publique de l'État (loi du 11 janvier 1984), le titre III à la fonction publique territoriale (loi du

26 janvier 1984) et le titre IV à la fonction publique hospitalière (loi du 9 janvier 1986). Il existe aussi des statuts particuliers précisant, pour les différents cadres d'emplois et corps de fonctionnaires, les modalités d'application du statut général.

SUBSIDIARITÉ (PRINCIPE DE) : technique de répartition des compétences en vertu de laquelle une autorité supérieure est compétente seulement dans le cas où l'autorité inférieure n'est pas en mesure d'exercer cette compétence : son intervention est subsidiaire. Consacré par le traité de Maastricht à propos des compétences partagées entre l'Union européenne et les États nationaux, le principe de subsidiarité est appliqué aux relations entre les administrations centrales et déconcentrées de l'État par la LOATR du 6 février 1992 et transposé avec prudence à la répartition des compétences entre l'État et les collectivités territoriales par la loi constitutionnelle du 28 mars 2003.

SUPPLÉANCE : mécanisme juridique institué par le CGCT qui, en cas d'absence, de suspension, de révocation ou d'empêchement du maire, habilite un membre du conseil municipal (en principe un adjoint, dans l'ordre du tableau) à exercer provisoirement la plénitude des fonctions du maire. De même, en cas de vacance du siège de président de conseil départemental ou régional, ses fonctions sont provisoirement exercées par un membre du conseil départemental (en principe un vice président, dans l'ordre du tableau). Dans le silence des textes, le principe de continuité exige que ce mécanisme s'applique aussi en cas d'absence ou d'empêchement du président de conseil départemental ou régional.

SYNDICAT MIXTE : forme d'établissement public de coopération proche du syndicat de communes mais caractérisée par la présence de membres de nature juridique différente. Le syndicat mixte « fermé » associe traditionnellement des communes et des établissements publics de coopération intercommunale. La loi du 13 août 2004 autorise toutefois les syndicats mixtes composés exclusivement d'EPCI tels que les pôles métropolitains créés par la loi du 16 décembre 2010. Le syndicat mixte « ouvert » permet de réunir des communes, des départements, des régions, des établissements publics de coopération intercommunale ainsi que d'autres établissements publics (ententes interrégionales, chambres de commerce et d'industrie, d'agriculture ou des métiers...).

TAUX D'IMPOSITION : élément multiplicateur voté par les assemblées locales et appliqué à la base d'imposition pour calculer l'impôt dû par chaque contribuable.

TITRE DE RECETTE : ordre donné par l'ordonnateur au comptable en vue de recouvrer une recette.

TRAITEMENT : nom donné à l'élément de base de la rémunération du fonctionnaire. Le montant du traitement dépend de l'échelon auquel il est parvenu dans son grade. À chaque échelon correspond un indice majoré variant de 321 à 821. Le traitement mensuel brut peut se calculer en multipliant l'indice majoré par la valeur du point d'indice, qui en principe est régulièrement réévaluée (4,63 euros depuis le 1er juillet 2010). Ainsi, le traitement brut mensuel d'un attaché territorial varie de 1 616 euros au 1er échelon (IM 349) à 3 047 euros au 12e échelon (IM 658).

TABLE DES MATIÈRES

CHAPITRE 3

LE MAIRE ET LES ADJOINTS

CHAPITRE 4

LES ÉTABLISSEMENTS PUBLICS COMMUNAUX

CHAPITRE 5

LE CONSEIL DÉPARTEMENTAL ET RÉGIONAL

CHAPITRE 6

L'EXÉCUTIF DÉPARTEMENTAL ET RÉGIONAL

CHAPITRE 7

LA COOPÉRATION INTERCOMMUNALE

CHAPITRE 8

LA DÉMOCRATIE LOCALE

CHAPITRE 9

L'OUTRE-MER

CHAPITRE 10

LES COMPÉTENCES TERRITORIALES

CHAPITRE 11

LA FONCTION PUBLIQUE TERRITORIALE

CHAPITRE 12

LES FINANCES LOCALES

CHAPITRE 13

LES CONTRÔLES SUR LES COLLECTIVITÉS TERRITORIALES

CHAPITRE 14

L'ADMINISTRATION TERRITORIALE DE L'ÉTAT

CHAPITRE 15

Aubin
IMPRIMEUR

Achevé d'imprimer en décembre 2015
N° d'impression 1512.0053

Dépôt légal, décembre 2015
Imprimé en France